근대 사상의 수용과 변용 Ⅰ

이 저서는 2018년 대한민국 교육부와 한국연구재단의 지원을 받아 수행된 연구임
(NRF-2018S1A6A3A01042723)

메타모포시스 인문학총서 004

근대 사상의 수용과 변용 Ⅰ

초판 1쇄 발행 2020년 1월 31일

저　자 ｜ 문시영 외
펴낸이 ｜ 윤관백
펴낸곳 ｜ 도서출판 선인

등　록 ｜ 제5-77호(1998.11.4)
주　소 ｜ 서울시 마포구 마포대로 4다길 4 곳마루 B/D 1층
전　화 ｜ 02) 718-6252 / 6257
팩　스 ｜ 02) 718-6253
E-mail ｜ sunin72@chol.com

정가 30,000원
ISBN 979-11-6068-316-5 94100
ISBN 979-11-6068-323-3 (세트)

· 잘못된 책은 바꿔 드립니다.

메타모포시스 인문학총서 004

근대 사상의 수용과 변용 Ⅰ

문시영 외

머리말

숭실대학교 인문한국플러스(HK+) 사업단은 아젠다인 〈근대 전환공간의 인문학, 문화의 메타모포시스〉의 연구 성과를 집적하기 위해 2018년 5월부터 〈메타모포시스 인문학 총서〉 시리즈를 기획하였다. 이미 간행된 책으로는 제1권 『한국기독교박물관 자료를 통해 본 근대의 수용과 변용』(2019)과 제2권 『근대 전환기 문학 예술의 메타모포시스』(2019)와 제3권 『메타모포시스 시학』(2019)이 있다. 이번에 발간하는 『근대사상의 수용과 변용 Ⅰ』은 제4권에 해당한다.

본서는 숭실대학교 인문한국플러스 사업단의 아젠다인 〈근대 전환공간의 인문학, 문화의 메타모포시스〉 연구 분과 중 '사유와 사상팀'이 1년간 축적하고 학술대회를 통해 발표된 연구결과물을 중심으로 편찬되었다. 표제인 『근대 사상의 수용과 변용』은 개항 이후 사상사에서 다양한 영역의 주제가 외래문명 수용과정에서 겪게 되는 충돌과 변용 양상을 다룬 논문들을 모은 것이다.

19세기에서 20세기에 이르는 시기는 일종의 전환기였다. 전환 공간 속에서 전근대적인 것들이 근대적인 것으로 변화하면서 우리들이 현재 이해하는 인문학(Humanities)이 형성되었다. 세계를 이해하는 관점과 학문을 보는 시각이 연속성을 가지면서도 단절된 차원을 갖는 것으로 변용되었다. 이러한 변용을 윤리, 우정, 중화주의, 지식인, 종교, 전통

텍스트에 대한 태도의 변화 등을 살피는 논의들로 구성되었다.

책의 구성은 주로 이렇게 전근대에서 근대로 변용된 주제들로 이루어졌다. 먼저 문시영 교수의 「건덕(健德)에서 덕 윤리로-윤리의 한국기독교적 재론을 위한 조건과 과제」는 메킨타이어가 촉발한 덕 윤리를 기독교적 관점에서 현대적으로 해석하고 있다. 덕의 문제를 유교와 기독교의 만남의 문제로 제기하여 근대에 유교적 배경 속에서 기독교 윤리가 어떻게 해석될 수 있는지를 덕 윤리의 관점에서 논의하고 있다.

오지석 교수의 「Ethics의 근대 번역어 '윤리학·윤리'를 만나는 자리-강상에서 윤리로」는 서양의 철학, 특히 Ethics가 번역되는 과정을 고찰함으로써 전근대의 강상(綱常)의 문제가 근대의 윤리(倫理)의 문제로 전환되는 과정을 고찰하고 있다. 심의용의 「우정에서 천애지기(天涯知己)로-홍대용과 마테오리치의 우정론」은 마테오 리치의 『교유론』이 동아시아에 미친 영향 관계를 우정론이라는 주제로 논의를 전개한다. 조선조에 우정론이 변용되는 과정을 일람하면서 홍대용의 천애지기라는 우정을 중화주의라는 틀 속에서 해석하고 있다.

이혜경의 「천하(天下)에서 국가(nation-state)로-량치차오와 박은식의 보편원리의 행방」은 중화주의가 몰락하는 과정에서 중국 지식인과 조선 지식인들이 보편주의 담론을 형성하는 과정을 논의하고 있다. 중화주의체제에서 근대국가체제로 변화되는 데에 보편원리를 모색하는 지식인들의 고뇌를 량치차오와 박은식을 중심으로 논의한다.

이주강의 「사대부(士大夫)에서 지식인(intelligentsia)으로-유교와 신분제도의 관계를 바라보는 다양한 입장을 중심으로」는 개항 이후 조선 지식계의 사상적 변화를 대표적인 인물인 박규수와 유길준을 중심으로 논의하고 있다. 전통적 사대부와 근대적 지식인의 차이를 논의하고 조선 지식계의 변모를 신분제도와 유교의 관계 속에서 살펴보고 있다.

이종우의 「예교(禮敎)에서 종교(宗敎)로 – 대한제국기 종교정책과 배경 담론들을 중심으로」는 근대 종교 지형이 예교에서 종교로 변모해 가는 과정을 대한제국기의 종교정책과 종교정책의 배경이 되는 담론들을 중심으로 논의하고 있다. 정기인의 「경전(經傳)에서 텍스트로 – 20세기 초 『詩經』에 대한 근대 시인들의 인식 변화」는 『시경』에 대한 근대 시인들의 인식을 고찰하고 있다. 『시경』은 동아시아 전통의 대표적인 경전이다. 이 경전에 대한 해석이 어떻게 변화되어갔는가를 최남선, 이광수, 김억, 김소월을 중심으로 논의하고 있다. 김시천의 「해석(解釋)인가, 전유(專有)인가? – 20세기 한국의 『노자』 이해와 '동양철학'(東洋哲學)」은 『노자』에 대한 전통적인 해석과 근대적인 해석 그리고 현대적인 해석을 정방위적으로 논의하면서 해석의 문제와 전유(appropriation)의 문제를 다루고 있다.

이번에 발간하는 〈근대 사상의 수용과 변용 Ⅰ〉은 근대 전환기 서구 문명이 수용되는 과정에서 겪게 되는 사상계의 다양한 주제의 변용을 다루고 있다. 이런 주제들을 하나로 묶어 성과물로 내었다는 것이 중요한 성과라고 할 수 있다. 숭실대학교 인문한국플러스(HK+) 사업단은 지속적인 연구를 통해 〈메타모포시스 인문학 총서〉 시리즈를 연속적으로 발간할 예정이다. 연구자들의 많은 관심과 응원을 부탁드린다.

2020년 1월
숭실대학교 한국기독교문화연구원
HK+사업단장 황민호

차 례

머리말 / 5

▌건덕(建德)에서 덕 윤리로
– 윤리의 한국기독교적 재론을 위한 조건과 과제 ·············· 문시영

Ⅰ. 들어가는 말   15
Ⅱ. 덕 윤리의 한국기독교적 재론, 그 조건과 과제   16
   1. 덕 윤리의 한국기독교적 재론의 자리   16
   2. 덕 윤리의 한국기독교적 재론의 조건과 과제   20
Ⅲ. 나오는 말   36

▌Ethics의 근대 번역어 '윤리학·윤리'를 만나는 자리
– 강상에서 윤리로 ·· 오지석

Ⅰ. 들어가는 말 : 아는 것 같은데, 애매한 이야기   42
Ⅱ. 번역어 액제가(厄第加)와 윤리학(倫理學)   45
   1. 번역어 액제가(厄第加)·수제치평지학(修齊治平之學)   47
   2. 서양어 ethics의 번역어·근대어로서의 윤리학   52
Ⅲ. 유교 가치의 계승인가? 이식된 서양 학문인가?   65
Ⅳ. 나오는 말 : 아직도 어렵다!   71

우정에서 천애지기(天涯知己)로

－홍대용과 마테오리치의 우정론 ························· 심의용

Ⅰ. 들어가는 말　75
Ⅱ. 마테오 리치의 『교우론』에 나타난 우정론과 그 영향　80
Ⅲ. 조선 후기 우정론 대두의 배경과 의미　86
Ⅳ. 홍대용의 우정에 드러난 정치적 맥락　94
Ⅴ. 역외춘추(域外春秋)와 근대적 지향으로서
　　천애지기(天涯知己)의 의미　100
Ⅵ. 나오는 말　109

천하(天下)에서 국가(nation-state)로

－량치차오와 박은식의 보편원리의 행방 ······················ 이혜경

Ⅰ. 문제제기 : 천하의 동요와 최고선의 상실　117
Ⅱ. '문명'을 받아들이는 일의 무거움　120
Ⅲ. 천하를 벗어나 만국공법의 세계로　128
Ⅳ. 박은식의 여정 : 중화를 대신할 것을 찾아서　133
Ⅴ. 량치차오의 여정 : 중화의 부활 혹은 건재　142
Ⅵ. 맺는 말 : 중화의 중심과 주변의 차이　149

사대부(士大夫)에서 지식인(intelligentsia)으로

－유교와 신분제도의 관계를 바라보는
다양한 입장을 중심으로 ·· 이주강

Ⅰ. 들어가는 말　155
Ⅱ. 후쿠자와 유키치의 경우　161
　1. 서론　161
　2. 신분제도 및 유교에 대한 후쿠자와의 입장　164

  3. 후쿠자와 유교 비판의 문제점   169
Ⅲ. 전통적 사대부 박규수의 경우   175
  1. 서론   175
  2. 신분제도 및 유교에 대한 박규수의 입장   179
  3. 박규수와 후쿠자와 사상의 차이점   183
  4. 박규수, 그 이후   185
Ⅳ. 근대적 지식인 유길준의 경우   186
  1. 서론   186
  2. 신분제도 및 유교에 대한 유길준의 입장   188
Ⅴ. 나가는 말   195

예교(禮敎)에서 종교(宗敎)로
－대한제국기 종교정책과 배경 담론들을 중심으로 ················ 이종우

Ⅰ. 머리말   199
Ⅱ. 구본(舊本) 중심의 종교정책   204
  1. 유교의 국교화   204
  2. 중화에서의 탈피   210
Ⅲ. 신참(新參) 중심의 종교정책   217
  1. 정교의 분리   217
  2. 신앙의 자유   223
Ⅳ. 맺음말   227

경전(經傳)에서 텍스트로
－20세기 초 『詩經』에 대한 근대 시인들의 인식 변화 ········ 정기인

Ⅰ. 근대시인들의 『시경』 인식 고찰의 의미   233
Ⅱ. 경전에서 권위로 : 최남선의 경우   239
Ⅲ. 권위에서 번역되어야 할 타자로
  : 이광수, 김억, 김동환의 경우   246

Ⅳ. 번역해야 할 타자에서 반면교사로 : 김소월의 경우　　　263
　Ⅴ. 경전에서 텍스트로　　　273

해석(解釋)인가, 전유(專有)인가?
－20세기 한국의 『노자』 이해와 '동양철학'(東洋哲學) ············ 김시천
　Ⅰ. 도가(道家), 노가(老家), 도교(道敎)　　　279
　Ⅱ. 노장(老莊), 해석과 전유　　　284
　Ⅲ. 20세기의 『노자』 전유, '철학'과 '종교'　　　293
　Ⅳ. '이단'에서 '전통'으로 : 문명화와 자기정체성의 사이에서　　　304

▪ 참고문헌 / 309
▪ 논문출처 / 327
▪ 찾아보기 / 329

건덕(建德)에서 덕 윤리로
윤리의 한국기독교적 재론을 위한 조건과 과제

문시영

건덕(建德)에서 덕 윤리로
- 덕 윤리의 한국기독교적 재론을 위한 조건과 과제

I. 들어가는 말

　한국기독교의 도덕적 성숙이 긴요하고 절실하다는 사실에 대해서는 모두가 공감한다. 문제는 어떤 관점에서 해법을 찾을 것인가에 있다. 이 글은 한국기독교의 도덕적 성숙에 관한 논의를 풍요롭게 확장하기 위한 목적에서, 덕 윤리를 통한 접근법을 제안하고자 한다. 특히, 덕의 한국기독교적 재론을 통해 도덕적 성숙을 추구한다. 맥킨타이어(Alasdair Macintyre)가 촉발시킨 덕의 재론은 현대사회의 윤리적 위기에 대한 진단 및 해법과 연관된다. 사실, '덕'을 배경으로 했던 아시아문화권에 속한 한국의 기독교윤리학이 어떤 형태로든 덕의 재론에 무관심할 수 없다. 이러한 뜻에서, 맥킨타이어의 '덕의 재론'과 하우어워스의 '덕의 기독교적 재론'에 관심하면서 '덕의 한국기독교적 재론'을 시도하고자 한다.

안타깝게도, 덕에 관한 한국기독교의 경험은 덕의 재론에 적극적으로 관심하지 못하게 하는 트라우마와도 같은 요인으로 작용하고 있다. 덕의 과잉 혹은 덕에 대한 염증이라고도 말할 수 있는 이러한 요인은 결과적으로 덕의 재론에 무관심하게 하고 덕 윤리를 통해서는 윤리적 성숙에 이를 수 없다는 냉소에 이르게 한다. 이러한 요소들을 참고하면서, 이 글은 한국기독교의 도덕적 성숙을 위해 덕의 '한국기독교적' 재론 필요성을 제언하고자 한다. 여기에는 유교적 덕과 기독교적 덕의 교차점에 있는 한국기독교가 덕의 윤리를 어떻게 수용하였으며 어떤 갈등과 왜곡을 겪어왔는지를 살펴보는 과정이 포함된다. 이를 바탕으로, 한국기독교에서 덕에 관한 재론이 바른 것이 되기 위한 조건과 과제를 성찰하고자 한다.

Ⅱ. 덕 윤리의 한국기독교적 재론, 그 조건과 과제

1. 덕 윤리의 한국기독교적 재론의 자리

도덕철학자 맥킨타이어가 『덕의 상실(After Virtue)』을 통해 촉발시킨 덕의 재론은 현대사회의 윤리적 위기에 대한 진단 및 해법과 관련된다. 맥킨타이어는 칸트적 의무론에서 비롯한 '계몽주의적 기획'(the modern project 혹은 the Enlightenment project)을 문제 삼는다.[1] 인간의 본성에 대한 자연적 목적을 도덕적 추론에서 배제하고 도덕의 보편적인 정당화를 추

---

[1] Alasdair MacIntyre, *After Virtue*. 2nded., Notre Dame: University of Notre Dame Press, 1984, pp. 1~13.

구하는 계몽주의적 기획을 추종하면 니체적 허무주의에 귀착하게 된다는 진단이다. 현대사회의 윤리적 위기를 극복하기 위해 아리스토텔레스의 덕 윤리를 회복하고 공동체주의를 구현해야 한다는 맥킨타이어의 관점은 영미철학계에 커다란 반향을 불러일으키는 동시에 숱한 비판과 논박을 받았으며 그 찬반논변은 현재진행형이다.

덕 윤리에 대한 신학적 반향으로는 하우어워스(Stanley Hauerwas)의 경우를 대표적이라고 할 수 있겠다. 코트바(Joseph J. Kotva, Jr.)에 따르면, 덕 윤리와 기독교적 확신을 상호유익의 관계로 설명할 수 있고 하우어워스를 대표적인 경우로 제시할 수 있다.[2] 하우어워스 자신이 맥킨타이어와 상당한 교분이 있는 것은 물론이고, 다양한 저술들을 통하여 신학적 수용의 가능성과 과제를 다루었다는 점에서, 주목할 만하다. '기독교공동체주의' 혹은 '교회윤리'(ecclesial ethics)라고 불리는 하우어워스의 관심은 맥킨타이어의 답습을 넘어 덕 윤리와 기독교화의 친화성 내지는 수용가능성을 긍정하면서 '예수 내러티브'에 기초한 덕 윤리를 제시하는 단계로 나아가고 있다.[3] 이 글의 주된 관심은 이러한 논의들을 소개하려는 것이 아니라 덕 윤리를 한국기독교의 지평에서 재론하는 데 있다.[4] 맥킨타이어에게서 촉발된 덕 윤리의 재론과 하우어워스의 기독

---

[2] Joseph J. Kotva, Jr., 문시영 역,『덕 윤리의 신학적 기초』, 성남: 도서출판 긍휼, 2010, 267쪽.

[3] Stanley Hauerwas, *A Community of Character*, Notre Dame: University of Notre Dame Press, 1984. 흥미롭게도, 노트르담대학 출판부에서 책이 나온 것까지 맥킨타이어와 닮았다.

[4] 이 글에서는 맥킨타이어가 말하는 '덕 윤리'(virtue ethics)와 아시아 문화의 축으로서의 유교의 '덕 전통'을 구분하기보다 상호호환적인 관계로 가정하여, 덕 혹은 덕 윤리라는 표현을 혼용하고 있음을 밝혀둔다. 그리고 '한국기독교'라는 표현을 쓴 것은 하우어워스로 대변되는 덕 윤리의 신학적 성찰과의 구분을 의도한 것으로서, 덕 윤리가 한국의 기독교에서 어떤 의미로 자리매김 되어야 하는지를 살펴보려는

교적 반향이 과연 한국기독교와 연관될 수 있을지, 특히 한국기독교의 도덕적 성숙에 기여할 수 있을지를 성찰하려는 취지이다.

다행스럽게도, 덕 윤리의 한국기독교적 재론에 참고할만한 선행연구들이 적지 않다. 한국기독교에 미친 아시아 문화의 영향 특히 유교와의 연관성을 다루는 선행연구도 비교적 풍요롭다. '신'(神) 개념에 대한 비판적 비교작업은 물론이고 죽음의 문제에 대한 성찰, 인성교육 및 목회상담 등 다양한 분야에서 다루어지고 있다. 대부분의 경우, 비교를 통한 비판과 극복의 과제를 제시하는 패턴으로 발전되어 왔지만, 최근 들어 이러한 흐름에 변화가 감지되고 있다는 점은 흥미로운 부분이다. 상호관계에 대한 성찰을 통해 바람직한 관계정립을 모색하거나 혹은 성숙의 과제를 제시하려는 노력들이라는 점에서 의의가 있어 보인다.[5] 특히, 신진학자들에 의해 기독교와 아시아 문화를 양극단으로 다루어왔던 기존의 경향을 넘어서고 있다는 점에서 다행스럽다.[6]

아쉬운 것은 한국교회사의 연구자들이 기독교와 유교의 만남에 관한 논의는 적지 않으나, '덕'을 특정한 선행연구가 거의 없다는 점이다. 관심을 끄는 선행연구로, 유교와 기독교의 관계를 재설정할 필요가 있

취지이다.

[5] 배요한, 「이퇴계와 이수정의 종교성에 대한 비교 연구: 한국 유교와 한국 개신교의 내적 연계성에 대한 고찰」, 『장신논단』 45-1, 2013; 소요한, 「초기 한국 기독교 사상의 유교적 이해」, 『신학논단』 92, 2018; 이은선, 「유교와 기독교, 그 만남의 필요성과 의미에 대하여」, 『신학사상』 82, 1993; 이정배, 「유교와 기독교의 대화, 그 한국적 전개: 평가와 전망을 중심으로」, 『신학과 세계』 2004-3, 2004 등은 참고할만한 글들이다.

[6] 김권정, 「한국기독교 초기 유교지식인의 기독교사회윤리 연구: 월남 이상재를 중심으로」, 『기독교사회윤리』 20, 2010; 설충수, 「기독교윤리의 관점에서 바라본 유교 인성론(人性論) 연구: 에른스트 파베르를 중심으로」, 『기독교사회윤리』 36, 2016, 그리고 윤리분야의 논문은 아니지만 김봉근, 「기독교와 유교 사상의 창조적 융합으로서의 윤동주 시 읽기」, 『상허학보』 54, 2018 등을 참고할 수 있겠다.

다는 주장에 유의할 필요가 있겠다. 근대 초기 안동지역에 나타난 유교와 기독교의 관계를 살펴보면, 유교로서는 국권회복과 민중계몽을 위해 기독교를 부정할 필요는 없었으며 기독교는 주자학이 제시하는 도덕철학을 부정할 필요도 없었다는 주장이다. 양자는 서로의 정체성을 보존하면서도 각자의 한계를 상대방을 통해서 보완할 수 있었다는 관점이다.[7]

이와 달리, 한국기독교에 투영된 유교적 배경이 기독교윤리를 왜곡시키는 결과를 낳았다고 비판하는 경우도 있다. 예를 들어, 한국교회가 권위주의를 벗어나지 못하는 것은 물론이고 결과적으로 사회문제에 대해 보수적 입장을 취하는 이유를 유교의 영향이라고 말하는 경우가 그렇다. 한국의 기독교윤리가 유교적 배경에 매몰되어 형식적으로는 유교를 버린 것 같지만 내용적으로는 전근대적 유교윤리로 옷을 바꾸어 입는 방식을 받아들임으로써 윤리적 퇴행이 일어났다는 주장이다.[8]

과연, '덕의 재론'이라는 세계적 흐름 속에서 한국기독교는 어떤 관점을 취할 수 있을까? 덕의 폐기인가 혹은 덕의 융합인가? 양자택일해야 하는 문제는 아닌 것 같다. 더이 한국기독교적 재론은 덕의 기독교의 유교화도 아니고 유교의 기독교화도 아니기 때문이다. 혹은 덕 윤리의 비교를 통해 새로운 무엇인가를 제안해야 하는 것도 아니며 덕의 재론 그 자체에 대한 호기심은 더더욱 아니다. 우리에게 필요한 것은 덕에 관한 한국기독교적 재론을 통해 한국기독교의 윤리적 성숙을 도모하는 노력이라 하겠다.

---

[7] 권상우, 「안동지역의 선비 – 기독교인 연구(2): 기독교적 유교와 유교적 기독교」, 『민족문화논총』 68, 2018, 21~22쪽.
[8] 박충구, 「한국교회의 기독교윤리학적 성향과 그 문제점」, 『사회이론』 35, 2009, 133~161쪽.

2. 덕 윤리의 한국기독교적 재론의 조건과 과제

덕 윤리의 한국기독교적 재론에서 가장 긴요한 것은 덕의 왜곡에 대한 자성이다. 맥킨타이어의 제안이 큰 관심을 받는다고 해서, 혹은 하우어워스의 신학적 반향이 흥미롭다고 해서, 덕에 관해 재론하는 것 자체가 의미가 있다고 말하는 것은 바람직하지 않다. 특별히, 한국기독교에서 덕에 대한 재론은 신중해야 한다. 덕의 토양 속에 있지만, 덕 윤리에 대한 관심이 크지 않은 배경에는 '덕의 왜곡' 혹은 '덕의 과잉' 및 그로 인한 '덕의 냉소'라는 중요한 요소가 자리하고 때문이다. 덕이 한국기독교에서 왜곡된 과정과 현실에 대한 자성이야말로 덕의 재론을 위해 필수적이라는 뜻이다.

1) 덕의 재론을 위한 조건 : 덕의 도구화에 대한 자성

(1) 유교의 덕과의 갈등 : 왜곡의 우려

대부분의 연구에서, 서구사상으로서의 기독교를 만나는 과정에 '갈등'이라는 요소가 부각되는 경향이 있다. 귀츨라프(1832), 존 로스(1872), 등 여러 차례의 접촉에도 불구하고 실제적으로 개신교의 한국 선교는 1880년 이후에 이루어졌다. 1876년의 개항은 한국 근대사에서 중요한 의미를 지니며, 한국기독교 역사에서도 중요한 발전을 가져온다.[9] 이 과정에서, 가톨릭은 한국의 전통가치와 크게 상충되었고 당시 선교지역 어느 곳에서보다 철저한 충돌과 갈등을 야기했다. 한국의 초기교회 형성과정도 수월한 것은 아니었다. 가톨릭의 선례에 의거한 척사위정(斥邪衛正)의 정책은 기독교 선교의 걸림돌이었다.[10] 그 결과, 기독교와

---
[9] 이상규, 『한국교회 역사와 신학』, 생명의 양식, 2007, 18쪽.

한국문화의 축으로서의 유교의 만남은 갈등을 특징으로 했다는 것이 한국교회사를 연구한 역사신학자들의 주류 의견이다. 유일신 신앙의 강조와 조상에 대한 제사배격 등은 대표적인 갈등의 경우라 하겠다.

흥미롭게도, 이러한 갈등의 측면에서 '덕'에 관해서는 다소 미묘한 부분도 볼 수 있다. 예를 들어, 성경번역의 경우를 살펴보자. 한중일 3국의 성경은 '덕'을 공통적인 번역어로 사용한다. 중국어 성경의 영향이 크기는 했지만,[11] 덕에 대한 관심이 문화적 교차점의 역할을 하고 있다는 점을 추정해볼 수 있겠다. 대표적으로, 롬15:2를 번역하면서 한글성경은 '덕을 세우도록 하라'로, 중국어성경은 '建立德行'으로, 그리고 일본어 성경에서는 '德を 高めるた'로 표현했다. 한자성경을 기본으로 삼았기 때문이겠지만, '기독교의 덕 개념'과 '한자문화(특히 유교)의 덕 개념'의 교차를 보여준다고 하겠다. 이러한 교차에 주목하는 이유는 덕이라는 용어의 갈등 이면에 내용의 갈등이 내재해 있고 이것은 바울의 맥락을 왜곡했을 우려를 낳기 때문이다.

특히, 한글성경에서는 명사로서의 '덕'(德)과 '덕스럽다'의 형용사로 나누기보다 '덕'이라는 명사와 '세우다'라는 동사를 합성하여 '덕을 세우다'로 표현한다.[12] 물론, '덕스럽게 하자'는 관용구를 쓰기도 한다. 굳이 따지자면, 우리말 어법에 맞는 것은 아니다. 그럼에도 불구하고, 익숙한 표현으로 남아있다. 특히, 바울서신 번역에서 '덕을 세우다'의 표현이 두드러진다. 바울서신에만 덕을 말하는 것은 아니다. 베드로서신에

---

10) 서정민, 『한국교회의 역사』, 살림출판사, 2003, 5~16쪽.
11) 민영진, 전무용, 「한국어 번역 성경에 나타난 중국어 성경과 일본어 성경의 영향」, 『성경원문연구』 19, 2006, 176~199쪽.
12) 이에 대해서는 문시영, 「"덕을 세우다"의 윤리적 성찰」, 『김철영 교수 회갑기념논문집』(기념논문집 간행위원회, 2008)을 참고하기 바란다.

서도 사용된다. 물론, '덕을 세우다'의 형태는 아니다.

게다가, 바울서신에서 '덕을 세우다'가 아닌 경우도 있다. 윤리학에서 말하는 '덕'(ἀρετη)은 빌립보서 4:8에서 단 한 차례 명시적으로 사용되었다. 'ἀρετη'는 고대 그리스 철학자들이 사용했으며 바울 당시 스토아 철학자들 역시 이 단어를 사용했다. 여기에서 중요한 것은 바울이 'ἀρετη'를 어떤 의미와 의도로 사용했는가 하는 점이다. '탁월함'(par excellence)을 기본으로 하는 이 단어를 사용하면서 바울은 당시 스토아철학을 주도한 세네카의 용법을 염두에 두면서도 기독교적 특성들을 담아내려 했을 듯싶다.13) 특히, 복음에 합당한 삶을 통해 탁월함을 구현하도록 권면했다는 점이 흥미롭다.

한 가지, 더 참고할 것이 있다. 한글번역의 대부분은 'ἀρετη'가 아니라 'οἰκοδομή' 혹은 동사 'οἰκοδομέω'에 해당한다. '건축하다' 혹은 '일으켜 세우다'의 뜻이지만, '덕을 세우다'로 의역된다. 건물로서의 교회가 아니라 공동체로서의 교회를 뜻하는 것임은 물론이다.14) 흥미로운 것은 'οἰκοδομέω'가 다르게 번역되는 부분이다. 복음서에서 '건축하다'는 원래의 의미로 사용되는 경우가 그렇다. 이와 달리, 바울서신에서는 교회공동체를 세운다는 상징적인 의미로 쓰인다. '흩어짐', '분열' 등 '세움'의 저해요소와는 반대되는 의미, 즉 '강하게 하는 것', '일치', '결속력 강화' 등을 뜻한다. 말하자면, 덕을 세운다는 것은 교회의 강화 및 일치와 연합, 그리고 성장이라는 의미로부터 '전체를 조화롭게 하나로 만드는

---

13) 최승락, 「바울의 덕 사상과 덕 철학의 접점 찾기」, 『성경과 신학』 59, 2011, 39쪽.
14) 참고로, 인터넷 검색결과는 다음과 같다. '오이코스'(집)와 '데모'(건축하다)의 합성어로 '집을 세우다.' 성경에서는 '덕을 세우다'로 번역된다(살전 5:11). 덕을 세우는 자세가, 건축자가 정성을 다해 벽돌을 하나하나 쌓아가는 모습을 연상시키고 있다 (네이버 지식백과).

것'을 의미한다.15) 다시 말해, 교회공동체를 위한 행동규범을 뜻한다.

이러한 요소들을 고려할 때, 한국기독교는 덕의 교차점이 있다고 하겠다. 그것이 유교의 영향권에 속한 것인지 혹은 바울의 관점을 제대로 반영한 것일지에 대한 논의가 필요한 것은 사실이다. 하지만, 덕의 교차점으로서 한국교회에서는 덕이 교회공동체를 위한 행동규범으로 수용되었다는 점만큼은 분명해 보인다. 한자로 표현하여, '건덕'(建德)이 한국기독교에서 순기능을 했던 측면을 보면 이러한 특징을 짐작할 수 있겠다. 예를 들어, 1907년 '평양 대(大)부흥'은 한국교회가 체험한 부흥의 중요한 상징이었다. 영적 각성은 교회의 부흥과 함께 도덕적 변화로 이어졌다.16) 부흥사경회에 참석하여 은혜를 받은 그리스도인들은 죄를 회개했으며, 윤리적 변화를 결단하여 실생활에서 실천에 옮겼던 기록들을 볼 수 있다.

이 과정에 나타난 도덕적 변화와 실천의 모습들은 도덕적 금지사항과 도덕적 권장사항으로 나누어 설명할 수 있다. 도덕적 금지사항은 복음 이전의 옛 생활에 대한 청산 혹은 극복과제들을 말한다. 축첩, 여성차별, 신분차별, 도박, 음주, 흡연 및 노동천시 등 여러 분야의 '생활문화 개혁을 통한 영적, 도덕적 개혁으로 이어졌다. 교회에 나오면서도 축첩을 하던 경우, 세례와 입교를 위해 반드시 결단하고 도덕적 변화를 보여주어야 했다. 그것은 교회공동체에 덕을 세우기 위한 '건덕'의 목적에서도 요구된 사항이었다.

이러한 뜻에서, 도덕적 권장사항에서도 건덕이 중요했다. 교회공동

---

15) 문시영, 「한국교회와 덕의 재론을 위한 조건」, 『남서울대학교 교수논문집』 20, 2014, 7~24쪽.
16) 여기에 소개된 예들은 『국민일보』에 연재된 '이야기 한국교회사'와 '새롭게 읽는 한국교회사'를 참고하여 필자의 문체로 바꾸어 쓴 것임을 밝혀둔다.

체의 구성원 모두에게 공동체의 성장과 유지 및 운영을 위한 공동참여와 공동책임이라는 윤리적 과제가 있음을 강조해준 것이라는 점에서, 그 의의는 결코 작지 않다. 이 과정에서 '은혜롭게 하자', '덕스럽게 하자', 혹은 '교회의 건덕을 위해' 등등의 명분으로 자행된 것은 안타까운 일이지만, 건덕의 전통 자체는 평가되어야 한다. 참고할 것은 금지사항과 권장사항은 동전의 양면과 같았다는 점이다. 복음을 중심으로, 한편으로는 죄를 회개하고 청산하며 다른 한편으로 교회에 덕을 세우고자 하는 노력이 병행된 것이라 하겠다.[17] 한국기독교의 규정과 문서들에 여전히 덕을 언급하고 있는 것도 이러한 전통을 반영한다.

여기에서, 질문이 생긴다. 왜, 한국기독교에서는 '덕을 세우다'로 번역했을까? 한자문화권 3개국의 공통점일 뿐일까? 번역과정에 번역자의 신학적 관점이 반영될 수 있다는 점에서,[18] 성경번역자들의 한문소양이 중요한 영향을 준 것은 사실이다.[19] 하지만, 공동체로서의 교회를 위한 관심이라는 점을 간과해서는 안 된다. 이것은 번역자들의 관점과 바울의 맥락 사이에 일종의 공통의 관심이 반영된 것임을 추정하게 해준다. '그레코-로만'이라는 사회적 배경과 유대교 회당이 상존하는 종교적 배경 속에서 바울이 '커뮤니티 형성기'에 있는 교회 구성원들이 복음적 정체성에 근간하여 공동체적 배려를 권장한 부분이 한국교회 선교 초기의 정황과 일정부분 공통점을 지니고 있었다는 해석이 가능해진다. 한국적 의미의 기독교공동체주의를 구현하고 있었던 것이라

---

[17] 문시영, 「복음에 합당한 은혜윤리를 재건하라」, 『목회와 신학』 303, 2014, 9월호, 94~99쪽.
[18] 김연진, 「성경번역 사역에서 번역자의 신학적 의도가 미치는 영향」, 『안양대논문집』 1, 1996, 127~147쪽.
[19] 김성은, 「이수정의 성경번역과 계몽문체」, 『한국기독교와 역사』 43, 2015, 73쪽.

하겠다.

동시에, 공동체를 위한다는 명분으로 유교적 권위주의가 혼합되었을 우려가 크다. 한국기독교는 '덕'을 명분으로 '유교 가족주의'의 폐단을 변혁시키지 못한 채 답습해 왔을 우려가 크다. 파벌과 권위주의가 중첩된 유교 가족주의가 지닌 폐단이 한국사회에 영향을 미치고 있다는 점은 부인하기 어렵다.[20] 어쩌면, '덕'의 교차점에 있는 한국기독교에 이러한 요소들이 깊숙이 침투해있을 우려에 대해 성찰이 필요해 보인다. 말하자면, 한국기독교가 덕의 교차점에 있다는 것이 강점으로만 작용하지는 않는다. 번역어로 사용된 '덕'을 유가철학의 그것과 혼동하거나 혼합시켰을 위험이 없지 않다. 이를테면, '도를 닦고 덕을 쌓자'(cultivate tao and inculcate virtue)는 관점이[21] 기독교의 덕 개념과 교차하면서 왜곡이 초래되었을 것이라는 우려는 매우 타당해 보인다.

예를 들어, 유교 혹은 유가철학이 '덕 중심의 윤리관'을 가지고 있는 것은 분명하다. 그 안에는 의무론적 요소도 들어있지만 행위에 대한 평가보다 행위자에 대한 평가를 우선시한다는 점에서 덕 윤리에 속한다.[22] 하지만, 한자문화권에서의 덕은 서양의 'ἀρετή'와 같지 않나. 심지어, 인간 이외의 경우에도 적용된다. ①천지자연의 원리 또는 기운, ②인간의 천부적 본연성, 즉 인간됨의 내적 품성, ③실천적 능력, ④타인에 대한 시혜성 등 다양한 관점을 담고 있으며 어느 하나의 뜻으로 단정 짓기 어렵다. 또한, 덕은 정치원리로도 작용했다. 정치에 대한 덕 중심의 접근을 말해주는 것인 동시에 덕을 정치의 이상으로 삼았다.[23]

---

[20] 김도일, 「유교 가족주의의 이중성: 파벌과 권위주의의 유가적 기원」, 『철학』 135, 2018, 1~22쪽.
[21] 황경식, 「왜 다시 덕 윤리가 문제되는가?」, 『철학』 95, 2008, 220~221쪽.
[22] 장동익, 「덕 윤리적 관점과 유교윤리」, 『도덕윤리과교육』 36, 2012, 178~185쪽.

말하자면, 서양윤리학의 'ἀρετη'와 다르다. 뿐만 아니라, 바울이 말하는 '덕을 세우다'와도 같지 않다. 무엇보다도, 성경번역에서 유교의 덕 개념이 교차되면서 바울의 관점과 명확하게 매치되었다고 장담할 수는 없다. 덕 윤리가 한국기독교와 교차하면서 갈등과 왜곡이 초래되었을 위험성을 간파하고 바로잡는 노력이 필요하다는 뜻이다.

(2) 번영신학과의 갈등 : 덕의 도구화

덕 윤리의 수용에 관한 자성과 더불어 더 크게 관심해야 할 것이 있다. '덕의 도구화' 문제이다. 사실, 한국기독교가 덕을 배경으로 하는 아시아문화권에 속해 있으면서도 덕의 재론에 관심하지 않는 현상은 덕 개념을 몰라서도 아니고 덕의 중요성을 외면해서도 아니다. 오히려 덕의 과잉이 문제였으며 덕의 왜곡을 낳았고 덕에 대한 염증으로 귀결된 것이라고 보는 것이 타당하다.[24]

무엇보다도, 덕의 남용과 왜곡을 거듭하여 덕의 도구화를 초래한 사실에 주목할 필요가 있다. 특히, 한국의 근대화 과정에서 결정적인 왜곡이 자행되었다. 교회공동체를 위한다는 명분으로 교회지도자들과 공동체구성원들의 실수와 죄들을 눈감아주고 덮어주려는 경향이 생겨난 것은 매우 안타까운 일이다. 이것은 교회에서 문제를 제기하거나 시끄럽게 만드는 일 자체를 억제하는 도구로 '덕'을 말하는 왜곡을 낳았다. 복음을 위한 것이라기보다 교회를 시끄럽게 하지 말아야 하고 지도자들의 실수까지도 덮어주어야 한다는 행동양식으로 변질되어버

---

[23] 조남욱,「유교정치에서의 덕의 문제」,『윤리연구』29, 1990, 223~228쪽.
[24] 이 글에서 말하는 자성과 실천의 주체는 덕 윤리를 재론하려는 학자들이라기보다 한국기독교에 속한 모두의 몫이어야 한다. 한국기독교의 도덕적 성숙을 추구해야 한다는 점에서 더욱 그렇다.

렸다. 말하자면, 덕 윤리 전통이 '도구화'되어버린 셈이다.

나아가, 도덕적 가치들을 공동체의 가치에 종속시킬 위험에 대해서도 유의할 필요가 있다.[25] 공동체 안에서 발생할 수 있는 다양한 문제들을 공동체주의가 아닌 '공동체우선주의'에 해소하려는 경향이 그것이다. 이것이야말로 한국기독교에 자리 잡은 것이 고질적인 문제일 수 있다. 덕 윤리 자체의 한계요소를 지적하는 비판들에 위계질서와 권위주의 문제를 제기하는 경우도 있지만, 덕 윤리의 배경이 되는 공동체주의가 권위주의로 둔갑하는 것은 매우 심각한 왜곡이라 하겠다. '덕스럽게 하자'를 남용하여 덕에 대한 관심을 공동체 보호의 논리로 도구화해버리는 것이기 때문이다.

'덕을 세우다'의 남용은 한국기독교의 보수화 문제에 연결된다. 급변하는 현대사회에서 한국기독교가 변화하는 부분이 없지 않으나 여전히 보수성이 강한 측면을 지니고 있음을 부정하기는 어려워 보인다.[26] 솔직히, 한국기독교는 정치적 성향에서, 가치관에서, 사회윤리에서 보수적 특성을 지니고 있다. 그리고 그 이면에는 '덕을 세우다'의 남용이 하나의 왜곡된 문화로 자리를 잡은 것이 큰 원인으로 작용했다. 이러한 뜻에서, 덕의 남용은 덕의 한국기독교적 재론에서 자성해야 할 과제임에 틀림없다. 덕의 남용 및 도구화를 넘어서 덕의 성경적 본질에 대한 바른 인식과 실천이 필요하다는 뜻이다.

한국교회의 덕 윤리 전통이 은혜만능주의로 전락한 문제에 대해서도 깊은 자성이 필요하다. 이것은 덕의 왜곡에 해당한다. 남용되고 도

---

[25] 선우 현, 「공동체주의의 그림자: 신보수주의의 정당화 논리」, 『사회와 철학』 29, 2015, 23~78쪽.
[26] 소요한, 앞의 글, 221~244쪽.

구화된 덕 전통이 결과적으로는 성경적 본질에서 벗어나 왜곡되고 말았다는 사실에 주목해야 한다는 뜻이다. 덕의 남용과 도구화가 진행되면서 '덕스럽게 = 은혜롭게'의 변질된 공식이 적용되었다는 점은 무엇보다도 심각한 문제라 하겠다. 결과적으로 '은혜만능주의'로 전락하여 덕 윤리 전통만 아니라 은혜의 복음적 가치를 왜곡시켰다. 어느 새, '덕스럽게 하자'는 '은혜롭게 하자'는 것과 동치가 되었고 의미상으로는 교회공동체의 문제들을 눈감아주거나 덮고 지나가자는 행동양식으로 곡해되어, 진정한 용서와 개선을 위한 자정의 노력이 교회 안에서 설 자리를 잃고 말았다.

이처럼, '덕스럽게 하자' 혹은 '교회의 건덕(建德)을 위해' 등등의 명분으로 자행되어온 도덕성 부재가 한국기독교의 윤리적 성숙을 저해했고 위계질서를 요구하는 권위주의와 맞물려 다양한 문제들을 낳고 있다. 사실, 한국기독교는 지도자들에게서 비롯된 권력지향성으로 인해 다양한 폐단이 발생했고 그 해소법은 순응주의적 태도의 요구였다. 다른 말로 하자면, 타협의 불가능과 순응의 강요가 이어져 왔다.[27] 교회공동체를 향하여 표방해온 '덕스럽게 하자' 혹은 '덕을 세우다'를 남용해 왔다는 사실을 반증하는 것이라는 점에서, 뼈저리게 자성해야 할 부분일 듯싶다.

한국기독교에 나타난 덕의 도구화는 번영신학과 긴밀하게 연관된다. 한국사회가 '압축성장'을 이룩한 모습은 교회성장과 신앙적 지향에서도 다르지 않았다. 교회성장이 번영신학과 짝을 이루어 덕의 도구화를

---

[27] 고유식, 「기독교 폭력으로부터의 해방을 위한 목회신학적 돌봄 연구: 한국 교회 내 권위주의문화와 권력중심문화에 대한 성찰을 중심으로」, 『목회와 상담』 30, 2018, 7~42쪽.

가속화했다는 점이 문제라 하겠다. 교회성장 자체에 대한 찬반논변을 하려는 것은 아니다. 무엇보다도, 교회의 번영과 성도 개인의 번영을 도덕보다 우선시하는 시도가 나타나고 있다는 점이 문제이다. '교회성장'의 추구와 '번영신학'의 주도로 특징되는 한국기독교의 성장과정에서 덕 윤리에 관한 바른 인식과 실천적 관심은 급격히 약화 혹은 생략되었고 결과적으로 덕 윤리 자체를 왜곡시켰다는 점, 그것에 대한 자성이 필요하다는 뜻이다.

돌이켜보면, 한국기독교는 팽창적 교회성장을 이루었지만 그 과정에서 복음은 바벨탑에 갇혀 버린 것은 아닐지 자성이 필요하다.[28] 번영신학(prosperity theology) 내지는 번영의 복음(gospel of success, prosperity gospel, the health and wealth gospel)이 한국기독교를 휩쓸었고 '적극적 사고방식'과 '긍정적 신앙'의 물결이 강하게 밀려왔다. 번영신학의 자성을 촉구하는 글에서 '최고부자 하나님의 축복', '신념과 자기최면', 그리고 '부자 예수와 값싼 은총'의 문제를 지적한 것처럼,[29] 한국기독교가 속히 극복해야 할 요소이다.

번영신학이 한국기독교에서 교회의 급성장에 상당부분 기여했다는 점은 매우 우려스럽다. 번영신학은 하나님의 자녀들이 재정적으로 번영해야 한다고 가르치지만, 그것은 결과적으로 세상에 대해 '나쁜 증인'이 되게 하고 만다.[30] 그것은 탐욕의 정당화와 다를 것이 없으며, 탐욕은 그리스도인을 면제대상으로 삼지 않는다는 사실에 더욱 유의해야 한다. 그리스도인이 탐욕에 놀아나게 된다면 그것은 도덕적 비난의 대

---

[28] 이에 대해서는 다음 책을 추천한다. Hank Hanegraaff, *Christianity in Crisis*, 김성웅 역, 『바벨탑에 갇힌 교회』, 서울: 새물결플러스, 2015.
[29] 류장현, 「번영신학에 대한 신학적 비판」, 『신학논단』 61, 2010, 7~30쪽.
[30] W. W. Gasque, 「번영신학과 신약성경」, 『성경과 신학』 17, 1995, 54쪽.

상이 되는 단계를 넘어 '치명적'이다. 그리스도에 대한 순종을 거절하는 것과 다름없기 때문이다.31) 복음보다 번영이 우선시되는 경향을 바로잡아야 하는 것은 물론이고, 신앙을 번영의 도구적 수단으로 변질시키지 않도록 각별한 주의가 요망된다는 뜻이다.

덕 윤리의 재론과 관련하여 번영의 복음을 문제 삼아야 하는 이유는 분명하다. 번영신학은 진정한 복음에 대한 이해를 약화시키고 도덕적 성숙에 무관심하게 만드는 위험요소이기 때문이다. 혹은 윤리를 부차적인 것으로 전락시키는 위험으로 치닫게 한다. 번영을 위해서라면 윤리를 생략할 수 있다는 생각을 정당화시키기도 하고, 윤리는 번영 이후에나 고려할 문제라는 인식을 낳았기 때문이다.

결과적으로, 덕 윤리는 번영신학이 일구어 낸 교회성장에 밀려 교회의 도덕적 문제들을 정당화시키는 도구로 전락했고 성화(sanctification)를 강조하지 못했다. 의도한 것은 아니겠지만, 덕 윤리가 번영신학과 결탁 내지는 번영신학에 편승하는 모양새가 되어버린 셈이다. 무엇보다도 우려스러운 것은 덕의 남용과 도구화가 덕의 왜곡으로 이어져 한국기독교에서의 덕에 대한 관심은 사라져버렸거나 배척당하는 현상이 여전히 진행형으로 나타나고 있다는 사실이다.

2) 덕의 재론을 위한 과제 : 제자도에 기초한 덕의 성품화

(1) '제자도'에 기초한 덕의 성품화

앞 절에서, 한국기독교는 덕의 수용과 현실에서 '덕의 도구화'라는 심각한 위기를 맞이하고 있음을 확인할 수 있었다. 하지만 그것은 덕

---
31) 문시영, 「탐욕의 길 vs. 제자의 길: 본회퍼 윤리의 한 응용 ―『나를 따르라』를 중심으로」, 『한국기독교신학논총』 98, 2015, 182쪽.

의 폐기로 이어져야 할 논의라기보다 덕의 바람직한 재론의 필요성을 말해준다. 한국기독교에 자리 잡은 덕의 전통이 상실된 것이 아니라 남용되고 왜곡된 채로 있지만, 여전히 '덕을 세우다' 혹은 '덕스럽게 하자'는 행동양식은 명맥을 유지하고 있다는 점도 중요한 이유이다.

무엇보다 중요한 것은 덕의 도구화를 방치해서는 안 된다는 점이다. 덕의 도구화를 극복할 대안을 찾아야 한다. 이와 관련하여, 덕의 재론을 이끌고 있는 맥킨타이어에 대한 기독교적 반향이라 평가되는 하우어워스를 참고할 필요가 있다. 그를 답습적으로 수용하자는 것이 아니다. 덕의 한국기독교적 재론 과정에서 응용적으로 읽어내야 한다.

한국기독교에 나타난 덕의 도구화를 극복하기 위해 가장 중요한 과제는 덕의 본질에 대한 관심을 회복하는 일이다. 덕의 실패를 단언하거나 덕의 폐기를 말하기보다 덕의 본질을 회복하려는 노력이 필요하다는 뜻이다. 특히, 덕 윤리가 '행위'(doing)보다 '존재'(being)에 관심하면서 성품의 문제에 주목한다는 점은 무엇보다도 중요한 요소이다. 이것은 맥킨타이어와의 깊은 교감을 엿보게 하는 흔적이기도 하다.

하우어워스의 진단에 따르면, 교회는 어느 사이에 청소년이 두덕을 배우는 곳쯤으로 전락했고, 심지어 '하지 말라' 혹은 '해라'의 명령과 같은 관습적 도덕 정도를 가르치는 곳에 불과하다고 오해받고 있다.[32] 성품에 대한 관심을 상실했다는 진단이다. 하우어워스에 따르면, 덕의 본질은 성품의 함양에 있으며 교회는 성품함양을 위한 공동체이어야 한다. 그의 저서에 사용된 '성품의 공동체'(a community character)라는 표현도 이러한 관심에서 유래한 것으로 보인다. 덕의 한국기독교적 재론에

---

[32] Stanley Hauerwas, *A Community of Character*, 문시영 역, 『교회됨』, 북코리아, 2010, 173쪽.

서 참고해야 할 요소이다. 덕의 도구화를 넘어 덕의 내면화 혹은 덕의 성품화에 관심해야 한다는 뜻이다.

이와 관련하여, 하우어워스의 지적은 한국기독교가 추구해야 할 덕 윤리가 어떤 것이어야 하는지를 제시해 줄 것으로 기대된다. 그에 따르면, 예수 내러티브야말로 그리스도인의 덕(德), 다시 말해 기독교적 성품을 형성시키는 원천이다.[33] 유교적 성인군자를 넘어서 혹은 아리스토텔레스의 관점까지도 넘어서 예수 내러티브에 근거한 덕을 추구해야 한다는 뜻으로 응용할 수 있겠다. 말하자면, 덕 윤리에 대한 기독교적 재론은 '그리스도인다운 그리스도인'(Christian as Christian)의 육성으로 이어져야 한다.[34] 하우어워스가 예수 내러티브에 의한 덕의 성품화에 주목하는 이유가 여기에 있다. 그리스도인은 덕스러운 성품의 소유자와 동일시되는 것이 아니라, 그리스도인 고유의 내러티브로서의 예수 내러티브에 충실한 그리스도인이어야 한다.[35]

사실, 오늘의 한국기독교에는 교회됨과 그리스도인됨에 관한 성찰이 턱없이 부족해 보인다. 신앙을 통해 복음의 성품화를 추구하기보다 번영을 추구하기에 급급하고 덕을 말하는 경우조차도 교회성장을 위한 도구로 삼으려는 경향이 여전하다. 덕의 내면화 내지는 성품화가 절실한 이유이다. 한국기독교에서 '덕을 세우다'를 다시 말해야 한다면, 그것은 권위주의를 위한 도구이어서는 안 된다. 교회성장을 위한 도덕의 생략으로 이어져서도 곤란하다. 요컨대, 덕의 성품화를 추구해야 하고 예수 내러티브에 충실한 덕의 사람으로서의 '그리스도인됨'(being Christian)

---

[33] 위의 책, 187쪽.
[34] 위의 책, 92쪽.
[35] 위의 책, 289쪽.

에 주목해야 한다.

이러한 뜻에서, 하우어워스가 특히 '제자도' 혹은 '도제관계'에 비유되는 성품의 훈련, 특히 예수 내러티브의 성품화를 강조한 점에 주목하는 것이 좋겠다. 그에 따르면, 그리스도인됨을 추구하는 덕의 성품화는 '복음의 증인'(witness of Gospel)이 되는 것을 윤리적 비전으로 삼아야 한다.36) 제자가 된다는 것은 예수께서 십자가를 순종하여 이루어내신 새로운 공동체의 구성원이 되는 것을 말하며, 그리스도의 이야기를 공유함으로써 하나님의 통치에 속하는 것을 뜻한다. 덕의 한국기독교적 재론이 덕의 성품화에 관한 것이어야 한다는 주장은 특별히 '제자도'(discipleship)의 실천으로 이어져야 한다. 다만, '제자도'를 성경공부 프로그램 혹은 항존직 양성의 필수과정으로 도구화시키는 '제자훈련'이어서는 안 된다. 그리스도의 제자로 훈련시키려는 것인지 혹은 목회자의 제자를 만들려는 것인지 혼란스러운 프로그램으로서의 제자훈련과 같은 것일 수 없다.

(2) 덕 윤리의 '사회적 영성'으로의 확장

제자도에 기초한 덕 윤리를 강조하는 하우어워스의 관점이 전부인 것은 아니다. 거스타프슨(James Gustafson)이 말한 '소종파적 유혹'의 비판은 하우어워스에게 치명적인 요소로 평가될 수 있다. 하우어워스의 성화 개념에 대한 코트바의 비판 역시 정당하다. 하우어워스가 성품과 덕, 죄와 은혜와 제자도의 개념들을 언급하고는 있지만, 이 개념들이 서로 어떻게 연관이 있는가에 대한 구체적인 논의는 전개하지 못한 것

---

36) 위의 책, 30쪽.

은 사실이다.37) 그럼에도 불구하고, 덕의 한국기독교적 재론에 참고할 만한 가이드 역할은 충분해 보인다.

이점을 참고하면서, 관심해야 할 과제가 있다. 제자도에 기초한 덕 윤리의 구현은 그리스도인 개인과 그 공동체로서의 교회의 윤리적 성숙을 추구하기 위한 노력이지만, 더 큰 지평으로 확장되어야 한다. 사회적 영성의 추구로 이어져야 한다는 뜻이다. 일찍이 본회퍼가 '그리스도 없는 기독교'(Christianity without Jesus Christ)에 대해 경고했던 것처럼, 제자도는 값싼 은혜와 값비싼 은혜를 구분하는 분기점이다. 값싼 은혜란 제자도가 없는 은혜를 말한다. 반면에, 값비싼 은혜는 예수의 부르심에 따르는 은혜로서,38) 제자 '직'에의 부르심(the call to discipleship)이 그 핵심이다. '제자도의 사회적 실천'이 절실하다는 뜻이다.

여기에서, 결코 간과해서는 안 될 것이 있다. 성품의 함양에 대한 관심을 넘어서, '어떤' 덕, '어떤' 내러티브인가의 문제 즉 덕의 정체성에 대한 성찰이 필수적이다.39) 기독교의 덕은 맥킨타이어가 말하는 내러티브와 성품에 대한 관심 및 공동체적 가치의 회복과 통하는 요소들 이외에 독특하고도 고유한 정체성을 지니고 있기 때문이다. 앞서, 우리는 덕의 한국기독교적 수용과정에 덕 개념의 교차점에 있다는 점과 더불어 왜곡의 우려 또한 상존한다는 점을 확인할 수 있었다. 한자문화권에서 덕의 교차점에 있는 한국기독교는 덕의 왜곡에 각별히 유의할 필요가 있다. 기독교가 추구하는 덕의 성품화는 유교에서 말하는 '성인

---

37) L. Gregory Jones, *Transformed Judgment: Toward a Trinitarian Account of the Moral Life*, Notre Dame: University of Notre Dame Press, 1990, p. 17.
38) Dietrich Bonhoeffer, *Nachfolge*, trans. by R. H. Fuller, *The Cost of Discipleship*, New York: SCM Press, 1995, p. 44.
39) Stanley Hauerwas, 문시영 옮김, 앞의 책, 20쪽.

군자'(聖人君子)의 관점일 수 없다. 온화하고 후덕(厚德)한 성품의 사람이 되는 것은 권장할만한 일이지만, 그것이 곧 기독교가 추구하는 덕의 성품화와 동일하다고 할 수 없다.

이러한 뜻에서, 한국기독교의 '성화' 개념이 복음 이외의 종교들에 오염되어 있다는 지적은 중요하다. '수양적 성화론'은 한국기독교의 대표적인 성화 개념이 되었지만 은혜를 심각하게 약화시키는 위험이 있다. 예를 들어, 길선주 등이 도교의 수련에 정진하여 상당한 경지에 이른 후 회심한 탓에, 수양을 강조하면서 하나님께서 주도하시는 것으로서의 성화 개념을 약화시키고 동양의 수양방법이던 경전연구, 기도와 묵상, 고행과 훈련 등을 도입하여 성경읽기와 성경공부, 기도와 금식, 선행과 헌금 등을 강조한 경향이 그렇다. 그리고 운명적 성화론은 불교의 업보사상 등을 배경으로 한다. 인간의 행위는 모두 악할 뿐이며, 성화는 구원과 무관한 상급일 뿐이라는 오해로 이어졌을 우려도 있다. 또한, 신비적 성화론은 성화를 황홀경의 신비체험과 동일시하여 신비체험 없는 성화를 부정하는 경향을 보이기도 한다. 요컨대, 기독교의 성화와 전통종교들이 말하는 성화를 혼동하는 상태에 있으며 세속화된 성화론이 성화되어야 한다는 주장이다.[40] 덕의 한국기독교적 재론을 위한 관심에서 극복해야 할 요소가 무엇인지 말해주는 참고자료라 하겠다.

특히, 덕을 개인의 수양을 위한 통로쯤으로 간주하는 관점을 극복해야 할 필요성에 주목해야 한다. 사실, 선교초기 한국교회는 사회윤리의 변혁을 추구했다. 백정해방운동을 중심으로 하는 신분차별 극복의 실

---

[40] 이정석, 「한국교회의 성화론」, 『개신논집』 Vol. 2, 1995, 129~137쪽.

천에 관한 이야기들은 중요한 기록이다. 복음 안에서 새로워진 그리스도인들의 공동체가 개인의 영성에 머물지 않고 사회적 영성에 관심했다는 사실에 주목해야 한다는 취지이다.

이러한 뜻에서, 제자도의 실천은 덕의 한국기독교적 재론이 추구해야 할 과제로서, 이것은 개인의 성화에 대한 각성은 물론이고 그것에 기초한 사회적 성화에 대한 관심으로 이어져야 한다. 신앙의 사사화(私事化, privatization)를 넘어설 길 또한 제자도이기 때문이다. 이를 위하여, 하우어워스의 관점에 더하여 제자도에 기초한 덕 윤리를 사회적 영성을 향하여 확장시키는 노력이 필요하다. 예를 들어, 스택하우스(Max L. Stackhouse)의 '공공신학'(public theology)에 대한 관심으로까지 외연을 확장하는 노력이 필요하다.[41] 특히 교회의 도덕성이 심각하게 문제기되는 오늘의 한국사회에서, 덕 윤리를 이웃과 사회를 향한 실천으로 확장시키는 노력의 중요성은 아무리 강조해도 지나치지 않다. 제자도에 기초한 덕 윤리를 사회적 영성의 지평으로 확장시켜야 할 과제가 주어져 있다는 뜻이다.

Ⅲ. 나오는 말

한국기독교의 도덕적 성숙이 긴요하고 절실한 시대, 그 조건과 과제는 무엇인가? 이제까지 우리는 맥킨타이어가 촉발시킨 덕의 재론이 현대사회의 윤리적 위기에 대한 진단 및 해법과 관련된다는 점에 착안하

---

[41] 이 주제에 관해서는 다음 책을 추천한다. 문시영, 『교회의 윤리개혁을 향하여: 공공신학과 교회윤리』, 서울: 대한기독교서회, 2016.

여, 하우어워스의 기독교적 관점을 덕 윤리의 한국기독교적 재론의 조건과 과제를 살펴보았다. 한국기독교의 도덕적 성숙을 위한 논의를 풍요롭게 하기 위하여 덕 윤리의 바른 재론을 시도한 것이라 하겠다.

사실, '덕'을 배경으로 했던 아시아문화권에 속한 한국의 기독교윤리학이 어떤 형태로든 덕의 재론에 무관심할 수 없다. 특히, 한국기독교는 유교적 덕과 기독교적 덕의 교차점에서 성경번역과 건덕의 규범화 과정을 거쳐 덕 윤리를 본격적으로 수용했다. 덕 윤리의 수용이 한국기독교의 공동체적 관심을 함양하는 순기능을 수행하기도 했지만, 권위주의 내지는 유교적 가족주의와 결합되는 왜곡의 우려 또한 공존해 왔다.

가장 큰 문제는 한국사회의 압축성장과 유사한 교회성장의 과정에서 덕의 도구화가 나타났다는 점이다. 교회공동체를 지켜야 한다는 명분으로 덕의 전통을 교회공동체 지키기의 도구로 전락시키고 번영신학을 정당화하는 수단으로 삼아 덕의 도구화를 자행했다는 점에 대해 한국기독교의 철저한 자성이 필수적이다. 말하자면, 덕 윤리의 한국기독교적 재론을 위한 조건은 덕의 왜곡과 도구화에 대한 깊은 자성이다.

덕 윤리의 한국기독교적 재론의 과제는 이러한 덕의 도구화를 극복하기 위한 노력이다. 이를 위하여 덕의 내면화 혹은 덕의 성품화에 관심해야 한다. 무엇보다도, 복음에 충실한 덕 윤리를 확립해야 한다. 덕 윤리에 대한 관심은 궁극적으로 그리스도인다운 그리스도인이 되기 위한 관심으로 이어져야 하며, 제자도를 구현함으로써 한국기독교의 도덕적 성숙을 추구해야 한다는 뜻이다.

Ethics의 근대 번역어 '윤리학·윤리'를 만나는 자리
강상에서 윤리로

오지석

Ethics의 근대 번역어 '윤리학·윤리'를 만나는 자리*
- 강상에서 윤리로

"그의 저작을 열 가지로 나누는 데 1) 論詳審之理, 2) 論無形之理, 3) 辨駁之理, 4) 詩學, 5) 綱常倫理, 6) 國政, 7) 賦稅, 8) 格致, 9) 造作, 10) 岐黃(醫術)이다. …〈중략〉… 그의 저서를 통들어 3으로 나누는 데 1, 文集 2, 科學 3, 國政 綱常이다"

-『漢城旬報』1884년 6월 13일자
- 아리스토텔레스(亞里斯多得理)傳 중에서

"철학에는 실로 셋이 있으니, 하나는 논리학이고 둘은 형이상학이며, 셋은 윤리학이다. 飛龍少飛阿란 원래 희랍말로 睿知를 좋아함, 예지를 사랑하는 사람을 가리킨다. 지금은 이를 번역하여 철학이라고 하니 삼라만상의 법리를 연구하고 사물의 원리 및 존재를 풀어내는 것이다."

-李寅梓,『省窩集』권4,「古代希臘哲學攷辨」, 385~386쪽

Ⅰ. 들어가는 말 : 아는 것 같은데, 애매한 이야기

19세기 말 해금(海禁)이 풀리면서 이제껏 경험하지 못했던 일들이 우리에게 다가왔다. 서양 그 자체가 거대한 밀물처럼 들어왔다. 당대의 조선 지식인들은 거대한 움직임에 대응해야만 했고, 서양 자체와 교류를 시작했고 서양을 의식하면서 사유와 공부의 대상으로 삼았다. 우리는 이 시기를 근대전환기 또는 개항기, 개화기 또는 계몽기라 부른다.[1] 또한 이 시기에 중국과 일본을 거쳐서 많은 양의 지식과 정보가 유입된다.[2] 그 정보를 표현하기 위해 경전에서 글자를 찾아서 만들거나 격의(格義)가 필요하였다. 그 말들은 한자어의 형태로 되어 있어서 우리에게 친근하게 다가오지만 전혀 다른 말들이 만들어져서 새로운 뜻으로 전환된다. 그 대표적인 단어들이 '윤리', '사회', '종교', '자유', '민주' 등이다. 이런 흐름을 보면 우리에게 친근한 '윤리·도덕', '윤리학·도덕 철학'은 근대어(近代語)다. 그래서 "윤리학"이란 말은 익숙하면서도 뭔가 뿌연 안개 속에 들어와 있는 것 같은 단어다. 아마도 전통적으로 사용했던 단어에 새로운 생각을 담아 다른 듯을 표현했을 때 현상이 윤리에 일어났고, 윤리라는 말을 일상에서도 사용하기도 하고 전문학술용

---

[1] 양일모는 이 시기를 "조선이 근대적 사회로 이행하기 위해 분투한 시기이며, 전근대적 사회체제와 새롭게 고안된 새로운 기획이 혼합되어 있는 시기"라고 표현한다(양일모, 「유교적 윤리 개념의 근대적 의미 전환 – 20세기 전후 한국의 언론잡지 기사를 중심으로」, 『철학사상』 64, 2017, 4쪽).

[2] 양세욱은 왕국유(王國維, 1877~1927)의 「신학어新學語의 유입을 논함」이라는 글을 인용하면서 "근년에 문학 분야에서 가장 두드러진 현상이 있으니, 그것은 '신어新語'의 유입이다. 언어는 사상의 표현이다. 새로운 사상의 유입은 새로운 언어의 유입을 의미한다."고 적으면서, '신학어' 또는 '신어'가 번역을 통해 소개된 근대 번역어이라고 주장한다(양세욱, 「동아시아의 번역된 근대 – '개인'과 '사회'의 번역과 수용」, 『인간·환경·미래』 9, 2012.10, 65~67쪽).

어로 사용하고 있어서 그럴 것이다. '동방예의지국'이니 '예의지방'을 자처하는 우리에게 윤리는 어떻게 행위를 하고, 살아야 하는가?를 묻고 그 근원을 파고들어 규명하고자 하는 것보다 전통사회가 지녀온 덕을 실천하고, 종교가들의 설교 속의 실천 이야기쯤으로 여기는 것은 아닐까? 그래서 누구나 윤리에 대해 정의를 하고 답을 줄 수 있는 것으로 생각한다. 하지만 우리가 내놓은 답은 유교의 수신(修身) 개념과 불교의 수행 전통을 함께 묶어 놓은 것 일 때가 많다. 그렇다면 19세기 말 이후 우리에게 소개된 윤리학·도덕 철학을 어떻게 설명할 수 있을까?

양일모의 연구에 따르면 중국 고전에서 윤리(倫理)라는 합성어의 용례는 많지 않고, 윤(倫)이라는 한 글자가 주로 사용되었거나 人倫(五倫: 父子·君臣·夫婦·長幼·朋友 관계), 天倫(부모형제와 같은 가족 관계), 大倫(결혼)과 같은 합성어가 사용되었고. 한나라에 이르러 오륜은 삼강(三綱)과 결부되어 강상(삼강오상의 줄임말로 사람이 살아가면서 지켜야 하는 도리) 윤리로 정립되었다.『예기』와『신서』,『논형』등에서 윤리라는 합성어를 볼 수 있는데,『예기』에서는 조화로운 음악과 같이 사회적 질서가 유지되는 것을 말하며, 가의가 편찬한『신서』에서는 상앙이 법치를 강조하자 "윤리를 저버렸다"라고 비판하는 데 이는 법가의 질서보다는 유교적 도덕 질서를 말하고 있는 것이며, 왕충이『논형』에서 제(齊) 나라의 환공(桓公)이 일곱 명의 자매를 처로 삼았다고 하는 글에 대한 비판하면서 "골육간을 어지럽히고, 친척을 범하고 위아래의 질서를 무시하는 자는 금수의 성품을 지닌 사람이다. 그러므로 난잡하며 윤리를 알지 못한다(夫亂骨肉, 犯親戚, 無上下之序者, 禽獸之性, 則亂不知倫理, 禽獸之性則亂, 不知倫理)"[3]라고 하는 데

---

[3]『論衡』「書虛篇」한국어 번역은 왕충 씀, 이주행 옮김,『論衡』, 소나무, 1996판을 따랐다.

여기서 사용된 윤리라는 말은 사람과 동물의 구별되는 기준으로 유교적 질서를 말하는 것이다.[4] 우리의 전통에서 사용된 용례는 『고려사』에 윤택(尹澤)이 공민왕이 불교를 신봉하는 것을 비판하기 위해 '윤리'를 사용하였고, 조선시대에서는 '강상'과 '윤리'가 같이 붙여 사용된 예로 『세종실록』에 대간에서 연명으로 상소한 글(君臣父子, 天建地設, 綱常倫理, 亘古迨今, 小有廢毁, 人道絶而國家隨以危矣.)[5] 속에 나타난다. 강상이 윤리와 함께 사용되었고, 강상과 윤리는 거의 동의어였다. 유교 사회에서 예의란 사람들 사이의 규범, 제도와 관습까지를 뜻하고 있었으므로 이 때의 윤리는 유교의 예법을 의미하였다.[6]

우리의 전통사회에서는 강상과 윤리는 분리된 개념이 아니라, 거의 동의어로 사용되었는데 19세기 말부터 등장한 윤리라는 표현은 익숙한 전통 용법 안에서 이해할 수 없는 새로운 뜻을 담고 있다. 倫理라는 용어는 한국어로 윤리, 일본어로는 Rinri이고, 중국에서는 Lunli라고 읽힌다. 동아시아에서 일반적으로 사람이면 마땅히 지켜야 할 도리라는 의미로 사용되고 있다. 윤리학이라는 명칭은 인간 행위의 선함과 악함 그리고 옳음과 그름을 따지는 학문에 붙인 것이다. 이것은 Ethics의 번역이며 동아시아에서 같이 사용한다. 윤리와 윤리학은 동아시아가 서양을 받아드리고 배우고 익히는 근대전환기와 공간에서 새롭게 만들

---

[4] 양일모, 앞의 글, 7쪽.
[5] 『세종실록』 104권, 세종 26년 5월 29일 戊寅, "戊寅/ 臺諫交章曰: 대간에서 연명으로 상소하여 이인의 처벌을 청하다" (군신(君臣)과 부자(父子)는 하늘이 세우고 땅이 베푼 것이오라, 강상(綱常)과 윤리(倫理)라는 것은 예로부터 지금에 이르도록 뻗친 바이오니 조금이라도 무너뜨리고 폐하는 일이 있게 되면 인도(人道)가 끊어지고 국가가 따라서 위태하여지는 것이므로 예전의 거룩하고 밝은 제왕들은 여기에 늘 마음이 쏠렸던 것입니다.) 한국사데이타베이스.
[6] 양일모, 앞의 글, 7~8쪽.

어진 용어다.7)

　이 글은 근대전환시기의 지식인들이 어떻게 강상윤리(綱常倫理)가 아니라 윤리·윤리학으로 이해하게 되었는지를 그 과정을 찾아가는 지적 순례의 길이다. 그래서 근대이전 동아시아에 소개된 서양철학의 한 분야로서의 윤리학은 누가 언제 어떻게 소개했고, 그것에 대한 흔적을 찾아보고, 근대전환기 동아시아에 소개된 서양학문 Ethics가 어떻게 '윤리학'으로 소개되고, 자리하는지를 알아보고, 우리나라에 어떻게 수용되고, 이해되었는지를 '강상에서 윤리로'라는 생각에 기대어 살펴보고자 한다.

Ⅱ. 번역어 액제가(厄第加)와 윤리학(倫理學)

　동양에서는 철학적 사유가 분명하게 경계가 지어져 않아 인식론, 논리학, 존재론, 형이상학, 가치론, 윤리학 등과 같이 개별 분야학문을 설명하기가 불편하다. 이런 전통에 따라 애초부터 윤리학 또는 유리라는 말이 고유한 학문 분야로 다루어지거나 연구되지 않았다. 이에 반해 서양철학에서 윤리학은 일찍부터 하나의 고유한 학문 분야로 자리 잡았다. 고대 그리스 철학자 아리스토텔레스는 윤리학이라는 이름을 처음 쓴 사람으로 알려져 있다. 서양에서 참된 의미에서 윤리적 탐구를 시작한 사람은 소크라테스이다. 그렇다면 이런 배경을 가지고 서양철학의 윤리학자들이 정의한 윤리학에 대한 생각들을 살펴보고 근대이전에 소개된 서양의 윤리학에 대한 동아시아의 반응과 근대어 윤리 또

---

7) 위의 글, 5~6쪽.

는 윤리학의 형성 과정에 남아있는 흔적을 찾아보자.

윤리·도덕이라는 말의 흔적을 따라 가보면 이 두말은 동의어로 사용해서는 안 된다는 생각과 혼용해도 괜찮다는 생각들을 만날 수 있다.

윤리와 도덕을 의미하는 서양어 Ethics(윤리)와 Moral(도덕)[8]의 어원을 살펴보면 아리스토텔레스는 『정치학』에서 Ethics는 성품에 관한 학(science of character)을 뜻하는 헬라어 'ethike'에서 유래한 말이라고 이야기한다. 그리고 『니코마스윤리학』에서는 에티카는 습관을 의미하는 에토스의 변형된 단어라고 말한다.[9] 헬라어 에토스는 두 어원이 있는 데 그 하나 ἔθος(에토스)는 준수해야 할 관습이나 습관을 뜻하며, 다른 하나 ἦθος(에토스)는 도덕적 태도를 확립하는 구속력을 뜻한다. 윤리와 관련 있는 에토스는 후자이다. 윤리는 ἔθος(에토스)에서 만들어진 도덕규범(ἦθος) 권위를 늘 비판적으로 검토하고, 인간이 추구해야 할 선한 행동의 기준을 제시한다. 그렇기 때문에 윤리는 '도덕을 성찰하는 이론'이라고 일컬어지기도 한다.[10] Moral(도덕)은 습관과 예의(customs and manners)를 의미하는 라틴어 'mos'의 복수형인 'mores'에서 유래한 말이다.[11] 로마 사상가 키케로가 '도덕 철학(Philosophia Moralis)'을 언급하면서 처음 사용했으며, 헬라어의 에토스와 같은 의미로 사용했다. 이런 구분에 주목하여 샤하키안은 영어의 'ethics'와 'moral'은 동의어로 사용해서는 안 된다고 하며, 윤리학(ethics)은 도덕과 도덕 문제에 관하여 '연구한다'는 것

---

[8] 동아시아에서 '도덕'이라는 말의 기원에 대해 자세한 것은 이행훈의 『학문의 고고학-한국 전통 지식의 굴절과 근대 학문의 기원』, 2016, 제3부 제2장 수신·윤리교과서와 도덕 개념을 참고하라.
[9] W.S.샤하키안, 황경식·송휘칠 공역, 『윤리학의 이론과 역사』, 박영사, 1986, 11쪽.
[10] 심현주, 『그리스도교 사회윤리 기초』, 분도출판사, 2009, 28쪽.
[11] W.S.샤하키안, 황경식·송휘칠 공역, 앞의 책, 같은 쪽.

이며, 도덕 현상을 이론적으로 혹은 합리적으로 규명하는 것이 목적이다. 이에 반해 도덕(moral)은 학문적인 연구를 뜻하지 않고 각 개인이 자신의 행동을 살펴보는 기준이라는 것이다.12) 또한 윤리학자 폴 테일러는 『윤리학의 기본원리』에서 "윤리학은 도덕의 본질과 근거에 대한 철학적 탐구"라고 정의하면서 또한 "도덕은 행위에 대한 도덕판단, 표준, 그리고 규칙을 가리키는 일반적인 이름"이라고 설명한다.13) 서양의 관점에서 윤리적 활동은 지적인 활동이며, 도덕적인 활동은 개인적인 혹은 사회적인 개혁과 관계되는 활동이다.14) 우리 말의 경우에는 대체로 사회적 규범을 의미할 때 '윤리'라는 표현을 쓰고, 윤리를 존중하는 개개인의 심성이나 덕행을 가리킬 때는 '도덕'이라는 표현을 많이 사용한다.15)

이제 근대어 "윤리"에 앞서 소개된 서양의 윤리학에 대해 알아보자.

1. 번역어 액제가(厄第加) · 수제치평지학(修齊治平之學)

동아시아에서 서양과 의미있는 학문적 문화적 교류가 시작된 것은 16세기 말 예수회 신부들이 중국에 들어오면서이고, 그들은 가톨릭을 선교하기 위해 한문을 공부하였고, 가톨릭의 신앙 교리서뿐만 아니라 서양의 제도나 학문에 대해 부지런히 소개하였다.

알퐁소 바뇨니(高一志 혹은 王豊肅, P. A. Vagnoni, 1566~1640)는 1603년 초고를

---

12) 위의책, 10쪽.
13) 폴 테일러, 김영진 옮김, 『윤리학의 기본원리』, 서광사, 1985, 11쪽.
14) W.S.샤하키안, 앞의 책, 같은 쪽.
15) 루이스 포이만 · 제임스 피저 지음, 박찬구 · 류지한 · 조현아 · 김상돈 옮김, 『윤리학-옳고 그름의 발견』, 울력, 2011, 21쪽.

쓰고 1620년 발간한 『童幼教育』의 「서학」장에서 서양의 학문을 대략적으로 소개한다. 이는 뒤에서 언급할 알레니가 1623년 간행한 『서학범』에서 다루고 있는 것과 대동소이하다. 그는 서학이라는 말을 처음 사용한 사람이기도 하다. 『西學修身』, 『西學齊家』, 『西學治平』 등의 저작에서 알 수 있듯이 알레니와 같이 서양의 ethica를 액제가, 수제치평지학으로 다루고자 한 것을 알 수 있다. 이는 아리스토텔레스의 실천학 이해와 맞닿아있다.16) 또한 이것은 중국전통사상과 서구의 윤리학의 접목 또는 변용의 시도라 이해할 수 있다. 『동유교육』(1620)의 서문에서 한림 또한 서양 윤리학(액제가)을 수제치평의 학이라고 옮기면서 윤리학을 철학의 5대 영역(논리학, 자연학, 기하학, 형이상학, 윤리학)의 하나라고 구별한다. 이어서 의례를 탐구하는 학문으로 정의하면서, 이를 수신, 제가, 치국의 하위 분야로 분류하고 있다.17) 또한 『동유교육』 하권 '서학'장에서 알레니와 같이 서양의 학문에 대해 소개하면서 같이 다루고 윤리

---

16) 아리스토텔레스에게 있어서 학문의 분류는 다음과 같다.
    학문 – 논리학(예비학문) - 이론적 학문(제일 철학: 형이상학, 신학; 수학, 자연학) / 실천적 학문(윤리학: 개별적, 실천적 지혜; 경제학-가정경영학; 정치학) / 제작적 학문(모방예술, 유용한 기술들)
    실천학은 그 대상과 방법, 목적, 기능에서 이론학과 다르다. 이론학의 대상은 변화에 종속되지 않는 것이거나 변화의 원리가 그 자체 안에 있는 것이다. 그 방법은 사물의 원리나 원인에 대한 분석과 그러한 원리나 원인에 기초한 논증이다. 그 목적은 앎과 이해이다. 그 기능은 영혼의 이성적 부분의 학문적 혹은 이론적 역할이다. 인간이 행위의 주체이자 원인인 한, 인간이 실천학의 대상이 된다. 실천학의 대상은 인간에 의한 행위와 그 행위의 결과들이다. 이것들은 인간의 의지에 달려 있기 때문에 본질적으로 가변적이라 할 수 있다. 실천학의 목적은 앎이 아니라 행위의 좋음이다. 그 기능은 영혼의 이성적 부분의 헤아림이거나 실천적 역할이다. 즉 실천적 지혜(pronesis)가 이를 담당한다.
    김재홍, 「해제: 아리스토텔레스의 정치철학: 윤리학과 정치학의 만남」, 아리스토텔레스 지음, 김재홍 옮김, 『정치학』, 길, 2017, 674~675쪽.
17) 배주연, 「알폰소 바뇨니(P.A. Vagnoni)의 『동유교육(童幼教育)』 연구」, 『한국고전연구』 32집, 2015, 414~415쪽.

학을 의례를 관찰하는 학문이라고 옮겨 말할 수 있다고 말하며, 윤리학은 세 가지 분야 즉 먼저 의례로서 수신하는 분야, 몸으로써 제가를 하는 분야, 끝으로 제가로서 국가를 다스리는 분야가 있다고 설명한다.[18] 1791년(정조15) 12월 강화 외규장각에 소장되어 있다가 열람기록은 없고 소각되었다는 기록만 남은 『외규장각목록』에서 볼 수 있는 것은 『동유교육』(1620), 『서학수신』(1630), 『서학제가』(1630), 『사말론(四末論)』, 『여학고언(勵學古言)』(1632), 『비학경어(譬學警語)』(1633), 『비록휘답(斐錄彙答)』(1636), 『달도기언(達道紀言)』(1636), 『환우시말(寰宇始末)』(1637) 등이다.[19] 이것을 통해 유추할 수 있듯이 '액제가' 달리 말해 서양식 수제치평지학은 당시 한국 사회에 영향을 미치지 못했다.

서래공자(西來孔子)라 불려 진 이탈리아 출신 예수회 선교사 알레니(艾儒略, Giulio Alleni, 1582~1649)의 『서학범』(1623년)[20]에서는 서양의 학제와 학문

---

[18] 알폰소 바뇨니, 김귀성 옮김, 『바뇨니의 아동교육론(童幼敎育)』, 북코리아, 2015, 194쪽.
바뇨니가 전해준 수신, 제가, 치국은 다음과 같다.
"수신修身은 먼저 의례와 모든 덕의 근본의 동기점 및 그 자세한 상황 등을 살펴서 우리가 당연하게 좇아야 하는 선과 피해야 하는 악을 알게 해준다. 다음으로는 제가齊家에서는 결혼하여 직업, 자녀 양육 방법에 대해 논의한다. 이 분야는 마땅히 취할 바와 경계할 바를 알게 한다. 이어서 치국治國, 국가를 다스리는 데 있어서는 대중의 차등을 두어 구별하고 인문을 선발하며 정사를 잘 살펴서 정치하는 사람으로 하여금 드러낼 것은 드러내고 남아 삿된 것은 버리게 한다. 이와 같이 사람의 배움이란 갖추어야 할 것이 많다."

[19] 노대환, 「정조시대 서기 수용 논의와 서학 정책」, 정옥자 외, 『정조시대의 사상과 학문』, 돌베개, 1999, 240쪽. 이 내용이 언급되어있는 문서는 『江華府外奎章閣奉安冊寶譜略誌狀御製御筆乃藏置書籍形止案』인데, 강화의 외규장각에 소장되어 있던 서양 서적을 규장각에서 보내온 관문에 따라 1791년(정조15년) 12월에 소각했다는 보고가 들어있다.

[20] 『서학범』의 내용은 1599판 『예수회학사규정 Ratio atque Institutio Studiorum Societatis Iesu』를 근거로 17세기 유럽의 학제를 소개하고 있다. G. Aleni, 김귀성 옮김, 『17세기 조선에 소개된 서구교육』, 원미사, 2001, 20쪽에서 재인용.

을 다루면서 여섯 교과를 수사학(勒鐸理加, Rhetorica)과 철학(斐錄所費亞,[21] Philosophia), 의학(黙第濟納, Medicina), 법학(勒斯義, Lex), 법전(加諾捐斯, Cannones), 신학(徒錄日亞,[22] Theologia)을 소개한다. 그 가운데 철학을 이학이라 소개하기도 한다. 철학공부를 위해 1년차에는 논리학(落日加,[23] Logica, 明辯之道), 2년째는 자연학(費西加,[24] Physica, 察性理之道), 3년차에는 형이상학(黙達費西加, Metaphysica,[25] 察性以上之理), 제4년차에는 3년 동안 공부한 것을 총정리하고 추가로 기하학(馬得馬第加,[26] Mathematica, 察幾何之道)과 윤리학(修齊治平之學, 厄第加,[27] Ethica, 察義理之學)을 공부해야 한다. 그는 Ethica를 음차해서 액제가(厄齊加)라고 부르고 이 액제가가 '수제치평지학(修齊治平之學)'이며 그 뜻을 "의리의 학을 고찰하며 철학에서 뜻하는 사물의 정세를 다룬다"[28]고 풀이한다. 이는 유교의 수제치평의 관점에서 서양의 윤리학을 해석하면서 아리스토텔레스 이후 서양 윤리학의 전통에 따라 실천학에는 修身(윤리학), 齊家(가정학, 경제학) 治天下(정치학)를 포함된다고 밝힌 것이다. 수신에 대해서 "모든 것의 근본을 고찰하고 마땅히 선을 쫓고 악을 피하는 것이다."라고 설명하였다. 더 나아가 알레니는 "서양의 학자는 덕업이 반드시 미세한 부분에까지 추구하여, 강상윤리의 면밀

---

[21] 『동유교육』에서는 費羅所非亞로, 『직방외기』에서는 斐錄所費亞, 理學으로 표기하고 있다.
[22] 『동유교육』에서는 徒羅日亞로 표기하였고, 알레니는 『서학범』에서는 道科라 하였고 超生死之學이라 하였다.
[23] 『동유교육』에서는 落熱加로, 『직방외기』에서는 落日加로 표기.
[24] 『동유교육』에서는 非西加로, 『직방외기』에서는 費日加로 표기.
[25] 『동유교육』에서는 黙大非西加로, 『직방외기』에서는 黙達費西加 표기.
[26] 『동유교육』에서는 瑪得摩弟加로, 『직방외기』에서는 譯言察幾何之道, 審究形物之分限者로 정의함.
[27] 『동유교육』에서도 厄第加로 표기.
[28] 修齊治平之学, 名曰厄弟加者, 譯言察義理之學. 『西學凡』, 『天學初函』 1권, 臺灣學生書局, 1965, 40~41쪽; G. Aleni, 김귀성 옮김, 앞의 책, 31~32쪽.

함과 일상생활에서 일을 처리하는 데 올바름을 얻고자 하지 않음이 없다."라고 부연해 설명한다.29) 그는 서양의 윤리학을 유학의 핵심주제인 '수제치평의 학'에 해당한다고 소개 하면서 '강상윤리'를 언급하였다 하더라도 이는 ethica의 일부로 여겼지 번역으로 간주한 것은 아니다.30)

조선 시대는 중국으로부터 학문과 문물을 수용하면서 학술용어의 한글 번역에 따른 변용이 없는 시대였으며, 학술어휘도 그대로 조선에 전래되었을 것이다.31) 그래서 알레니가 전한 ethica는 조선의 지식인들에게 깊이 소개되거나 깊은 인상을 주지 않았던 것 같다. 조선지식인들에게는 너무나 당연한 것인 '수제치평의 학'을 억불숭유(抑佛崇儒) 또는 보유론(補儒論)의 방식으로 접근한 예수회가 사용한 액제가에 굳이 관심을 가질 필요가 없었다. 액제가를 설명하면서 제시한 주제들은 조선 지식인들에게는 익숙한 것들이었다. 그렇기 때문에 그들은 서양 윤리학에 관심을 두지 않았다. 서양의 윤리학을 액제가가 아닌 다른 말이 등장하게 된 것은 유길준의 등장과 무관하지 않다. 일본과 미국에 유학을 다녀온 유길준이 1889년에 집필한 『서유견문』에서 "도덕학에는

---

29) 양일모, 앞의 글, 15쪽.
30) 故西士學者德業必求其精綱常倫理之祥, 日用細微之節無一不求得其處置之義. 『西學凡』; G. Aleni, 김귀성 옮김, 앞의 책, 264쪽.
31) 이 과정에 대한 설명은 양세욱의 글은 참고할 만하다. "중국과 일본은 번역이라는 지적 잡업을 통해 서양을 이해하고 근대로의 이행과정을 거쳐나갔다. 달리 말하면, 번역은 근대전환의 주요한 수단과 방법이었으며, 중국과 일본은 서로 참조하고 영향을 주고 받았다. 하지만 한국은 때로는 일본을 통해, 대부분은 일본을 통해 근대이행과정의 길로 나아갔다. 번역어의 생성과정에서는 중국과 일본은 서로를 참조하고 영향을 주고받았으나 한국은 번역어의 생산과정에 참여할 기회를 갖지 못하고, 중국과 일본에서 진행된 성과들에 무임승차에 가까운 편승을 하였다. 이 번역어들은 환자와 동아시아 공동문어를 기반으로 국경을 넘나들며 새로운 어휘체계를 형성하였다."(양세욱, 앞의 글, 64~65쪽).

소크라테스와 플라톤 등 여러 학자가 있으며 궁리학에는 아리스토텔레스가 있다"32)고 서술하면서 서양 윤리학을 '도덕학'이라고 새롭게 번역한다.

2. 서양어 ethics의 번역어 · 근대어로서의 윤리학

이혜경은 「근대 중국 '倫理'개념의 번역과 변용 – 유학과의 관계를 중심으로」(『철학사상』 37, 2010년 8월)에서 동아시아인들에게 근대어로서의 윤리라는 말이 Morality의 번역어 '도덕'보다 낯선 이유에 대해 『주역』 「설괘전」에 나타나는 도덕(和順於道德, 而理於義)과 『예기』 「곡례상」의 구절(道德仁義, 非禮不成)에 나타나는 고대 유가 경전에서 사용되던 '도덕'과 번역어로서의 '도덕'은 다르며, 중국 근대 사상가 량치차오(梁啓超 1873~1929), 차이위안페이(蔡元培, 1863~1940), 후스(胡適, 1891~1962) 등의 글들에서도 '도덕'보다는 훨씬 친근하게 사용되며, 이들은 '도덕'을 번역어로 의식하지 않았기 때문이라고 설명한다.33)

이혜경은 옌푸(嚴復, 1854~1921)가 1898에 토마스 H. 헉슬리(Thomas Henry Huxley, 1825~1895)의 『진화와 윤리』 *Evolution And Ethics*를 윤리 개념은 빼놓은 채 『천연론』이라고 번역 출판하였는데 그 이유에 대해 Ethics는 무시하고 '진화'만 강조해서 번역하였기 때문이라고 한다. 그래서 적어도 옌푸까지는 Ethics를 윤리학 또는 중국어로 번역된 적이 없을 것이라고 한다.34) 중국에서 Ethics가 윤리(倫理)로 자리 잡게 된 것은 일본에서 수

---

32) 유길준, 『서유견문』, 東京: 交旬社, 1895, 329~333쪽.
33) 이혜경, 「근대 중국 '倫理'개념의 번역과 변용 – 유학과의 관계를 중심으로」, 『철학사상』 No.37, 2010, 122쪽.
34) 위의 글, 97~98쪽.

입된 후이다. 그렇다면 일본에서는 언제 Ethics를 윤리라고 아니면 전통적 의미에서 생각했던 윤기(倫紀)나 강상윤리(綱常倫理)가 아닌 서양철학의 한 분야인 윤리학(또는 윤리)으로 이해했을까? 그 과정에 서양교육을 수입하여 형성된 일본근대교육제도와는 어떤 관계가 있었을까? 이런 물음이 쏟아진다. 이런 물음에 대해 답을 하기 위해 먼저 근대어 윤리학(윤리)의 번역에 대한 이야기를 풀어보자!

현재 한국어 사전에서는 'Ethics' 또는 윤리에 대해 "사람으로서 마땅히 행하거나 지켜야 할 도리나 윤리학(인간 행위의 규범에 관하여 연구하는 학문) 그리고 교육 사회의 각 생활 영역에서 나타나는 도덕적, 윤리적 문제들을 이론적으로 분석하고 그 해결 방안을 탐구하고 가르치는 교과목"35)이라고 정의하고 있고, 한국어로 번역된 "윤리학" 또는 "윤리학의 이론과 역사"를 다루고 있는 책들에서는 앞서 말한 것을 정리해보면 "윤리학은 철학의 한 분야인데 즉 그것은 도덕철학이며, 도덕, 도덕문제, 도덕 판단과 그 기준에 관하여 탐구하고 분석하는 등에 대한 철학적 성찰이다. 달리 말하면 윤리학은 우리가 어떻게 살아야 하는지, 선이란 무엇인지, '옳은'과 '그른'과 같은 개념들이 무엇을 의미하는 지를 다루는 철학의 한 분과"36)이다.

근대어로서의 Ethics의 번역과정과 그 후의 일본, 중국, 한국의 지성계에서 정착되는 과정을 이혜훈, 양일모, 이행훈, 그리고 김철운 등의

---

35) 『표준대사전』, 『고려대학교한국어사전』 "윤리" 검색 참고.
 https://ko.dict.naver.com/#/entry/koko/ed7f6ad4e2a84b228a6e48da4b55b698, 2019.11.25.
36) 윌리엄 K. 프랑케나, 황경식 옮김, 『倫理學』, 종로서적, 1985, 8쪽; W.S.샤하키안, 황경식·송휘칠 공역, 앞의 책, 11쪽; 루이스 포이만·제임스 피저 지음, 박찬구·류지한·조현아·김상돈 옮김, 앞의 책, 21쪽.

연구에 기대어 그려보자.

윤리(倫理)는 단순히 일본인들만의 작업으로 번역된 것은 아니라 근대전환기에 일본이 중심이 되어 서양어 Ethics를 중국어 倫理로 번역한 어휘이며, 동아시아 각국에서 수입하여 사용한 '신학어(新學語)' 또는 '신어(新語)'이다. 일본인들이 처음 서양어 Ethics를 '윤리학'으로 번역하였는데 이는 『예기』에서 따온 말이다. 그래서 근대 일본에서부터 그것은 '윤리학'과 '사람으로서 마땅히 행하거나 지켜야 할 도리'라는 또 다른 의미를 담고 사용되었다.37) 이는 알레니가 액제가(修齊治平之學)이라고 부른 것처럼 일본인은 일본인대로, 중국인은 중국인대로, 한국인들은 한국인들대로 자신들에게 너무나 익숙한 것이었다. 유학에 익숙한 동아시아 지식인들에게는 자신들이 의지해온 이학(理學)의 한 부분이었다. Ethics의 번역어 '윤리학'에서 '윤리'는 익숙하지만 무엇인지 모르게 낯선 말이다. 익숙한 부분은 유학 또는 수신과 연과지어 이를 이해하고 변용하려 하였고, 낯선 부분은 서양의 학문을 수용하는 것으로 이해하기도 하였다.

양일모의 연구38)에 따르면 Ethics 나 Moral이 '윤리'로 바로 번역된 것은 아니다. 19세기 중엽 이후 간행된 이중어사전을 들여다보면 '윤리'라는 번역은 보이지 않는다. 홍콩에서 1866년 간행되고 일본에서도 간행될 만큼 동아시아 지역에 널리 유포된 사전인 영국인 선교사 W. Lobsceid의 『增訂英華字典』(*An English and Chinese Dictionary, as revised and enlarged by Tetsujiro Inouye*, Tokyo, 1883)에서는 Ethics를 도덕에 대한 교설(The

---

37) 이혜경은 현재 대부분의 영어사전과 한국어사전에서 'ethics' 혹은 '윤리'를 정의할 때 "1)사람이 마땅히 행하거나 지켜야 할 도리, 2) 윤리학"이라는 두 가지 의미를 부여하고 있다고 이야기하고 있다. 이혜경, 앞의 글, 96쪽.
38) 양일모, 앞의 글, 9쪽~14쪽 참조.

Doctrines of Morality)이라고 풀고 五常, 五常之理, 五常之道, 修行之道, 修德之理, 修善之理, 五倫之道39) 등으로 번역했고 Moral은 正經, 端正, 賢, 善, 良, 純善, 純良, 愿, 懿 등으로 번역하고 있고, moral principles를 正經之道, 善理, 明德, 命德으로 moral law를 五常, 五常之理, Moral Sense를 是非之心, 良心으로, Moral Philosophy를 五常之理, to study moral philosophy를 學五常이라고 번역하고 있으며, Morality는 Ethics, 五常, 五倫之分, 行善之道, 正經之事, 善德으로 번역하고 있다.40) 이 사전에서는 아직 윤리라는 어휘는 등장하지 않는다. 이에 비해 유교 경전에 나오며, 유교적 이념을 드러내는 오상은 Ethics와 Moral을 번역하는 데 모두 등장하지만 액제가와 마찬가지로 동아시아 지역에 정착한 것은 아니었다.

　Ethics를 동아시아에서 처음 '윤리'라고 번역한 사람은 도쿄제국대학 초대 철학과 교수로 유명한 이노우에 테쓰지로(井上哲次郎)41)였다. 1881년

---

39) W. Lobscheid, *An English and Chinese dictionary, as revised and enlarged by Tetsujiro Inouye*(增訂英華字典), Tokyo, 1883, p. 466.
https://books.google.co.kr/books?id=d9V1BgAAQBAJ&pg=PP9&lpg=PP9&dq=An+English+and+Chinese+Dictionary,+as+revised+and+enlarged+by+Tetsujiro+Inoue&source(2019. 12.1. 21:33)

40) 위의 책, p. 720.
https://books.google.co.kr/books?id=d9V1BgAAQBAJ&pg=PP9&lpg=PP9&dq=An+English+and+Chinese+Dictionary,+as+revised+and+enlarged+by+Tetsujiro+Inoue&source(2019. 12.1. 21:34)

41) 이노우에 데쓰지로에 대해서는 양일모가 해제한 倫理新說의 저자부분의 연구를 참고하라.
이노우에 데쓰지로(井上哲次郎, 1856~1944)는 어린 시절 고향에서 한학을 공부했고, 1871~1873년까지 나가사키 廣運館에서 영어수업을 들었고, 1877년 도쿄대학 문과 제1회 입학생이 되어 철학, 정치학을 공부했다. 졸업 직후 문부성편집국 겸 관립학무국에서 근무하다가 1882년 도쿄대학 문학부 조교수로 일했다. 그는 정부의 명령에 따라 1884년부터 1890년까지 독일의 베를린 대학으로 유학 다녀왔으며, 칸트 연구자인 하이델베르크대학의 쿠노 피셔(Kuno~1907)와도 교류했다. 유학전에

그가 주석을 달고 편집한 서양 철학 용어 사전인 『哲學字彙』(東京大學三學部印行)에서는 ethics 항목에 번역어로 '윤리학(倫理學)'을 제시하며, 전거로 "『예기』 「악기」편에서는 윤리에 통한다고 했으며, 또 『근사록』에서는 윤리를 바르게 하며 은의를 돈독하게 한다."[42]라며 정이천의 글에서 따온 해설을 붙이고 있다. 또 그는 Morality를 行狀과 道義[43]로, Moral Philosophy와 Moral Science를 도의학이라고 번역했다.[44] 한편 미국 침례교 계통 Brown 대학의 총장이자 첫 윤리학자인 프랜시스 웨이

  는 도쿄대학 사회학 전공교수인 도야마 마사카즈(外山正一, 1848~1900) 등과 함께 신체시 운동을 전개했으며, 1881년에는 최초로 일본어 철학용어사전인 『철학자휘』를 간행했다. 귀국 후 일본인 최초의 도쿄제국대학 철학교수가 되었고, 「교육칙어 敎育勅語」(1890)에 철학적 기초를 제공하는 『칙어연의勅語衍義』(1891)를 간행하였으며 이후 국수주의적 입장에서 국민도덕의 필요성을 강변했으며, 종교에 대한 국가 우위를 주장하는 『교육과 종교의 충돌』(1893)을 집필하는 등 천황제 국가주의자의 입장을 견지했다. 도쿄제국대학에서 1923년까지 33년 동안 교수생활을 하면서, 불교를 중심으로 한 비교종교학, 중국철학사, 인도철학사를 담당하였으며, 서양철학을 소개하면서 아카데미즘 철학 정착에 노력하였다. 특히 칸트와 쇼펜하우어 등 독일관념론철학을 강의하면서 메이지시기의 학풍을 영미철학계통에서 독일로 이행시키는 역할을 했다. 퇴임 후에는 대동문화학원 총장, 철학회 회장을 역임했다. 번역서로 『心理學新說』(1882, 원서 A. Bein, *Mental Science*, 부분 번역), 저작으로서는 『西洋哲學講義』(1895), 『倫理敎科書』(1897), 『女子修身敎科書』(1903), 『中學修身敎科書』(1903), 『國民道德槪論』(1912), 『巽軒日記』(1893~1944), 교감본 『近思錄』(한문대계, 1916) 등이 있다. 일본 전통사상에 주목하여 『武士道』(1901)를 비롯하여 『일본양명학파지철학』(1900), 『일본구학파지철학』(1902), 『일본주자학파지철학』(1906) 등 에도시대 유학에 관한 3부작을 남겼다. 저작집으로는 『井上哲次郎集』(전9권, 2003)이 있다(양일모, 「42 윤리신설」, 한림과학원편, 『동아시아 개념연구 기초문헌해제2』, 선인, 2013, 291~292쪽).
[42] 禮樂記, 通于倫理, 又近思錄, 正倫理, 篤恩義. 井上哲次郎, 有賀長雄 增補, 『哲学字彙』, 東洋館, 1884, 41쪽(양일모, 위의 글, 10쪽에서 재인용).
[43] 현재 한국어사전에 따르면 도의학(道義學)은 "도덕의 본질이나 보편적 원리 및 법칙을 연구하는 윤리학의 한 분야. 또는 도덕 철학(도덕의 근본 원리를 연구하는 철학). 도덕의 근본 원리를 연구하는 철학"으로 설명되고 있으나 사장된 언어라 할 수 있다.
[44] 井上哲次郎, 有賀長雄 增補, 앞의 책, 78쪽(양일모, 앞의 글, 2013, 291~292쪽 재인용).

런드(Francis Wayland)가 1835년에 발간한 *The Elements of Moral Science* (1835)[45]는 19세기가 끝나기 전 이미 미국에서 10만 부 이상을 팔려나갔으며, 거듭 재판을 하며 현재도 팔려나가고 있는데 또한 1870년대 일본의 도쿄대학의 영문과에서 교재로 사용되었다. 메이지 원년(1868년)부터 15년(1882년)까지 일본어로 번역된 서양서적 1,410종 가운데 하나이며, 일본에서 1873년 山本義俊 譯, 『泰西修身論』, 1874년 문부성에서 출간한 阿部泰蔵譯, 『修身論』, 1875년 平野久泰郎 譯, 『修身學』 등으로 1년 차를 두고 간행되었을 정도로 일본에 영향을 많이 주었다. 하지만 1870년에도 아직 Ethics 또는 Moral의 번역이 정착되지 않았던 과정을 알 수 있다.

양일모는 이 같은 이노우에 테쓰지로의 번역과정을 Ethics가 서양어이지만 중국 유교경전과 밀접한 관련성이 있다는 것을 보여주기 위한 것이라고 추정한다. 그렇다고 해서 Ethics를 유교적인 의미의 '윤리'라고 해석하고 있다고 단정 짓기 어렵다고 한다. 이노우에는 자신이 제시한 '윤리'의 의미를 1883년 출간한 『윤리신설(倫理新說)』[46]에서 보다 분명하게 이야기하고 있다. 이 책의 「서인(緒言)」에서 윤리를 논의하는 방법으로 두 가지를 제시하고 있다. "윤리를 사람이 당연히 지켜야 할 기율(紀律)로 보아 절대로 그 근저를 논하지 않는 것"과 "윤리를 천지간의 일종의 현상으로 간주하여 무엇을 도덕의 터(基址)로 삼을 것인가를 논하는 것"로 나눈 뒤, 자신은 "후자의 방법에 의거하여 무엇을 도덕의 터

---

[45] 이 책의 1860년판은 https://archive.org/details/elementsmoralsc27waylgoog/page/n (2019.11.25)에서 볼 수 있다.
[46] 양일모는 한림과학원에서 2013년 펴낸 『동아시아 개념연구 기초문헌해제2』(선인) 「42. 倫理新說」항 291~294쪽에서 ethics를 '윤리학'으로 번역함으로써 메이지시대에 철학의 한 분과로서의 윤리학의 등장을 설명하고 있다.

로 삼을 것인가를 논한다."라고 자신의 생각을 밝힌다. 따라서 그는 "윤리를 제창하기 위해 근본적 규범을 탐구하는 것이 아니라 다만 도리상으로 보아 과연 윤리의 근본적 규범으로 삼을 수 있는 것이 있는지 관찰해야 한다."라고 주장하면서, 윤리학에서 선악판별표준을 정하고자 했다.47) 윤리학은 사람들이 지켜야 할 규범에 대한 근거를 따지는 학문으로 이해되었다. 달리 말해 윤리학은 실천이 아니라 이론을 추구하는 것이다. 학술용어 윤리학 또는 윤리의 등장은 번역과 함께 이루어진 것이었다. 그렇다고 해서 이노우에의 Ethics 번역어 '윤리'가 일본 사회에 바로 정착되지 않았다. 당시 Ethics에 대한 번역어는 서로 경쟁이 심했다. 나카무라 마사나오(中村正直)『명육잡지』(1874~1875)에서 Ethics를 윤상의 도(倫常の道) 또는 수덕의 도(修德の道), 때로는 인도의 학(人道の學) 또는 수덕의 학(修德の學)으로 번역했다.48) 이는 W. Lobsceid의『英華字典』(An English and Chinese Dictionary)의 영향 아래에 있는 것을 알 수 있다. 후에『윤리통론』을 통해 Ethics의 번역과 학문에 성격을 잘 규정하고 연구한 니시 아마네(西周) 역시 1877년 간행한「인생삼보설(人生三寶說)」(1877)에서 Ethics를 명교학(名教學) 혹은 이륜학(彝倫學)으로 번역하고, Moral에 대해서는 도덕학(道德學)이라고 번역했다. 또한 미쯔쿠리 린쇼(箕作麟祥)는 번역서「자연신학과 도덕학」(1879)에서 Ethics를 도덕학으로 번역하

---

47) 양일모, 앞의 글, 2013, 293쪽.
48)『明六雜誌』(明治文化全集5卷 雜誌篇, 東京: 日本評論社, 1968) 11호, 110쪽(倫理), 111쪽(倫常之道・修道之道ノ學); 12호, 113쪽(倫理綱常), 116쪽(人倫學); 16호, 136쪽(人道ノ學).
『明六雜誌』는 모리 아리노리(森有札), 후쿠자와 유키치(福澤諭吉), 가토 히로유키(加藤弘之), 나카무라 마사나오(中村正直), 니시 아마네(西周), 니시무라 시게치(西村茂樹), 쓰다 마미치(津田真道), 미쓰쿠리 슈헤이(箕作秋坪) 등이 일본의 문명화와 서구화를 목적으로 삼아 결성한 미이로큐샤(明六社)의 기관지이다.

고 "사람에게 의무와 그 의무의 이유를 가르치는 학과"로 설명했다. 이와 같은 설명은 오늘 날 한국어 사전에도 그 생각이 전달되어 윤리학, 또는 도덕학이라는 단어 정의에 나타난다. 이와 같이 일본에서의 Ethics와 Moral의 번역은 아직 자리 잡지 않은 상태였다. 1880년 전후로 Ethics와 Moral의 번역어와 용어 구분이 분명해지기 시작한다. 앞서 서술한 이노우에의 저서뿐만 아니라 이노우에 엔료(井上圓了)의 『윤리통론』(1877), 『윤리적요(倫理摘要)』(1891) 등 '윤리'라는 단어가 들어간 서적이 활발히 간행되었다.49) 여기서 이노우에 엔료의 Ethics의 번역로서의 '윤리학'에 대한 이야기를 직접 들어보자.

> 윤리학은 서양말로 '에식스'라고 한다. 혹은 '모랄 필로소피' 또는 '모랄 사이언스'라고 한다. 지금 이 말을 도덕학, 도의학, 수신학 등의 이름으로 번역하기도 하는데, 나는 특히 윤리학이라는 명칭을 사용한다. 윤리학 즉 에식스는 선악의 표준, 도덕의 규칙을 논정(論定)하여 사람의 행위와 거동을 명령하는 학문을 말한다. 내가 말하는 '논정'이란 논리적으로 고려한다는 구명한다는 뜻으로 가정과 억측에서 나오는 것이 아니다.50)

이와 같이 이노우에 엔료는 Ethics의 번역어로 '윤리학'을 선택한 것은 윤리학이 논리적 탐구의 학문이라는 것이며, 윤리학은 '윤'에 관한 "理學 즉 사이언스"이다. 달리 말하자면 '윤리학'은 무리(倫)에 대한 논리적으로 탐구하는 사이언스이다. 그는 유학을 "리학의 고증을 결여하고 논리의 규칙에 맞지 않기에 윤리학이 될 수 없다"고 하며 유학 역시 '수신학'이라고 부른다.51) 달리 말하면 '수신학'과 '윤리학'의 구별은 후자

---

49) 양일모, 앞의 글, 2017, 12쪽.
50) 井上圓了, 『윤리통론』, 普及舍, 1888, 제1장(이혜경, 앞의 글, 100쪽).

는 '과학'이지만 전자는 "가정과 억측"으로, 유학은 바로 그러한 '수사학'에 불과하다.52) 이혜경은 이런 생각에 대해 유학에 의지해서는 근대 문명에 다가갈 수 없음을 분명히 하고자 한 생각을 드러낸 것이며, 여기서의 윤리학은 단순히 '행위의 준칙'을 연구하는 일 뿐 아니라 '문명'을 상징하는 것이었으며, 유학은 그렇지 못한 것이었다53)고 밝히고 있다.

근대적 고등교육이 시작과 동시에 교과목 이름이 필요했고, 수업용 교과서 또한 필요하게 되었다. 1877년 막부직할학교였던 東京開成學校(대학남교, 1868; 南校 1871)와 東京醫學校(대학동교, 1868; 東校)가 도쿄대학으로 합병되면서 문학부가 시작되었고 문학부에는 사학(史學)과 철학 및 정치학과가 신설되었다. 그러면서 철학관련 교과목으로 3학년에 도의학(道義學)이 개설되었다. 이미 도쿄개성학교에는 철학과 관련있는 과목으로 수신학이 있었다. 하지만 1881년 이후 수신학과 도의학과 같은 교과목은 폐지되고, 철학, 지나철학, 인도철학, 철학사 등의 교과목이 등장하였으며, 도쿄대학 철학과 1회 졸업생인 이노우에가 교수가 되면서 '윤리학'은 철학영역에서 이전의 수신학 또는 도의학을 대체하는 새로운 분야학문으로 등장했다.54)

근대적 학제의 일환으로 필로소피아가 철학으로 정착되어가듯 윤리학이라는 교과목이 생기면서 윤리라는 번역어가 언어적 권위를 만들어갔지만, 당대 발간된 서양윤리학관련 서적들에는 유교적 색채를 띤

---

51) 이혜경, 위의 글, 100쪽.
52) 김소영, 「한말 번역과 국민형성」, 『한국근현대사연구』 59집, 2011.12, 14쪽.
53) 이혜경, 앞의 글, 101쪽 이혜경은 이 이후 일본에서 '윤리', '윤리학' 개념을 둘러싼 변화에 대해서 子安宣邦의 「近代'倫理'槪念の成立と行方」, 『思想』 912(2000.06, 東京: 岩波書店) 참조하라고 한다.
54) 江島尙俊, 「近代日本の大學制度と倫理學 ― 東京大學における敎育課程に着眼して」, 『田園調布學園大學紀要』 제10호, 2015(양일모, 앞의 글, 2017, 11쪽에서 재인용).

수신의 자장을 뛰어넘어 서양의 윤리 그 자체로 제시하기 어려웠다. 서양의 윤리학은 유럽의 학문적 배경과 사회적 풍토에서 형성된 것이며, 그 내용이 동아시아 유교적 전통에서 두루 사용된 수신과 동등하게 논의될 수 없다. 그럼에도 불구하고 서양의 윤리학을 유교의 수신이라는 언어로 이해되는 경향이 강했다.[55]

중국에서도 번역으로서의 윤리학 또는 윤리가 일본을 통해 받아들이기 시작했다. 그렇다고 해서 존중의 분위기가 무르익은 것은 아니었다. 이미 이혜경의 연구에서도 볼 수 있었던 것처럼 근대 중국의 대표 번역가인 옌푸는 'Ethics'에 주의하지 않았거나 의도적으로 무시했다. 번역어 윤리는 량치차오가 처음 수입하였지만 유학을 '구윤리', 서양의 윤리를 '신윤리'라는 말을 사용하면서 '윤리'를 서양의 학문 윤리학에만 사용한 것이 아니었다. 또한 『중국윤리학사』를 저술한 차이위안페이(蔡元培)는 학으로서의 '윤리학'과 실천지침인 '수신서'를 나눴으나 그 '윤리학'은 '중국 윤리학'으로서 근대 유럽의 윤리학이 아니었다. 이런 흐름은 張岱年(1909~2004)에게 이어져 『중국윤리사상연구』(Studies on Chines Ethical Thought)에서 윤리학을 "인륜의 이치나 도리를 연구하는 학문이며, 또한 사람과 사람의 관계를 탐구하는 학설이다"고 설명하면서 "중국윤리사상사에 대한 연구는 역대 사상가들의 윤리학설을 분류해 내여 전문적으로 연구하는 것이다."라고 언급한다.[56] 후스는 앞선 량치차오나 차이위안페이보다 가장 '문명화'되고, '서구화'되었음에도 '윤리학'은 유학을 설명하는 용어로 한정시켰다. 그에게 있어서 가장 바람직한 윤리는 유학이었다. 근대 중국 지식인들은 유학과 끊을 수가 없어서 '윤리'

---

55) 양일모, 위의 글, 13쪽.
56) 장대년, 박영진 옮김, 『중국윤리사상연구』, 소명출판, 2012, 11~15쪽.

라는 번역어, 개념에는 유학에 대한 근대적 변신이 반영될 수밖에 없었다.57)

양일모에 따르면『한성순보』(1883년 창간), 혹은『한성주보』(1886년 창간), 최초의 민간 신문인『독립신문』(1896년 창간)에서도 윤리라는 용어는 그다지 많이 사용되지 않았거나 자주 사용된 흔적을 찾기 어렵다고 한다.58) 그렇다면 근대 한국의 이중어사전에서는 등장하는 지를 살펴보자. 리델 신부의『한불ᄌ뎐 韓佛字典(Dictionnaire Coréen-Français)』(1880) 295쪽에 륜긔(Ryoun-keui, 倫紀-오륜 Oryoun), 륜리(Ruon-ai, 倫理), 륜도(Ryoun-To, 倫道) 등의 어휘들이 등장한다.59) 또 H. G. 언더우드의『韓英字典한영ᄌ뎐 (A Concise Dictionary of the Korean Language)』(1890) 174쪽에 Moral은 '덧잇ᄂᆞᆫ', Morality는 '덕, 션덕'으로 번역되어 있으며, 193쪽에는 Philosopher는 '군ᄌ, 셩인, 셩현, 학ᄉ, 박ᄉ, 격물ᄒᄂᆞᆫ이' 번역하였고, Philosophy를 학, 학문, 리. Natural Philosophy는 셩리지학, 격물궁리, 텬셩지학60)으로 번역되었다. 1891년 스콧이 펴낸『English-Corean Dictionanry: Being a Vocabulary of Corean Colloquial Words in Common Use』 127쪽에 비로소 Ethics가 '오륜'이라고 등장하고 Etiquette은 '례, 례모'로 옮겨지며, 217쪽에 Moral, Morals, Morality가 각각 '덕스럽다, 어지다, 착ᄒ다, 단졍ᄒ다'; '오륜, 인륜'; '덕'으로 번역하였고 335쪽에는 Virtue을 '유덕ᄒ다, 졀개'로

---

57) 이혜경, 앞의 글, 124~125쪽.
58) 양일모, 앞의 글, 2017, 16쪽.
59) Ridel, Félix Clair편저, 황호덕·이상헌 편자,『한국어의 근대와 이중어사전 영인 Ⅰ권-리델,『한불ᄌ뎐 韓佛字典(Dictionnaire Coréen-Français)』』, 도서출판 박문사, 2012, 323쪽.
60) Underwood, Horace Grant 편저, 황호덕·이상헌 편자,『한국어의 근대와 이중어사전 영인 Ⅱ권-언더우드『韓英字典한영ᄌ뎐(A Concise Dictionary of the Korean Language)』』, 도서출판 박문사, 2012, 408, 427쪽.

Virtuous는 '덕스럽다 착ᄒ다 어지다'로 우리말로 옮겼다.[61] 1901년 창간된 『신학월보』에는 많은 번역어들이 소개되었는데 윤리학과 관련된 번역어가 수록된 것은 1902년 권2 제12호이다. 거기서 'Ethical'을 "슈신학(修身學)"으로 번역하였다. 한국어, 한국학에서 많은 족적을 남긴 J. S. 게일은 네 차례(1897, 1911, 1914, 1931)에 걸쳐 한영이중어사전을 발간했는데, 여기서는 1911년, 1914년 본을 살펴보고자 한다. 게일이 1911년에 발간한 『韓英字典(A Korean-English Dictionary)』의 240쪽에는 '도덕/道德(길)(큰) Religion and virtue, See 도학'이라 적어 놓았다. 그리고 313쪽에는 '륜긔/倫紀(인륜) (벼리) The five human relationships. See 오륜', '륜리/倫理(인륜) (리치) Morality', '륜리학/倫理學 (인륜) (리치) (배홀) Morals'로 번역하였다. 그리고 J. S. Gale, 『韓英字典(A Korean-English Dictionary)(The Chinese Chracter)』(1914) 5쪽에는 강綱(벼리) : the border rope of a net. Laws; a bond. The Subject of a sentence, 38쪽 德(큰) Good that is, spontaneous; conduct; behaviour. Energy; power; moral excellence; virtue. Germany., To be kind, 58쪽에는 倫(인륜) Constant; regular. Principles of right conduct. Degrees of comparision. Natural relationship.을 찾아볼 수 있다. 1914년에 나온 존스의 『英韓字典영한ᄌ뎐(An English-Korean Dictionary)』의 서문에서 "영어로 된 학술, 철학, 종교, 법률, 교육 그리고 보다 일상적인 몇몇 용어에 한국어 또는 한자 유래의 한국어(Sinco-Korean) 대응어를 제시하려 시도"했다. 그래서인지 표제어 중심으로 편찬하였다. 50쪽에서 1295 Ethics 륜리학(倫理學); 슈신론(修身論), 1297 Etiquette 례법(禮法), 례의(禮儀), 110쪽에는 2814 Moral 도덕(道德),(teaching) 도의샹(道義上); moral law 인륜(人倫).

---

[61] Scott, James편저, 황호덕·이상헌 편자, 『한국어의 근대와 이중어사전 영인 Ⅲ권－스콧, 『English-Corean Dictionanry』(1891)』, 도서출판 박문사, 2012, 169·259·377쪽.

moral philosophy 슈신학(修身學), moral sense 도덕심(道德心), (conscience) 량심(良心), 2815 Morality (doctrine, 道): 덕의德義: (ethics) 슈신(修身):(rectitude of life 德行)으로 표현한다.

근대이중언어 사전을 통해서도 아직 근대한국에는 Ethics가 근대 번역어 윤리학과 윤리로 자리하지 못하고 있음을 알 수 있다.

1897년 1월 28일자『독립신문』「잡보」62)에서 '수신'이 긍정적으로 나타난다. 일본과 마찬가지로 이 '수신하기'는 더 이상 유교적 수신이라기보다는 근대 학제의 시행으로 새롭게 태어난 교과목이었다.『황성신문』1900년 9월 7일자 학부령 제12호「관보」63)에서 찾아 볼 수 있다. 「관보」의 내용은 다음과 같다.

> 제2항 학과 및 정도 제1조 중학교 심상과(尋常科)의 교과는 윤리, 독서, 작문, 역사, 지지(地誌), 산술, 경제, 박물, 물리, 화학, 도화, 외국어, 체조로 정함이라.

이 관보에 따라 중학교 교과 과정에 새로운 학제에 따른 교과목명이 나열되어 있는 데, 윤리가 가장 앞머리에 서있다. 우리가 여기서 알 수 있는 것은 학부령에서 선포한 윤리 교과의 윤리는 더 이상 유교적 윤리보다는 서양 철학의 한 분야인 윤리학(倫理學)으로 자리 잡는 모습을

---

62) "대묘동 사름들이 학부에 쳥원ᄒ야 힌가를 맞하 가지고 scud 뒤에다 쇼학과를 셜립ᄒ야 어린 ᄋ히들을 모화 ᄀᄅ치려 ᄒᄂ듸 학도는 칠셰 이상으로 십오셰ᄭ지 쌁고 과정은 한문과 여러 가지 글닑기와 글 짓기와 글ᄌ 익히기와 산슐과 죠션 력ᄉ와 디지로 졍 ᄒ고 혹 슈신 ᄒ기와 테죠 ᄒ기와 외국 말도 ᄀᄅ치고 글 칙은 이 학교에셰 쉬여 준다 ᄒᄂ듸 …〈후략〉"『독립신문』,「잡보」, 1897년 1월 28일자.
63) 대한제국 시기 학부가 근대적 교육 체제 구축을 위해 1900년 9월 7일자 학부령 제 12호「관보」에 소개하는 데 나타난다.

보여주고 있다.[64]

Ⅲ. 유교 가치의 계승인가? 이식된 서양 학문인가?

'윤리' 또는 '윤리학'을 생각할 때 우리 머릿속을 혼돈의 장으로 초대하는 것은 그것이 유교 가치의 계승인가? 아니면 이식된 서양 철학의 한 분과인가?라는 물음일 것이다. 여기에는 청일전쟁과 러일전쟁 이후 동아시아의 패권을 잡은 일본의 부상이 관련이 있다. 왜냐하면 일본의 부상은 중화 질서의 해체와 정치·사회는 물론이고 학문 영역에서 큰 변화를 일으켰기 때문이다.

1879년 이후 일본은 급격히 진행되는 서양화를 막고자 유교사상을 복권시키면서 민중교화에 보수적인 정책을 시행하였다. 교육칙어(1880) 공포, 「중학교 교칙대강」(1881), 「중학교령」(1886), 「중학교령 시행규칙」(1901) 등이 대표적인 것들이다. 철학의 한 분야인 윤리학은 일본의 근대국가 형성과 교육제도의 정립과정에서 형성되었지만 국가주의적 측면이 강

---

[64] 양일모, 앞의 글, 2017, 17~18쪽; 수신교과서 및 근대교육의 변화에 대해서는 연구를 참고하려면 다음과 같은 자료를 참고 하라.
이행훈, 『학문의 고고학』, 소명출판사, 2016, 285쪽의 선행연구; 양일모, 「유교적 윤리 개념의 근대적 의미 전환-20세기 전후 한국의 언론잡지 기사를 중심으로」, 『철학사상』, 2017; 김민재, 「근대계몽기 중등용 수신교과서의 도덕교육적 시사점 연구」, 『윤리교육연구』 제31집, 2013; 김순전·김희경, 「일본 명치·대정기의「수신」교과서 연구-「수신」교과서와 근대적 시간」, 『일본어문학』 제20집, 2004; 김현수, 「근대시기에 성립한 윤리학 개념과 한국유학 이해의 방향성」, 『동서인문학』 53집, 2016.12; 김철운, 「'修身'의 근대적 변용-국가에 의해 유폐된 개인」, 『철학논총』 48, 2007.4; 이원호, 「일제하 수신과 교육 연구」, 부산대학교 교육학 박사학위논문, 1997.2; 전양수, 「개화기 신교육과 교과용도서정책의 연구: 1894~1910년의 수신, 윤리교과서를 중심으로」, 고려대 교육대학원 석사학위논문, 1986; 허재영, 「근대 계몽기 교과서를 대상으로 한 연구의 경향」, 『국어사연구』 제13호, 2011.

조된 '국민도덕'·'일본국민도덕론'으로 변모(變貌)해 갔다.[65] 이에 대해 양일모는 이런 일본의 수신/윤리/수신 과목의 변화는 근대언어로서의 '수신/윤리'에 내재하는 전통적 의미에 작용하며 뿐만 아니라 Ethics의 번역의 문제에 한정되지 않고 윤리/수신 개념 번역과정의 정치적 측면을 주목한다.[66]

고야스 노부쿠니는 일본의 근대전환기에 형성된 윤리개념을 사상사적으로 분석하였는데 그는 일본에서의 윤리학이 정치적 과제로 인해 서양의 ethics보다는 유교적 가치인 인륜의 도로서 윤리로 재생 부활했으며, 따라서 사회의 윤리, 도덕적 문제라는 '윤리 문제'보다는 아카데미즘 영역 내에서 윤리학의 정체성을 묻고 답하는 '윤리학 문제'에 정체되어있다고 비판했다.[67]

근대전환기에는 그 이전과 다르고, 변화를 부르짖는 지식인들이 등장했다. 더구나 조선은 해금정책을 포기하고 개항함으로써 더 이상 은자의 나라가 아니라 천하가 아닌 세계의 무대에 등장했다. 이 시기에 조선은 대한제국으로 변신하였다. 양반의 자제들 가운데 외국으로 유학을 떠나거나 새로운 지식과 학술을 습득한 유학자들도 등장했다. 이들은 새로운 매체인 신문과 잡지를 통해 자신들의 정치적 주장만 한 것이 아니라 새로운 지식과 정보를 알려주려 했다. 따라서 당대의 지식인들은 서양학문을 수용하면서 유교적 세계관에 따른 배척·갈등, 그리고 변용의 양상을 나타내며 새로운 의미를 낳았다.

이 시기의 지식인들은 새로운 인간의 삶과 사회의 질서를 모색했다.

---

[65] 양일모, 위의 글, 13쪽.
[66] 위의 글, 14쪽.
[67] 子安宣邦,「近代'倫理'槪念の成立とその行方−漢子論·不可避他者」,『思想』No.912, 2000.6; 양일모, 위의 글, 14쪽.

그들의 모색은 단순히 서양 윤리를 이식하는 것으로 끝날 수 있는 일이 아니었다. 이들은 유학자들과 그들의 세계관에 동조하는 지식인들의 비난을 감내해야 했고, 한편으로는 수용하고 하는 새로운 가치의 정당성을 입증해야 했다.[68]

『한성순보(漢城旬報)』 1884년 6월 13일자 19면 「아리스토텔레스 전(亞里斯多得里傳)」을 보면 아리스토텔레스의 저술을 소개하면서 윤리학을 강상윤리 또는 강상으로 소개하고 있는데 이는 아직 Ethics가 근대 번역어 윤리가 자리 잡지 못하고 있음을 알 수 있는 한 용례라 할 수 있다.[69]

1898년 창간된 『황성신문(皇城新聞)』에서도 1900년 이전에는 '윤리'의 용례가 거의 눈에 띄지 않고, 1900년 이후에 종종 등장하나 아직 유교적 용례로 사용되기 하였다.[70]

유길준(1856~1914)은 근대전환공간에서 최초로 유학을 일본과 미국에서 한 신학자(新學者)이다. 그는 후쿠자와 유키치의 게이오의숙(慶應義塾)에서 공부하며 그의 영향을 많이 받았다. 유키치의 『서양사정』의 영향을 받았다고 평가되는 『서유견문』(1889년 십월, 1895년 일본 출판)을 주목할 필요가 있다. 그는 『서유견문』 제13편 「학업하는 조목」에서 철학을 "이학은 지혜를 애호하여 이치를 통하기 위함인 고로 그 근본의 심원함과

---

[68] 양일모·홍영두, 「근대 계몽기의 윤리관과 전통적 지식인」, 『哲學研究』 제106집, 대한철학회, 2008.05, 4쪽.
[69] 『한성순보』, 「아리스토텔레스傳」, 1884년 6월13일, 국립중앙도서관 「대한민국 신문 아카이브」, http://www.nl.go.kr/newspaper/
[70] 『황성신문』, 「논설論說: 손님이 보학선생을 비판하다客難譜學先生」, 1900년 12월 14일.
"人皆慕艷官爵ᄒᆞ야 不修學問ᄒᆞ고 急於躁進而冒據其位ᄒᆞ야 無人材之倍出ᄒᆞ고 用人을 取其華閥故로 人皆慕念世德ᄒᆞ야 不顧倫理ᄒᆞ고 樂於擢拔而遽背血系ᄒᆞ야" 국립중앙도서관 「대한민국 신문 아카이브」, http://www.nl.go.kr/newspaper/

공용(功用)의 광박함이 계역(界域)을 세워 한정할 수 없으니 사람의 언행과 윤기(倫紀)며 백천사위(百千事爲)의 동지(動止)를 논정하는 것이다."71)라고 설명하면서 ethics를 윤기로 표현하고 있다. 또한 서양 윤리학에 대해 새로운 번역어인 '도덕학'을 "도덕학에는 소크라테스와 플라톤 등 여러 학자가 있으며 궁리학에는 아리스토텔레스가 있다."고 소개하며 등장시킨다. 이것은 Ethics를 근대한국어로 정착시키기 위한 노력이라 할 수 있다. 한국에 근대번역어 '윤리, 윤리학'이 등장했다. 그는 메이지 일본의 근대적 어휘를 대량으로 조선의 지식인 사회에 전달하면서 근대 한국어의 성립에 적지 않은 영향을 끼친 것이었다.72)

1908년에 이르면 신문과 교과서73)에서 서양윤리 또는 윤리학 교과에 대한 다양하게 소개된다. 여기서는 강매의 글과 이해조, 그리고 『서북학회월보』에서 다룬 윤리학에 대한 정의 등을 다루고자 한다.

강매(姜邁, 1878~1941)는 1908년 10월 25일자 8호와 11월 25일자 9호에 일본유학에서 학습한 내용을 중심으로 「西洋 倫理學 要義」 제목으로 윤리학을 소개하고 있다.

夫倫理學은 在今形勢의 不必要흔 點이 有흘 듯ᄒᆞᄂᆞ 此ᄂᆞᆫ 決코 不然ᄒᆞ야 上下東西를 無論ᄒᆞ고 各般學理의 元始ᄂᆞᆫ 卽 倫理學에 不外ᄒᆞ다 謂흘지니 東亞上古에 在ᄒᆞ야 此學이 最先發達흠으로 至德의 世라 稱揚ᄒᆞ얏스나 我等의 平日의 所謂 讀書明理云者ᄂᆞᆫ 專혀 此學의 端緒에 不過ᄒᆞ야 蒿目으로 世事를 憂ᄒᆞ야도 形式에 不過ᄒᆞ고 劇心으로 學術을 求ᄒᆞ야도 妄想에 點染흘

---

71) 『유길준전서』 1, 351쪽.
72) 유길준과 게이오대학(慶應義塾)의 후쿠자와 유키치, 그리고 『서양견문』과 『서양사정』(1866)과의 연관성에 대해서는 이광린, 「유길준의 개화사상」, 『역사학보』 75·76합집, 1977, 205~209쪽 참조.
73) 이 부분에 대한 선행연구 성과는 주 64)에서 소개하고 있으니 그 부분을 참고하라.

쑨이러니 近日에 至ᄒᆞ야 西球의 文明이 反히 此學의 眞理를 發揮홈이 不無 흔즉 吾人은 不可不諸說를 參考ᄒᆞ야 文化發達의 原動力을 推求홀 者라. 由 是로 本學說의 精義를 蒐輯ᄒᆞ야 逐號揭載코자 ᄒᆞ노니 願컨ᄃᆡ 在內國兄弟諸 氏ᄂᆞᆫ 修養의 暇에 信手檢閱ᄒᆞ시면 些少의 補가 不無홀 줄노 思惟ᄒᆞᄂᆞᆫ 비라.

西洋倫理學의 組織은 希臘學者「소·라데스」의 學說노써 嚆矢를 作홀 지라. 74)

강매는 윤리학은 필요한 학문이며 동서를 막론하고 학문의 시작은 윤리학이라고 이야기하며, 소크라테스는 윤리학의 시조로 알려져 있다 고 소개한다.

이해조(李海朝, 1869~1927)는 『기호흥학회월보』(제5호, 제12호, 1908년 12월 5일~ 1909년 7월 5일)에 「윤리학」이라는 제목의 강의를 연재하였다. 그는 1908년 12월 5일에 발행된 『기호흥학회월보』 제5호에서 윤리학을 다음과 같이 설명하고 있다.

第一章 緖論 (釋義 及 範圍)
倫理學은 人倫의 眞理를 究ᄒᆞ야 實行의 方法을 求ᄒᆞᄂᆞᆫ 바이라. 物理學과 倫理學으로 互相 比較ᄒᆞ야 其 差別을 試觀ᄒᆞ면 足히 其 眞理를 知홀지로다 夫 物理學은 論理와 應用의 兩種을 分혼 者ㅣ니 論理라 ᄒᆞᄂᆞᆫ 者ᄂᆞᆫ 應用의 與否를 不求ᄒᆞ고 다만 學理를 硏究ᄒᆞ야 天則을 發明홈으로 目的을 삼고 應 用이라 ᄒᆞᄂᆞᆫ 者ᄂᆞᆫ 虛理를 推ᄒᆞ야 實事에 施ᄒᆞ며 且此를 因ᄒᆞ야 未知혼 法을 發明ᄒᆞ기로<21> 爲主홈이니 倫理學을 論理와 應用 兩科에 可分與否에 至 ᄒᆞ야ᄂᆞᆫ 異論이 雖多나 然이나 論理倫理學을 主張ᄒᆞ야 一科로 特分키 不能 홀 者ㅣ니 何則고 倫理學의 性質은 實踐홈을 貴히 ᄒᆞ야 論理홀 時에 間或 鉤深索隱홈이 有ᄒᆞᄂᆞ 然이나 其 目的은 學理發明을 爲홈이 아니오 躬行實

---
74) 姜邁, 「西洋 倫理學 要義」, 『대한학회월보』 제8호, 1908년 10월 25일.

踐ᄒ야 社會의 發達을 補助홈에 在ᄒ니 是ᄂ 卽 倫理學이 實踐ᄒᄂ 科學이 되야 物理學 等으로 相異혼 所以니라. …〈중략〉…

故로 各派 倫理의 學說을 比較ᄒ야 其 利害를 硏究ᄒ야 今日의 思想으로 더부러 幷立홀 最良主義를 求홈이 第一要義가 될지니 主義가 旣定ᄒ면 非徒 眞理를 發明홈에 足홀 ᄲ아니라 곳 此로 由ᄒ야 吾人의 思想行爲를 管轄홀지니 然則 <u>倫理學은 論理의 學이 아니오 乃實踐의 學이니라</u>. (未完)[75]

    이해조는 윤리학을 '인륜의 진리를 연구해서, 실행하는 방법을 구하는 것'이며, 물리학과 달리 이론연구에 몰두하나 윤리학은 실천하는 학문이기 때문에 이론·논리와 실천·응용이 불가분의 관계라 주장하며, 윤리학을 "논리의 학이 아니라 곧 실천의 학"[76]이라고 정의했다. 그리고 개인(自己)을 신체, 정신, 사회와의 관계, 자연과의 관계라는 측면에서 분석하고, 나아가 가족윤리, 사회윤리에 관한 체계적인 탐구를 시도했다.[77] 1909년 4월 1일자 『서북학회월보』 제11호의 학술편 「윤리총화(倫理叢話)」에서 도덕의 기초를 이기심과 이타심로 삼으면서 개인과 사회, 사회적 동물로서의 인간의 문제를 다루었다.[78] 이들 잡지들에 게재

---

[75] 이해조, 「윤리학」, 『기호흥학회월보』 제5호, 1908년 12월 5일.
[76] 김현수, 「근대시기에 성립한 윤리학 개념과 한국유학 이해의 방향성」, 『동서인문학』 52, 2016.12, 38쪽.
김현수는 "송민호, 「이해조의 근대적인 교육관과 초기 소설의 윤리학적 사상화의 배경」, 『한국현대문학연구』 33집, 한국현대문학회, 2011, 81쪽; 배정상, 「이해조 문학 연구-근대 출판 인쇄 매체와의 관련 양상을 중심으로」, 연세대 박사학위논문, 2012, 43~48쪽; 유봉희, 「「倫理學」을 통해 본 동아시아 전통사상과 이해조의 사회진화론수용」, 『현대소설연구』 52, 한국현대소설학회, 2013, 366쪽" 등 이해조의 「학해집성: 윤리학」 등의 최근 연구를 언급한다. 특히 송민호는 위의 연구에서 이해조가 『기호흥학회월보』에 게재하기 전에 "륜리학(倫理學)"을 『데국신문(帝國新聞)』(1908.6.20 10.27)에 연재했으며, 이것은 이해조의 독창적 이론이 아닌 일본의 모토우 유우지로(元良勇次郞, 1858~1912)의 중등교육(中等敎育) 모토우씨 윤리서(元良氏倫理書)를 기본으로 하여 번역하고 내용을 덧붙였다고 밝히고 있다.
[77] 양일모·홍영두, 앞의 글, 11쪽.

된 윤리학 관련 글에서는 여전히 윤리학에 대한 본격적 논의보다는 이론적 소개에 머물렀다. 그리고 국가적 위기는 더 이상의 체계적 논의로 진척시키는데 한계 요소가 되었다.

Ⅳ. 나오는 말 : 아직도 어렵다!

'강상에서 윤리로'라는 주제어로 서양학문 Ethics의 근대 번역어 '윤리학' 또는 '윤리'가 우리의 학술용어로 자리 잡아가는 과정에 대한 여행을 했다. 한국 근대어가 일본으로부터 많은 영향을 받았기에 먼저 일본 사회에 정착된 윤리라는 용어가 우리 사회와 교육 제도에 적지 않은 영향을 끼쳤다. 1880년대 이후 우리 사회에 새로운 학문, 문명의 표현, 최상의 윤리로서의 유학, 수신 등과 맞물려 가는 동안에도 최소한 갑오경장 이후 조선에서 수신과 윤리는 유교적 의미와는 다른 길을 걷고자 하였다. 20세기 전후의 다양한 대한제국의 통감부의 교과서 정책과 언론에 나타난 '윤리'개념의 용례를 따라가 보고자 하였다. 아직 다루지 못한 영역인 내한 선교사들의 저술과 기독교계 신문, 신학교의 교과목, 신학잡지 등에 나타난 용례들도 다루어야 한다는 아쉬움이 남는다. 왜냐하면 평양숭실대학 1909~1910년 교과과정표에 따르면 정신학과 도덕학(Mental and Moral Science)과 과목으로 대학교 2학년 과정에 Ethics (윤리학) 3학점을 강의한 것으로 나와 있기 때문에 강의한 교수와 그의 출신학교의 교과과정 등의 연구를 통해 Ethics가 윤리학으로 소개되고 자리 잡는 과정에 대한 또 다른 길을 찾을 수 있을 것으로 기대되기

78)「윤리총화」,『서북학회월보』제11호, 1909년 4월 1일.

때문이다. 그럴 때 조선이 개화기에서 제국시기, 그리고 식민지로 전락하는 시기에 소개된 서양의 학문 윤리학의 모습을 보다 잘 그려나갈 수 있기 때문이다. 향후 근대 한국에서 윤리개념이 일본의 파고를 넘어 유학과의 긴 긴장을 넘어 형성되어 가는 지를 파악하기 위해 일본과 미국, 독일에서 간행된 윤리학 관련 서적과 유학생들의 수강목록 등을 통해 김두헌, 한치진 등의 윤리학자들이 일본식 윤리학 또는 서양 윤리학을 어떻게 체화(體化)하여 해방 후 서양 윤리학이 전개되는 지에 대한 시금석을 놓을 수 있을 것이다. 나아가 한국의 지식인들은 '일본식 윤리학', '수신학' 그리고 '국민윤리'과 서양의 윤리학 사이에서 방황하는지에 대한 보다 정밀한 고찰이 이어져야 할 것이다.

우정에서 천애지기(天涯知己)로
홍대용과 마테오리치의 우정론

심의용

우정에서 천애지기(天涯知己)로
- 홍대용과 마테오리치의 우정론

I. 들어가는 말

　동일자는 외부의 타자가 있다면 자신을 인식할 수 없다. 자신의 얼굴을 보기 위해 거울이 필요한 것과 같이 우리는 타자에 의해서 자신의 실상을 뒤늦게 깨닫게 된다. 마테오 리치가 동아시아 문명, 즉 중화문명에 가한 충격은 바로 타자로서의 충격이었다. 이 충격은 결코 무시할 수 없는 영향력으로 오랜 시간 동일성에 갇혀 있던 중화주의에 타격을 가했다. 균열을 일으킨 중화주의는 결국 해체되었다. 그러나 그 후에 이어진 역사를 어떻게 읽어야 할까?

　우리는 중화주의가 해체된 19세기 이후의 시간을 '근대'를 완성한 서구로부터 충격을 받아 세계질서에 편입되고 '근대'가 형성된 시기로 이해한다. 이러한 생각에는 서구중심주의(Euro-centricism)라는 시각이 개입되어 전근대와 근대, 전통과 근대, 야만과 문명, 동양과 서양 등 이분법적 구획 속에서 전자에서 후자로 발전되어 가는 과정을 근대화라고 생각한다.

그러나 이러한 근대화는 목적론적 발전사관이나 진보 사관으로부터 나온 고대, 중세, 근대라는 시대적 구분에 근거한 것이기 때문에 각 지역의 역사적 현실을 생생하게 반영하지 못한다. 때문에 '근대'라는 시기 구분 자체가 잘못 설정된 개념일 수 있다는 반성이 있다.

서구중심주의가 만든 근대에 의해서 규정된 왜곡된 동양을 오리엔탈리즘으로 비판한 사람은 에드워드 사이드이다. 오리엔탈리즘은 분명 '서구 대 나머지 식민지'라는 이데올로기적 픽션이며 서구의 지식과 권력이 만들어낸 지배적인 폭력이었다. 사이드는 지배담론으로서의 오리엔탈리즘에 의해서 규정당한 식민주의의 억압적 상황에 대해 폭로했다.

최근 탈근대 담론이나 탈식민주의 담론은 이러한 폭력적 근대 중심주의와 서구중심주의에 대해 비판적 입장을 가지고 있다. 이러한 경향은 이제 세계사 자체를 새롭게 구성하려는 연구로 드러나기도 한다. 또한 근대라는 개념에 대한 반성은 다양한 시각에서 제기되고 있다. 근본적으로 근대라는 시공간적 개념 자제가 파기되어야 한다고 주장하는 학자도 있다.[1]

서구중심주의를 비판하는 방법 가운데 하나가 '복수의' 혹은 대안적

---

[1] 예를 들어 조르주 뱅코는 '근대'라는 개념이 "인식론적인 면에서 자율적 개념이 아님을 지적하며 '근대' 개념 자체를 거부하기도 한다. 미야지마 히로시, 배항섭 엮음, 『동아시아는 몇시인가?』, 너머북스, 2015, 21쪽.

'근대성들'이다. 이는 '근대성'은 장소에 따라 규정되는 것도 아니고 시간적으로 규정되는 것도 아니다. 그래서 '역사적 시간을 넘나드는(transhitorical)' 방법을 제안한다. 공간적으로 서구 중심이 아니라 '국경을 넘나드는' 접근이나 '시간을 넘나드는' 접근, 그리고 근대와 전근대를 비교하거나 연결하여 이해하는 접근이 유효하다고 주장한다.[2] 따라서 근대는 서구중심주의적 시각으로 규정되어 하나의 '역사'로 통합되어야 할 것이 아니라 각각의 '역사들' 속에서 다시 설정되거나 대체되어야 할 '근대성들'일지도 모른다.

이러한 접근 방식에서 중요한 주제로 떠오르는 것이 바로 동아시아이다. 동아시아에서 동아시아의 역사적 경험에 근거하여 서구중심주의를 비판하는 것은 바로 서구의 충격 이후에 형성된 동아시아 역사상에 대한 총체적 비판이기도 하다. 이러한 맥락 속에서 우리 역사에서 근대의 문제는 다시 여러 가지 시각과 방법에서 논의되고 있다.

단순하게 식민지 근대화론과 내재적 근대화론으로 구분될 수 있지만 두 가지 논의 모두 서구중심주의적인 근대성에 입각하고 있다는 점에서 근대를 설명하는 데에 한계를 가질 수 있다. 그래서 다른 방식으로 자생적 근대화론을 주장하는 연구가 있다. 하나는 토착적 근대를 주장하는 연구[3]와 유교적 근대를 주장하는 연구[4]이다. 모두 '근대화=

---

[2] 위의 책, 10~22쪽.
[3] 원광대학교 원불교사상연구원의 조성환이 대표적이다. 최근『한국 근대의 탄생』(모시는사람들, 2018)을 출간하였다. 조성환은 동학에서부터 대종교에 이르는 변화에 주목한다. 그것을 영성 혁명으로 지칭하기도 한다. 이를 척사파나 개화파가 아니라 개벽파(開闢派)로 지칭하고 새로움(modernity)을 바탕으로 민중의 영성을 주장한다. 이것이 비서구적 근대성이라고 본다. 또한 홍대용에 대해서는 실심실학(實心實學)을 주장한 오가와 하루히사에 근거하여 실심(實心)을 강조하여 탈근대적 접근 또한 탈계몽주의적 접근으로 근대성을 설명하려 한다. 조성환,「실천학으로서의 실학 개념」,『철학논집』 33, 한국철학사연구회, 2013.

서구화'라는 상식적 도식을 거부하고 안으로부터의 근대화에 주목한다.

이런 점에서 본다면 '근대'라는 개념 자체를 먼저 규정하고 근대에서 전근대를 설명하기보다는 근대의 개념을 괄호로 놓고 전근대로부터 근대의 시기를 바라본다면 동아시아적 '근대성들'이 어떤 것인지를 설명해 볼 수 있지 않을까. 알렉산더 우드사이드는 '근대'를 합리화의 과정으로 볼 때 그 합리화 과정은 서구만이 아니라 다양하게 전개되었다는 점을 주장하며 중국식 관료제(mandarinate)에 주목한다. 중국을 중심으로 한 동아시아는 이미 전근대라고 칭하는 시기에 근대성을 선취했다고 보는 것이다. 그래서 그는 묻는다. "동아시아는 몇 시인가?"5)

알렉산더 우드사이드의 입장에서 본다면 근대성은 서구를 중심으로 한 유일한 것이 아니다. 그의 책 제목이 『잃어버린 근대성들』이라고 한 것에서 알 수 있듯이 전근대에서 근대성들이 있고 근대에서도 전근대성들이 있어서 혼종되어 있다. 또한 그런 의미에서 어떤 '근대성들'은 근대라는 시기에 상실되고 망각되었다고 볼 수 있다.

본 논문은 이러한 시각에서 홍대용의 천애지기(天涯知己) 우정론을 분석하려고 한다. 홍대용의 천애지기는 그 당시 지식인들에게 하나의 모범적 모델로 찬사를 받았다. 홍대용이 청나라 지식인들과 나눈 우정은 당파, 종족, 국가, 국경을 초월하는 진한 감동으로 유명하다. 홍대용은

---

4) 〈장기 19세기의 동아시아〉 세미나 모임이 대표적이다. 이 모임은 한국사·중국사·일본사·대만사·베트남사 그리고 인류학과 철학을 전공한 연구자들로 구성되어 '전근대'와 '근대'가 교차했던 19세기를 중심으로 동아시아 역사의 전개과정을 장기적인 시각에서 보려고 한다. 이는 서구중심주의와 근대중심주의를 극복하고 한국사와 동아시아사를 새롭게 구성해보려고 시도이다. 최근 성과는 『동아시아는 몇시인가』(너머북스, 2015), 『동아시아에서 세계를 보면』(너머북스, 2017), 『19세기 동아시아를 읽는 눈』(너머북스, 2017)이 출간되었다.

5) 알렉산더 우드사이드, 민병희 옮김, 『잃어버린 근대성들』, 너머북스, 2012, "도입, '근대'의 시간표 다시 보기", 23~52쪽.

이용후생의 실학자로서, 서양 과학을 수용한 과학자로서, 개혁적 사회 정치의 참여자로서, 정통적인 성리학자로 연구되었다.

그러나 이 모든 다양한 모습들이 모순 없이 하나로 묶을 수 있는 시각은 없었다. 홍대용이 가진 포괄적인 모습을 파악하기 위해서는 그가 서학(西學)으로부터 받은 영향 관계에 주목할 필요가 있다. 서학은 동아시아에 하나의 타자로 충격을 가했기 때문이다. 홍대용의 우정론은 바로 이 타자를 받아들이는 태도와 관련되기 때문에 그의 포괄적인 철학을 이해하는 데에 하나의 단서를 줄 수 있다.

홍대용의 우정론은 단지 지식인들끼리의 지식을 나누는 우정이나 정치적 이념을 함께 한 동지로서 연대를 위한 당파적 우정도 아니었고 동일한 신념을 가진 공동체 속에서의 우정도 아니다. 오히려 다른 지식과 이념과 신념을 가지고 있더라도 깊은 차원의 소통과 교류를 가능케 하는 우정의 정치학이다.

홍대용의 우정론을 먼저 마테오 리치의 『교우론』과의 영향 관계 아래에서 살펴보고 마테오 리치의 우정론이 조선 시대에 어떤 맥락에서 변용되고 확장되었는지를 살펴볼 것이다. 이 조선 시대 우정론의 맥락 속에서 홍대용의 우정론을 중화주의, 즉 화이론의 배경에 놓고서 어떤 정치적인 의미를 가지고 있는지를 논의할 것이다.

기존의 연구는 17, 18세기 우정론의 현대적 개념과 연결시키려고 구체적인 맥락을 놓치고 있다. 본 논문은 그들이 나눈 우정을 화이론이라는 구체적인 배경 속에서 논하고 그것이 가진 의미를 '근대성들' 가운데 하나로 이해하고 마테오 리치의 『교우론』이 미친 영향과 조선 후기에서 변모된 모습에 대해서 논하고자 한다.

Ⅱ. 마테오 리치의 『교우론』에 나타난 우정론과 그 영향

동아시아와 유럽의 만남은 고대에서부터 이루어졌겠지만 본격적으로 유럽의 학문을 동아시아에 전한 인물은 1583년 광동에 도착한 예수교 선교사 마테오 리치(P. Matteo Ricci, 利瑪竇, 1552~1610)이다. 그것은 하나의 충격이었다. 마테오 리치가 동아시아에 영향을 준 영역을 세 가지로 구분할 수 있다. 『천주실의』로 대표되는 종교의 영역과 『곤여만국전도(坤與萬國全圖)』의 지리서, 『혼천체의(乾坤體義)』 등의 천문역산서, 『기하원본(幾何原本)』의 수학서 그리고 서양 문물 등 과학 영역이다. 또 하나는 『교우론』을 통해 전개된 우정론의 양상이다.

마테오 리치의 서학(西學)은 특히 조선조 실학자들에 의해서 적극적으로 수용되었다. 그 가운데 천문학과 지리학은 실학자들에게 유학의 자연관과 윤리관을 혁신할 수 있을 만큼 충격적인 내용이었다. 즉 서학의 천문학과 지리학의 내용들은 기존의 중국을 중심으로 한 중화주의 관념을 뒤집을 정도였다.

마테오 리치는 조선 유학자들에게 이인(異人)으로 불리며 이적(夷狄)시하기보다는 신인(神人) 혹은 성인(聖人)으로까지 우러러보았다. 그 이유는 첫째 마테오 리치가 천하를 두루 돌아다니며 가졌던 풍부한 견문(見聞)이었다. 두 번째는 뛰어난 학문적 역량이다. 이는 주로 천문역산과 수학, 지리, 기술 방면의 지식을 의미한다. 마테오 리치의 천주교는 배척과 수용의 입장에 있으나 서양의 우수한 천문역산 등의 서학을 배워 기술 향상을 도모하고자 했다.

마테오 리치의 선교 방법은 '보유론(補儒論)'으로 유명하다. 『교우론』과 관련해 주목해야 할 점은 '적응주의(adattamento, adaptationism)' 전략[6]으로 쓴 최초의 한문 저작이라는 점이다.7) 마테오 리치는 남창(南昌)에 거주할 때 만나 교류했던 명나라 말기의 황족 건안왕(建安王, ?~1601)8)의 요청으로『교우론』을 지었다. 이 저작은 중국과 일본을 비롯하여 조선에 전해졌고 많은 지식인들에게 영향을 주었다.

마테오 리치의『교우론』에 대한 연구는 국내 연구는 많지 않다.9) 이원창에 따르면『교우론』은 기독교적인 우정론을 담고 있기보다는 '본질적으로 세속적인 작품'이다. 또한 그리스도교 우정의 특징보다는 고대 그리스와 라틴 문명의 우정론을 주로 소개하고 있다. 슈동팽(Xu Dongfeng)은 유교적 관점과 전통에 적응할 목적으로 그리스도교의 우정을 배제하거나 최소화했다고 한다.10)

물론 기독교적 관점에서 연구가 이루어지지 않은 것은 아니다.『교우론』은 기독교적 진리를 전적으로 부인하는 것이 아니며 세속의 가르

---

6) 마테오 리치의 적응주의 전략은 예수회 신부들을 천주교 전파를 위한 사제인 동시에 유럽에 중국의 정보중국의 언어, 지리, 역사, 제도 기술을 전하고 해석하는 중국 학자로 가능하게 했다. 먼젤로(David Mungello)는 리치의 적응주의 방법을 "지적으로 '향이 곁들어진 그리스도교 교리'"로 표현한다 물론 여기서 말하는 향이란 유교를 말한다. 그만큼 마테오 리치는 중국 유교에 대해서 정통하였고 경전에 대한 이해가 깊었다. 그가『교우론』을 한문으로 썼다는 것은 중국과 서양이 융합된 것이라고 할 수 있다. 데이비드 E. 먼젤로, 이향만 옮김,『진기한 나라 중국: 예수회 적응주의와 중국학의 기원』, 나남, 2009, 91~123쪽.
7)『교우론』은 만력 23년(1595년) 남창(南昌)에서, 1599년 남경(南京)에서 재판되었고, 1603년 북경에서 3판 되었다. 이 책은 이지조(李之藻)의『천학초함(天學初函)』에 편입되었고,『자부 四庫全書』子部 雜家類 存目에 수록되어 있다. 자세한 내용은 히라카와 스케히로, 노영희 옮김,『마테오 리치』, 동아시아, 2002 참조.
8) 이원창,「우정에 관한 그리스도교 인간학적 이해-마테오 리치의『교우론』을 중심으로-」, 서강대학교 신학과 석사학위논문, 2014, 4쪽.
9) 대표적으로는 이원창, 위의 논문과 여명모,「마테오 리치『교우론』에 관한 연구: 동서 우정론의 만남이라는 관점에서」, 서강대학교 신학대학원 석사학위논문, 2010, 99쪽이 있다.
10) 이원창, 앞의 논문, 4쪽.

침과 종교의 가르침을 모두 포함하고 있다고 주장하는 학자도 있다. 주목할 것은 예수회 정책 가운데 초창기 적응주의 전략의 초창기 성공 실례로 평가하는 대목이다.[11]

먼저 『교우론』의 형식에 주목할 필요가 있다. 먼젤로는 『우정론』을 쓴 스토아 학파로 유명한 키케로(Cicero)의 라틴 스타일을 모방해서 쓴 것이라고 하고[12] 히라카와 스케히로는 『논어』와 유사하게 간략한 격언으로 이루어진 문학적 표현을 사용했다고 하면서 중국의 문학 양식도 반영되어 있다고 본다.[13]

이런 문학 양식은 서양의 논리적인 논증 방식이 아니라는 점이다. 『교우론』의 형식에서 더 강조해야 할 문제는 라틴어가 아니라 중국 한자어로 써졌다는 점이다. 물론 나중에 마테오 리치는 이탈리아 번역본을 쓰는데 한문본과 용어나 내용상의 차이를 보이고 있다. 리치는 1599년 8월 14일 로마에 있던 코스타(Cirolamo Costa) 신부에게 편지를 썼다.

"4년 전 장시에서 황제 친척의 부탁으로 『교우론』이라는 책을 썼는데, 지금 그 이탈리아 어 번역을 당신께 보내 드립니다. 그러나 이 이탈리아어 번역은 중국어로 된 『교우론』만큼의 매력이 없을 것입니다. 그것은 제가 가능한 한 중국인의 취향에 맞도록 필요에 따라 서양 철학자의 발언이나 속담의 내용과 저희 집에서 가져온 몇 가지 내용들도 마음대로 바꾸어버렸기 때문입니다."[14]

---

[11] 데이비드 E. 먼젤로, 이향만 옮김, 앞의 책, 181~182쪽.
[12] 위의 책, 44쪽.
[13] 히라카와 스케히로, 노영희 옮김, 앞의 책, 302쪽.
[14] 이원창, 앞의 논문, 4쪽에서 재인용.

이 편지를 통해서 주목해야 할 점은 마테오 리치가 한문본과 이탈리아본의 차이를 언급했다는 점이다. 적응의 문제는 언어와 밀접하게 관련되어 있다. 이점은 강조해야 할 내용이다. 이원창은 언어의 문제에 주목하면서 마테오 리치가 동서양의 상이한 세계관에서 일어날 수 있는 오해를 중국 한자를 사용하여 어떻게 우정을 소개했는가에 주목하고 있다.[15]

　사실 마테오 리치가 한문을 공부해서 『교우론』을 쓴 것은 적응주의 전략이었지 우정 그 자체를 소개하려는 것은 아니었을지도 모른다.[16] 그럼에도 불구하고 중국에서 『천주실의』에 대한 비판이 많았던 것에 비하면 『교우론』은 여러 차례 간행되었고 많은 지식인들의 호응을 얻었다. 『교우론』의 집필 의도나 배경이 어떠했건 당시 중국 지식인들에게는 긍정적으로 수용되었던 것만은 분명하다.[17]

　물론 서양의 우정론을 오해 없이 소개하려는 것이 마테오 리치의 목적이었다고 해도 오히려 중국 한자로 써졌기 때문에 한자로 읽는 사람들에 의한 오해와 변용의 가능성이 더 많다고 해야 할 것이다. 때문에 예수회에서 전한 서학이 형성되고 확산되는 과정을 우월한 서양의 지식이 동아시아에 전달되고 일방적으로 수용되었다고 보는 것은 복잡한 역사적 맥락을 놓치는 단순한 이해이다.

　강조되어야 할 점은 서구 예수회 사람들의 공통적인 언어인 라틴어로 서학이 전달된 것이 아니라 '번역'을 통해 중국 전통의 개념과 용어

---

[15] 위의 논문, 19~21쪽.
[16] 마테오 리치가 『교우론』을 쓴 목적은 천주교 공동체 이론을 중국에 전파하려는 것이었다고 주장하는 사람도 있다. 한다. 이원창, 앞의 논문, 80쪽 각주296 참조.
[17] 자세한 내용은 이홍식, 「조선후기 우정론과 마테오 리치의 『交友論』」, 『한국실학연구』 20, 한국실학학회, 2010, 269~273쪽 참조.

들로 이해되어 동아시아적 맥락 속에 들어왔다는 점이다. 그것은 종교 뿐만 아니라 과학의 영역도 마찬가지다. 특히 조선 지식인들은 선교사들로부터 직접 배운 것이 아니라 한문으로 번역된 서학서(西學書)를 통해 서학을 접했다. 즉 "동서양의 교접에 의한 결과물로서 서양 지식을 수용했던 것이다."[18]

그렇다면 마테오 리치의 우정에 대한 말들에 대해 중국과 조선 지식인들은 왜 어떤 맥락에서 관심을 가졌는가를 물어야 한다. 왜 그들은 『교우론』에 탄복했고 어떻게 자신들의 삶속에서 변용해서 이해했는지를 물어야 한다. 먼저 간단히 마테오 리치『교우론』에 담긴 우정론의 맥락을 살펴보자.

마테오 리치『교우론』에는 상제(上帝)라는 말이 두 번 나온다. 그만큼 적응주의적 전략에 입각해서 써졌고 그래서 중국 한문 문화권의 맥락 속에서 오해 혹은 이해되었던 것이다. 먼저 친구는 '제2의 나(第二我)'라는 정의로부터 시작한다.[19] 많은 학자들이 '제2의 나'라는 규정 통해 중국과 조선 지식인들이 인륜 속의 개인이 아니라 독립적 개인의 주체를 발견했다고 주장하는데[20] 강조되어야 할 것은 친구와 자신이 동일한 마음을 가지고 있다(其心一而已)는 점이다.

동일한 마음을 가지고 있기 때문에 친구와 나는 덕(德)과 뜻(志)을 통

---

[18] 김선희,『서학, 조선 유학이 만난 낯선 거울』, 모시는사람들, 2018, 1장 참조. 김선희는 서학 수용사에 관한 한 가장 뛰어난 학자이다. 그는 "서학은 이들에게(조선유학자들) 목표가 아니라 도구이자 경로였다고 할 수 있다. 다라서 이들의 서학 이해를 일방적 '영향' 관계로 파악할 수 없다는 것은 분명히 짚고 넘어가야 할 중요한 전제이다." 김선희, 앞의 책, 23쪽.
[19] 마테오 리치, 송영배 옮김,『교우론』, 서울대학교출판문화원, 2013. 이하『교우론』의 내용은 이 책에 근거한다.
[20] 여명모, 앞의 논문, 39쪽. 각주 104 참조.

해 그 관계가 공고해질 수 있다. 친구와의 관계는 조화를 근본으로 한다(友以和爲本)고 하는데 여기서 화(和)라는 말은 "예는 조화를 이루는 것이 가장 중요하다(禮之用, 和爲貴)"는 말을 떠올리게 하여 친구 관계를 예(禮)의 관계로 이해하도록 만들고 있다. 또한 벗을 사귀는 목적은 이해관계에 있는 것이 아니라 서로의 장점을 배우고 가르치는 것이다. 배우면서 가르치고 가르치며 배우는 관계(是學而卽敎, 敎而卽學)이다.

이런 말들은 "군자는 학문으로 친구를 사귀고 친구를 통해서 인(仁)을 보충한다.(君子以文友, 以友輔仁.)"는 『논어』의 말들과 관련하여 이해되었다. 또한 친구의 도리는 신(信)과 의(義)에 근본한다고 해서 "벗의 직무는 의(義)에 이르러서야 그친다.(友之職, 止於義而止焉)"고 하는데 이는 맹자가 친구 관계에서 신의(信義)를 강조하며 "책선(責善)이 붕우의 도이다.(責善, 朋友之道也)"라는 맥락과 함께 이해될 수 있다.[21]

홍대용은 "하늘과 역법을 논함에는 서법(西法)이 매우 높아서 전인 미개의 것을 개척했다 하겠다. 다만 그 학문은 오유(吾儒)의 상제(上帝)의 호를 절취하여 불가의 윤회(輪廻)의 설로 장식한 것이니, 천루하여 가소롭다."(論天及曆法, 西法甚高, 可謂發前未發. 但其學則竊吾儒上帝之號, 裝之以佛家輪廻之語, 淺陋可笑.)고[22] 하여 비판하고 있지만 우정에 관한 내용은 『교우론』의 영향 아래 있다고 할 것이다.[23]

---

[21] 마테오 리치의 『교우론』과 중국 경전의 관련성에 대해서는 여명모, 「마테오 리치『交友論』에 한 연구-동서 우정론의 만남이라는 관점에서」를 참조.

[22] 홍대용, 『담헌서』 외집(外集) 2권 「항전척독·건정동필담」.

[23] 물론 홍대용이 마테오 리치의 『교우론』을 직접 언급한 적은 없다. 그러나 우정에 대한 말들에는 그 영향이 없다고 할 수는 없다. 그 당시 친구였던 박지원과 이덕무 등 18세기 지식인들이 구체적으로 마테오 리치의 『교우론』에 나온 말을 인용하며 글을 쓰고 있기 때문이다. 물론 마테오 리치의 영향이 교우의 중요성을 일깨우는 데에 기여했을 뿐이라고 단정짓는 견해도 있다. 김문용, 「북학과 교우론의 사상사적 함의」, 『한국실학연구』 10호, 한국실학회, 2005.

홍대용은 "벗이란 서로 선(善)을 권하고 인(仁)을 돕는 존재라고 들었습니다.(容聞友者所以責善而輔仁也.)"[24]라고 하여 책선(責善)을 강조하고 "벗의 사귐이 하나는 뜻에 있고 나머지 하나는 도에 있으니 뜻이 같고 도가 합치하면 위로 천 년의 전의 사람과도 벗할 수 있는데 더구나 이 세상에 함께 하는 사람은 어떠하겠는가?(友朋之交, 一則在志, 一則在道. 其志同其道合, 尙或友古人於千載, 況生幷此世一則在志.)"라 하면서 도의지교(道義之交)를 말하며 상우천고(尙友千古)의 벗이 아니라 병세(幷世)하는 벗을 강조하고 있다.[25]

이렇듯 마테오 리치의 『교우론』은 당시 중국과 조선 지식인들에게 그들의 학문적 배경과 역사적 맥락 속에서 오해를 동반하면서 굴절되었다고 보아야 한다. 때문에 우정론이 왜 17, 18세기에 중요한 논의의 주제가 되었고 그것이 어떤 사회정치적 맥락을 가지고 있는가를 물어야 한다.

Ⅲ. 조선 후기 우정론 대두의 배경과 의미

마테오 리치의 『교우론(交友論)』 원래 우론(友論)이었는데 중국 사람들은 벗과의 교류를 더 중시하기 때문에 벗과의 교제를 뜻하는 교우(交友)로 바꾸라는 중국인의 충고를 받아들여 교우론이라고 했다.[26] 예로부

---

[24] 홍대용, 『항전척독』, 「소음에게 보내는 편지(與篠飮書)」, 지식을 만드는 지식, 2018, 17쪽.
[25] 조기영, 「홍대용의 학문론과 교우론」, 『율곡사상연구』 22집, 율곡학회, 2011, 137~142쪽.
[26] 여명모는 나중에 구여기(瞿汝夔)의 제안으로 오늘날의 제목이 되었다고 한다. 이는 벗 자체에 한 논의보다는 벗을 사귐에 한 실천인 행위에 대한 관심이 중국인들

터 붕우(朋友)는 오륜(五倫)의 하나로서 중요한 인간관계의 인륜(人倫) 질서였다.

마테오 리치의 『교우론』은 적응주의 전략을 따랐기 때문에 중국인들에게 그들의 사회정치적 맥락 속에서 사우론(師友論)과 수평적 인간관을 형성하는 데에 상당한 영향을 끼쳤고 마테오 리치를 새롭게 인식하게 만드는 계기를 이루었다. 마찬가지로 당시 조선인들의 사회정치적 맥락 속에서 오해와 이해를 동반하면서 굴절되었던 것이다.

조선 중기까지 오륜의 하나였던 붕우의 도리는 조선의 가부장적 신분 차등 질서를 강조하는 수직적 명분 사회에서 군신·부자·부부·장유 등 다른 관계보다 부차적인 것으로 취급되었다. 고려 시대에는 단편적으로 언급되었고 조선 초기에는 공동체의 규약과 관련해서 공동체의 윤리적 관계로서 논의하고 있다.[27]

17세기 이후 우정과 관련한 논의가 활발해지더니 18세기에 이르면 이전과는 질적으로 다른 층위의 우정 담론이 나타난다. 많은 연구자들은 18세기에 조선 사회에서 우정론이 발달하게 된 배경에 관심을 가졌다. 이수광으로부터 시작하여 연암 박지원의 우정론과 그를 중심으로 한 북학파의 우정론에 마테오 리치의 『교우론』이 끼친 영향에 이르기까지 조선후기의 우정론에 관한 다양한 탐색이 이루어졌다.

임형택은 우정론을 인간의 주체성의 자각으로 규정하고 "참다운 우정의 모색은 시민적 윤리로의 지향과 통한다"고 지적하며 근대적 윤리관과 주체를 형성했다는 점을 주장한다.[28] 박성순은 우정을 진정성

의 사고와 더 접근해 있었기 때문으로 이해될 수 있다. 여명모, 앞의 논문, 39쪽.
[27] 강민구(姜玟求)「우리나라 중세 友道論에 한 고찰Ⅰ-友道論의 史的 전개」,『동방학지』 제71집, 2017 참조.
[28] 임형택,「朴燕巖의 倫理意識과 友情論의 성격」,『한국한문학연구』 1집, 한국한문학

(authenticity)의 윤리라고 규정하고 "동아시아의 연대와 자유로운 주체를 확립할 수 있는 가능성"을 연 것이라고 주장한다.29) 김문용은 정통 성리학, 서학, 양명좌파의 사상적 영향을 고려하면서 특정 사우(師友) 관계를 넘어 교유가 확대되고 새로운 문화를 각성시키는 계기가 되었다고 주장한다.30)

이홍식은 동지적 결속을 강화하고 창조적 문학과 예술 창작의 토대가 되었다고 주장한다.31) 박수밀은 소외된 지식인들의 고독과 타락한 세태를 강조하면서 신분과 나이에 얽매이지 않은 개방적 정신과 평등사상을 지향하는 근대적 정신과 상통한다고 주장한다.32) 또한 박수밀은 '소통'이라는 문제와 연결하여 자신과의 소통, 공동체와의 소통, 타자와의 소통으로 구분하여 우정론의 근대성을 분석한다.33)

주목할 만한 최근의 성과는 정민이다. 정민은 18, 19세기 동아시아 지식인들이 공유하고 있던 병세의식(幷世意識)을 우정론과 연결시킨다. 병세의식은 한 세상을 더불어 살아가고 있다는 동아시아 지식인들의 연대의식이다. 우정론은 신분과 국경의 경계를 넘어 동시대 지식인 집단 사이의 수평적 사유가 가능한 근거이다.

정민은 다카하시 히로미 『동아시아의 문예공화국』에서 말하는 문예

회, 1976 참조.
29) 박성순, 「우정의 구조와 윤리 – 한중 교유론에 대한 문학적 사유」, 『한국문학연구』 28, 동국대학교 한국문화연구소, 2005 참조.
30) 김문용, 앞의 논문 참조.
31) 이홍식, 앞의 논문 참조.
32) 박수밀, 「18세기 우도론의 문학 사회적 의미」, 『한국고전연구』, 한국고전연구학회, 2002 참조.
33) 박수밀, 「소통의 맥락에서 본 조선후기 우정론(友情論)의 양상」, 『동방한문학』 65집, 동방한문학회, 2015 참조.

공화국(Republic of letter)을 소개하면서 18세기 유럽의 지식인들이 라틴어 저술을 매개로 하나의 문예공화국 형성했다면 18, 19세기 동아시아에서는 한문(중화)을 매개로 한중일 삼국 지식인의 교류 네트워크가 형성되었다고 주장한다.

여기에 천애지기의 우정론이 큰 역할을 했었고 더 중요한 점은 한중 지식인의 교류가 어느 일방에 의한 종속적 양상을 띠지 않고 상호 대등하거나 우리 쪽이 더 우위의 입장에서 서서 이루어졌다는 것이다. 대표적인 예가 홍대용이나 김정희이다. 즉 중화를 추종하는 태도가 아니라 주체적으로 교류의 주도권을 가졌다는 것이다.[34]

조선 후기 우정론은 대체로 붕우와의 관계를 통해 세명리(勢名利)만 추구하는 사회적 세태에 대한 비판과 능력있는 인재를 알아주지 않고 부조리만 횡행하는 세태에 대한 한탄을 배경으로 발전하였다. 여기서 지기(知己)[35]의 의미는 중요하다. 이는 소외되고 배제된 지식인들의 생존과 관련된 문제이기 때문이다.

권력과 잇속만 챙기는 무리들의 당파적 이합집산과 신분의 서열만 강조하고 서얼들을 배제하는 특정한 계층 권력 독점하는 사회와 속임과 아첨으로 권력을 장악하려는 거짓된 군자들에 대한 비판의식이 배경을 이루고 있는 것이다. 18세기 우정론이 발전하게 된 배경에는 진실한 지기(知己)를 찾으려는 지식인들의 고독과 당파와 신분을 초월하여

---

[34] 정민, 「18, 19세기 조선 지식인의 병세의식(幷世意識)」, 『한국문화』 54, 서울대학교 규장각 한국학연구원, 2011 참조.
[35] 지기(知己)는 『사기』 「자객열전」 가운데 예양(豫讓)의 고사에서 나온 말이다. 지백(智伯)을 위해 목숨을 걸고 복수했던 예양이 "사란 자기를 알아주는 사람을 위해 죽는다.(士爲知己者死.)"는 말에서 나왔다. 그러나 이후 지음(知音)이란 말과 함께 도의(道義)를 함께 나누는 지식인의 우정을 상징하는 말이 되었다.

진정한 관계를 맺으려는 지식인의 고뇌가 있다. 여기에 우도(友道)의 특성이 있다.

이러한 연구 성과는 전체적으로 현대적인 맥락 속에서 우정론의 양상을 분석하고 있지만 구체적으로 조선 후기라는 공간 속에서 우정론이 생성 발전하게 된 사적인 전개에 대해서는 분석하지 못했다. 이런 점을 비판하면서 김수진은 우정론이 대두된 역사적 배경과 왜 이 시기에 우정이 시대적 화두가 되고 담론화 되었는지를 분석하고 있다.[36]

김수진은 16, 17세기의 상황과 18세기의 상황이 다르게 전개되었다고 분석한다. 16, 17세기는 동서분당과 사색당파로 분리되는 붕당정치라는 공간을 배경에서 우정론이 대두되었다. 그러나 종래에 논의된 것처럼 당쟁의 폐단으로 우정론이 강구되었다기보다 붕당의 정치구조 속에서 당파의 결속이나 당파를 넘어선 연대라는 맥락 속에서 발전되었다는 것이다. 즉 사우(師友) 관계 속에서 '당파적 입장'과 '개인적 입장'이 충돌하는 국면이 조성되고 이런 갈등 속에서 우정에 대한 관심이 발생한 것이다.

18세기는 다른 배경을 가진다. 18세기는 탕평정국과 노론계가 분화되는 시기로서 노론계가 국정을 장악하고 남인과 소인이 실세하며 영정조의 탕평책 추진으로 국왕중심의 정치체제로 재편된다. 이에 당파적 입장과 개인적 입장과 다시 '국왕과의 관계설정'이라는 문제가 부상한다.

즉 국왕의 권력 집중에 어떻게 사대부들이 대응할 것인가의 문제와 관련하여 붕우가 갖는 책선(責善)과 보인(輔仁)의 역할에 주목한 결과이

---

[36] 김수진, 「18세기 老論系 知識人의 友情論」, 『한국한문학연구』 52권, 한국한문학회, 2013 참조.

다. 사대부로서 도덕과 양심을 확보하는 방법으로 교우관계의 의미에 주목했던 것이다. 노론계 지식인의 우정론은 그들의 투철한 사대부 의식과 관련되며 노론 당내의 계파 분기와도 관계된다는 것이다.

이후 박지원 등 북학파의 우정론은 이런 노론계 지식인인 이인상, 임경주, 홍낙순의 우정론과 직간접적으로 연결되어 있으며 이들의 우정론은 초역사적으로 갑자기 나타난 것이 아니라 조선후기 우정론의 여러 가지 성과와 맥락을 계승하고 종합해냄으로써 성립한 것이다. 때문에 전 시대의 우정론과의 연관 속에서 조망할 때 그 특수한 면이 어떤 것인지를 분명히 할 수 있다. 이는 홍대용의 우정론을 바라보는 데에도 동일하게 적용되어야 할 시각이다.

김수진은 이인상(李麟祥), 임경주(任敬周), 홍락순(洪樂純)의 우정론의 특성을 그들의 작품들과 함께 분석하면서 우정론의 세 가지 특성을 제시한다. 첫째 우정은 사대부의 전유물이 아니라 시정인들의 교우도 가능하다는 점이다. 둘째 수평적 교우를 강조한다는 점이다. 이는 전통적인 사우(師友)론과도 관련이 있어서 사제관계와 붕우관계의 공통점인 도(道)를 벗하는 것과 관련되어 논의된다. 즉 교우 관계에서 상대의 귀천에 상관없이 도를 유일한 근거로 삼으라는 것이다. 세 번째는 동시대적 교우의 강조이다. 상우천고(尙友千古)는 맹자의 말에 그 기원을 두고 있는데 자신의 시대에 마음에 맞는 벗을 구하지 못하여 천년의 세월을 거슬러 올라가 옛 현인들과 책을 통해 벗이 된다는 것이다. 이런 옛 현인들과의 우정의 문제를 지적하며 현실의 벗들과 우정을 나누라는 것이다.[37]

---

[37] 이상의 논의는 김수진의 「18세기 老論系 知識人의 友情論」에 나온 내용을 요약했다.

대체로 위의 연구들 속에 나오는 우도(友道)의 특성은 몇 가지로 요약할 수 있다. 첫째 혈연적 공동체를 뛰어넘는 형제 의식이다. 연암은 「예덕선생전(穢德先生傳)」에서 "不室而處, 非氣之弟"라 하여 벗이란 방을 함께 쓰지 않지만 아내와 같고 피를 섞지 않은 형제와 같다고 했다. 혈연 중심적 수직적 위계질서를 뛰어넘어 수평적 인간관계를 맺으려 했던 것이다.

두 번째는 당파와 신분을 초월한 관계이다. 교불택인(交不擇人)이라는 말로 압축할 수 있는 벗과의 교제는 신분과 당파를 넘어 동지적 결속을 맺고 지기동심(知己同心)의 관계를 형성했다. 이는 세명리(勢名利)를 위해 관계를 맺고 신분적 질서가 공고한 당시의 현실 속에서 당파와 신분을 초월한 우정의 관계를 맺는 것은 세간의 비난을 감수하는 일이기도 했다.

세 번째는 제2의 나로서 친구이다. 마테오 리치『교우론』의 첫 번째 구절에 나오는 '第二吾와 我之半'라는 말은 중국학자뿐 아니라 조선 후기 지식인들이 공통적으로 빈번하게 거론하는 표현이다. 제2의 나와 나의 반쪽이라는 표현이 지식인들에게 매혹적으로 다가온 이유를 서양의 개인의 자아 관념과 연결하여 이해하는 경우가 있다.[38] 동아시아에는 나라는 개념에 자체가 발전하지 않았기 때문에 타자와 나를 동일시하는 사고를 생각해 낼 수 없었기 때문이라는 것이다. 그러나 이점은 달리 생각해야 한다. 『교우론』의 두 번째 구절은 다음과 같다.

> 벗과 나는 비록 두 개의 몸이지만, 두 몸 안의 그 마음은 하나일 따름이다.(友之與我, 雖有二身, 二身之內, 其心一而已.)

---
[38] 여명모, 앞의 논문, 39쪽 각주 104 참조.

동아시아 지식인들에게 이 구절들은 개인의 자아를 발견한 측면이 아니라 그 마음은 하나라는 점이 강조되어 이해되었던 것이다. 조선 시대 지식인들이 우도(友道)를 강조할 때 자주 등장하는 말이 동심(同心)이라는 말이다.39) 동심은 마테오 리치의 『교우론』에도 자주 등장하는 말이고 조선 시대 지식인들이 지기(知己)라는 말과 함께 많이 인용하는 말이다.

이 지기(知己)와 동심(同心)을 조선이 아니라 중화와 이적이라는 구조 속에서 파악한다면 홍대용의 우정론은 다른 시각을 가질 수 있다. 즉 서양의 벗이나 동양의 벗이나 동심(同心)이라는 차원에서는 모두 마찬가지라고 생각했을 것이고 어떤 보편적 지향을 내포하면서 우정론을 구상했던 것은 아닐까? 낯선 타자의 세계도 동일한 마음을 전제하고 보편성을 지향할 수 있다는 문화적 각성을 가능하게 했을 것이다.

조선의 사회정치적 맥락 속에서의 우정론은 이후 북학파에게 대부분 영향을 미쳤다. 북학파인 박지원은 '당론의 분열'과 '신분의 차별'도 거론하며 우정론을 논의한다. 북학파들이 천애지기(天涯知己)의 우정이라 칭송했던 홍대용과 청나라 지식인과의 우정은 여기서 한 차원 더 발전된 우정이다. 그것은 당파와 신분을 넘어 중화와 이적이라는 경계까지도 넘어선 우정이다.

홍대용의 우정은 단지 조선조 시대의 역사적 흐름 속에 국왕 권력과 대립하는 지식인들 간의 우정만이 아니라 중화를 넘어선 타자와의 우정이라는 맥락으로 확장된다. 때문에 홍대용의 우정은 중화주의, 즉 화

---

39) 이홍식은 동심(同心)에 바탕을 둔 결합과 결속은 북학파 문인뿐만 아니라 그 후의 지식인에게 많이 보인다고 주장한다. "友在同心"이라는 말도 『교우론』에 나온 말이다. 그만큼 〈교우론〉은 당시 지식인에게 익숙하게 인용되고 반복되고 사용되었다. 이홍식, 앞의 논문 참조.

이론(華夷論)이라는 좀 더 거대한 담론 속에서 분석되어야 한다. 그것은 타자와의 만남을 통해 자신을 발견하고 성장하는 우정이다. 이를 상우천고(尙友千古)에서 천애지기(天涯知己)로 우정의 변용이라고 할 수 있을 것이다.

Ⅳ. 홍대용의 우정에 드러난 정치적 맥락

홍대용을 바라보는 시선은 세 가지 관점으로 요약될 수 있다. 첫째 실학자로서의 홍대용이다. 북학파(北學派)의 대표적인 인물이라고 평가받는다. 북벌(北伐)이 아닌 북학(北學)을 주장한 그는 이용후생(利用厚生)과 실용(實用)을 강조했다. 두 번째는 과학자로서의 홍대용이다. 천문(天文)이나 산수(算數), 지구설, 지전설을 주장했던 천문 과학을 강조한 그는 서학(西學)의 영향을 받아서 정통 성리학적 세계관을 벗어났다. 세 번째는 정통 주자학자로서의 홍대용이다. 주자학으로부터 벗어난 것이 아니라 오히려 예의(禮義)를 강조한 정통 성리학자이다.

어떻게 이렇게 상이한 평가가 이루질 수 있을까? 우정이라는 문제를 중화주의(中華主義)라는 맥락 속에서 놓고 이런 상이한 문제에 대해 생각해 볼 것이다. 이 논의를 하나의 장면으로부터 시작하려고 한다. 홍대용(洪大容)이 연행사 일원으로 중국을 갔을 때 엄성(嚴誠)과 반정균(潘庭筠)과 나눈 우정을 많은 사람들은 천애지기(天涯知己)라 칭송했다. 이들이 나눈 우정에서 독특한 장면이 있다. 그들이 이별할 때 반정균은 얼굴을 감싸고 눈물을 흘렸다고 한다. 홍대용은 여인네처럼 울면 안 된다고 타일렀다.

또 귀국한 뒤에 엄성과 반정균에게 쓴 편지에는 '아녀자의 정'에 빠지지 말라고 충고하기도 한다. '부인지인(婦人之仁)'은 한신이 항우가 정에 얽매여 큰일을 못한다고 평했을 때 쓰던 말이다. 이들이 나눈 편지 곳곳에 아녀지정(兒女之情)이라는 표현이 자주 등장한다. 아녀자와 같은 정을 나누는 것이 우정은 아니라는 홍대용의 준열한 꾸짖음이 있다.

홍대용의 친구인 원중거(元重擧)도 조선통신사 일원으로 애도(江戸)에 갔을 때 나카가와 텐주(中川天壽)와 교류했다. 나카가와는 원중거와의 이별을 매우 아쉬워했다고 한다. 마침내 이별을 할 때 나카가와는 오열하며 대성통곡했다. 원중거는 나카가와의 모습을 낯설어 했다고 한다. 홍대용이나 원중거나 왜들 이렇게 무뚝뚝할까?

후마 스스무(夫馬進)는 『연행사와 통신사』에서 이 장면에 흥미를 느꼈다. 반정균이나 나카가와는 감정에 솔직하여 그대로 드러냈다. 조선인들은 감정을 감추고 감정 표출을 과도하다고 낯설어한다. 후마 스스무의 분석은 주자학과 관련된다. 조선은 주자학을 고수했고 중국과 일본은 더 이상 주자학의 영향력이 없었다. 조선은 개인의 감정을 억압했고 중국과 일본은 그것을 긍정하는 시대에 살았다는 것이다.40) 과연 그럴까?

과연 홍대용과 엄성과 반정균이 나눈 우정은 현실적으로 어떤 모습이었을까? 일반적으로 '존명배청(尊明背淸)' 의식을 공유하고 있었다는 점을 우정의 조건으로 말하기도 한다. 이철희는 홍대용이 엄성과 반정균과 나눈 우정의 실상을 다른 방식으로 접근한다.41) 홍대용이 남긴

---

40) 후마 스스무, 정태섭 옮김, 『연행사와 통신사』, 신서원, 2008 참조.
41) 이철희, 「18세기 한중 지식인 교유와 천애지기(天涯知己)의 조건 —홍대용(洪大容)의 『건정동필담(乾淨洞筆談)』과 엄성(嚴誠)의 『일하제금집(日下題襟集)』의 대비적 고찰을 중심으로—」, 『대동문화연구』 85권, 성균관대학교 대동문화연구원, 2014 참조.

「건정동필담(乾淨衕筆談)」만을 근거로 그들의 우정을 바라보는 것이 아니라 엄성이 남긴 문집인 「일하제금집(日下題襟集)」을 함께 참조하여 다른 해석을 제기한다.

이철희는 이 격정적인 장면은 서로의 오해에서 나온 것으로 풀이한다. 홍대용을 강고한 대명의리를 가진 사람으로 설정하고 엄성과 반정균은 과거에 실패한 자신들을 위로하는 호의에 감사하며 자신의 처지를 슬퍼하는 사람으로 설정한다. 물론 이철희는 이들의 관계가 연행에서 돌아온 후에 이어져 서로에 대한 신뢰가 굳어지고 홍대용은 새로운 화이론을 제기하며 사상적 혁신을 수립하는 데에 이들의 교제가 도움이 되었다고 결론을 내린다.

송원찬은 이와는 다른 접근을 한다.[42] 서로의 오해보다는 특수한 시대적 배경에 주목한다. 만난 지 그리 오래되지 않았는데 서럽게 우는 것이 오히려 이상하다고 하면서 이들의 만남 자체가 처음부터 어색했다고 한다. 그 이유는 문자옥(文字獄)이라는 청나라의 사회적 배경에 주목한다. 문자옥은 청나라의 대표적인 지식인 통제수단이다. 국가보안법 같은 사상적 통제 장치였다. 때문에 한족(漢族)이었던 엄성과 반정균의 우정을 속내를 쉽게 내보일 수 없었다가 서로 깊은 관계를 나누는 과정으로 설명한다.

박은정은 연나라 태자 단(丹)을 위해 진시황을 죽이려다 실패한 형가(荊軻)의 이야기와 연결시키고 있다. 홍대용은 명나라 유민(遺民)인 엄성과 반정균을 지기(知己)로서 대했고 청에 대한 반감과 명조의 멸망에 대한 안타까움으로 형가와 같은 열사를 찾고자 했던 것이라고 결론내리

---

[42] 송원찬, 「淸代 한중 지식인 교류와 文字獄 -『乾淨衕會友錄』을 중심으로-」, 『동아시아 문화연구』 47집, 2010 참조.

고 있다.[43]

물론 이철희의 분석처럼 서로의 입장에 대한 오해로부터 시작할 수도 있었을 것이다. 그러나 이런 분석만으로는 홍대용의 천애지기라는 우정의 전모를 파악하기 힘들다. 또한 분명 문자옥이나 대명의리(對明義理)의 비분강개라는 청나라의 특수한 사회 정치적 배경을 의식하지 않을 수는 없지만 이 특수한 배경만으로는 연행 이후 홍대용의 변화와 서로 편지를 주고받으며 나누었던 우정의 내용과 가치를 분석하기 힘들다.

홍대용은 연행 후에도 중국 지식인들과 끊임없이 편지를 나누었다. 이들 편지와 필담은 『담헌서』 「항전척독(杭傳尺牘)」에 알려졌지만 『담헌서』에 수록되기 이전에 이미 홍대용에 의해 편집되었다고 본다. 그러나 이 자료는 불완전하다. 새로운 자료가 발굴되었기 때문이다.[44] 이 자료는 몇 차례의 개삭 과정을 거쳤다고 보는데 천주교 탄압을 위해 서학관련 내용이나 단어들을 고의적으로 개변 혹은 삭제가 있었을 것으로 추정하고 있다.[45]

홍대용과 청나라 지식인들 사이 왕복 서신에 관한 연구는 빈약하다.[46] 이런 자료를 통해 홍대용과 중국 지식인들이 나눈 우정을 바라

---

[43] 박은정, 「조정지식인의 만남과 '知己'의 표상: 乾淨衕筆談을 중심으로」, 『동방학』 18, 2010 참조.
[44] 숭실대 한국기독교박물관에 소장되어 있는 『수찰첩(手札帖)』, 『간정후편(乾淨後篇)』, 『간정부편(乾淨附編)』이라는 자료가 발굴되어 이런 연구는 활기를 띠고 있다. 한문본 편지와 필담은 『간정동회우록(乾淨衕會友錄)』과 『간정필담(乾淨筆談)』, 『간정동필담(乾淨衕筆談)』으로 나뉠 수 있는데 이들 세 자료가 어떤 관계인지에 대해서 근래에 연구가 진행되었다.
[45] 조창록, 「홍대용 연행록 중 西學 관련 내용의 改削 양상」, 『대동문화연구』 84, 2013 참조.
[46] 숭실대 박물관 자료에 대한 연구는 夫馬進, 「홍대용의 『乾淨衕會友錄』과 그 改變 —숭실학교 기독교박물 소장본 소개를 겸해서」(『한문학보』 26, 우리한문학회, 2012)와 장경남, 「숭실대학교 한국기독교박물관 소장 홍대용 연행기록 연구」(『14회

본다면 다른 시각을 얻어낼 수 있다. 홍대용은 연행에서 돌아와 나눈 편지에서도 끊임없이 아녀자의 정이나 그리움 같은 것으로 우정이 지속될 수 없음을 지적한다. 홍대용은 선을 보여주고 위의(威儀)를 바로 잡아 주는 것이 벗이 도리라고 하면서 아녀자들이 서로 그리워하는 작태 따위(兒女相思之態)에 불과하다면 방탕한 벗이거나 친하게 어울리기 만한 벗이라고 충고하고 있다.47)

홍대용이 중국에 연행을 간 목적은 두 가지로 구분할 수 있다. 하나는 견문(見聞)을 넓히는 것이고 다른 하나는 지기(知己)를 만나는 일이었다. 홍대용이 갈망했던 것은 당리당략에 빠져 고루한 주자학만을 형식적으로 고집하는 지식인들과 우물 안의 개구리였던 조선에서 벗어나 견문을 넓히는 것이었다.

그러나 견문을 넓히는 것은 단지 구경하는 차원이 아니라 풍속과 문물의 원리를 캐묻는 일이었다. 홍대용이 다양한 중국 지식인과 나눈 필담과 편지에는 학문, 정치, 풍속, 예에 관한 다양한 논의와 질문들이 있다. 특히 홍대용은 세세하게 이치와 근거를 따져 물으며 논의했다. 연행과 그들의 논의를 통해 홍대용의 사상은 변모를 거쳤다고 할 수 있다. 특히 전통적인 화이론을 해체하고 상대주의적 사유를 했고 주자학으로부터 벗어났다는 평가를 받는다.48)

매산기념강좌 자료집』, 2017)를 참조. 채송화,「홍대용의『간정필담(乾淨筆譚)』이본고(異本)」,『국문학연구』37, 국문학회, 2018 참조. 정민은 "홍대용 연구에 있어 획기적인 자료의 출현인 셈이"라고 극찬하고 있다.『중사기홍대용수찰첩(中士寄洪大容手札帖)』, 숭실대학교박물관에 수록된 정민의 해제 참조.

47) 홍대용,『항전척독』,「추루에게 보내는 편지(與秋串書)」, 지식을 만드는 지식, 2018, 63~64쪽.

48) 숭실대학교 기독교박물관에 있는 홍대용의 편지와 필담에 나타난 사상적 변화에 대한 연구는 김명호의「淸朝 문인과의 왕복 서신을 통해 본 홍대용의 사상-『乾淨後編』과『乾淨附編』을 중심으로-」(『14회 매산기념강좌 자료집』, 2017)을 참조하

홍대용이 손용주와 나눈 편지에서 양주, 묵적, 양명, 진량 등 주자학과 이단(異端) 사상들과 논의할 때 홍대용은 마지막으로 이렇게 말하고 있다.

"각자 자신의 선을 닦고 그 능력을 다해 사욕을 버리고 풍속을 선량하게 하는 것을 목적으로 삼는다면 대동(大同)에 무슨 해가 있겠습니까?"(然則各修其善, 各效其能, 要以祛私而善俗, 則何害於大同乎?)⁴⁹⁾

양명이나 묵적 등을 이단시하는 조선 정통 성리학자의 입장에서 본다면 다른 사상을 인정하는 듯한 홍대용의 이런 말은 파격적이라 할 수 있다. 그러나 이런 논리에 담겨있는 우정론의 함의는 단지 청나라 지식인들을 그대로 인정하는 상대주의적 태도라고 할 수는 없다. 너도 옳고 나도 옳다는 식의 관용적 태도는 아니다. 홍대용이 말하는 대동(大同)이 무엇인지를 파악하려면 그가 중화주의를 어떤 방식으로 해체했는지를 살펴볼 필요가 있다. 여기에 그의 우정론의 특색이 드러나기 때문이다.

홍대용은 연행 후에 청나라 사람늘이 제일등인(第一等人)이 아니라는

라. 김명호는 육비와 엄성과의 학술 토론을 통해 주자학에 귀의한 것도 아니고 그렇다고 주자학을 탈피한 것도 아니라 이단으로 배척해온 사상을 포용하면서 당시 '실학'으로서의 본모습을 상실한 교조주의적 주자학을 혁신하는 것이라고 주장한다. 또한 중화 제도를 개혁하여 중화문물을 보존하려는 주자학과 서학이 병존하는 모순이 있다고 하면서 혁신성과 보수성이라는 모순성이 어떻게 설명될 수 있는지에 대해 답변하지 않는다. 이는 모순된 것이 아니라 홍대용의 철학의 특성이라 할 수 있다. 즉 서학(자연과학)과 예학은 연관된다. 이에 대한 자세한 논의는 인현정,「홍대용의 정치철학과 물학(物學)의 관계 연구」(이화여자대학교 대학원 박사학위논문, 2017)를 참조하라. 인현정은 물학(物學)이 어떻게 예학(禮學)과 관련될 수 있는지, 그것이 왜 홍대용 철학에서 중요한 특성인지를 설득력 있게 논의하고 있다.
⁴⁹⁾ 홍대용,『항전척독』,「손용주에게 보내는 편지(與孫蓉洲書)」, 지식을 만드는 지식, 2018, 333쪽.

김종후의 비판을 받았다. 김종후는[50] 오랑캐 청나라 사람들과 우정을 맺은 것을 못마땅해 했던 것이다. 김종후의 비판에 대해 홍대용은 청나라 친구들의 상황을 설명하면서 그들의 입장을 변호하고 있다.[51]

홍대용이 김종후의 비판에 대해 청나라 친구들의 현실 사정을 이야기하며 변명하는 태도에서 주목해야 할 시각은 시의(時宜)를 강조한다는 점이다. 대동(大同)과 시의(時宜)를 강조하는 논리는 홍대용의 화이론을 이해하는 중요한 요소이다. 그럴 때 화이론의 맥락 속에서 우정론이 어떻게 이해하는지를 파악할 수 있다.

홍대용에게서 청나라 지식인들과의 우정은 친구들의 사정을 이해하는 관용을 베푸는 상대주의적 태도의 우정도 아니고 명나라 의리를 함께 하는 명나라 유민으로서 정치적 동지의 우정도 아니다. 먼저 홍대용의 화이론과 역외춘추를 살펴보도록 하자.

Ⅴ. 역외춘추(域外春秋)와 근대적 지향으로서 천애지기(天涯知己)의 의미

동아시아의 전근대는 중화(中華)라는 세계질서 아래 있었다. 중화주

---

[50] 김종후는 민우수(閔遇洙)의 제자로 호론(湖論)에 속하는 정통 성리학자이다. 김종후와 북벌을 강조하는 전통적인 화이론의 입장을 대표한다.
[51] 홍대용은 청나라 친구들이 처한 처지와 시대적 변화와 친구들의 도량과 진정성을 제시하며 우정의 의미에 대해 설명하고 있다. 첫째 그들이 처한 불행한 정치적 상황이다. 둘째는 시대가 변했다는 점이다. 명나라의 의리만을 고집하는 것은 시의(時宜)에 맞지 않는 것이다. 셋째 청나라의 의복을 입고 있지만 그들의 정신과 마음은 군자의 도량을 가지고 있다는 점이다. 홍대용, 『담헌서』, 「여직재답서(與直齋答書)」.

의는 화이론(華夷論)과 밀접하게 연관된 개념이다. 조선시대의 중화 관념은 여러 가지 의미가 중첩되어 있다. 지역적 종족적으로 배타적 관계이면서 정치적으로 조공관계로서 사대 관계이기도 하고 문화적으로는 보편적 예교문화이기도 하며 사상적으로 의리, 명분이기도 하다. 때문에 지역, 종족, 문화의 구분을 전제하고 있다. 내외(內外), 중심과 주변, 문명과 야만 등이 그러하다.

중화주의를 비판적으로 보는 학자도 있고 긍정적인 시각에서 다루려고 하는 학자도 있다. 대표적으로 정옥자는 소중화론에서 조선 중화론을 주장하며 이적인 청나라에 의존하지 않고 독자적이고 주체적으로 조선의 중화문화를 꽃피웠다고 주장한다.52) 이는 존주론(尊周論)과 연결되는 것으로 주나라로 대표되는 한족에 대한 존숭이 아니라 문화적 주(周)에 대한 춘추의리의 실천과 관련된다. 이러한 조선 문화의 자부심을 조선중화주의라고 한다.

송시열로 대표되는 조선중화주의는 조선 후기 주류를 점했고 19세기 위정척사의 대표 인물인 이항로(李恒老)와 유인석(柳麟錫)에게까지 이어진다. 계승범은 이런 조선중화주의 학설이 학계에 대두된 사학사적 맥락을 묻고 있는데 이는 식민사관을 극복하려는 노력과 관계된다고 한다.53) 즉 사대주의와 정체에 빠진 조선을 주체적인 문예부흥기로 해석하고 존주 의리에 기초한 주체적 사상운동으로 조명한 것이다.

계승범은 이런 입장을 비판적으로 검토하고 있다. 중화주의에 대한 논의는 세 가지 차원으로 논의될 수 있을 것이다. 하나는 지역적이고

---

52) 정옥자, 『조선후기 조선중화사상 연구』, 일지사, 2010, 12~19쪽.
53) 계승범, 「조선후기 조선중화주의와 그 해석 문제」, 『한국사연구』159, 한국사연구회, 2012b 참조. 이하 논의는 계승범 「조선의 18세기와 탈중화 문제」(『역사학보』213, 역사학회, 2012a)의 내용과 함께 참조하여 정리했다.

종족적인 차원의 중화주의이고, 두 번째는 조공과 관련된 정치적 차원의 중화주의이고, 세 번째는 이를 넘어선 보편적이고 문화적 차원의 중화주의이다. 역사적으로 드러난 중화주의를 단지 문화적 차원에서만 볼 수 없다는 말이다.

명나라의 몰락은 보편적 유교문명 그 자체의 붕괴였기에 현실상의 책봉국과 이념상의 중화국이 일치하지 않은 상태에서 중화주의의 발전은 현실을 무시한 관념상의 사변적인 자기 방어적 이데올로기였을 뿐이었다. 계승범은 "이런 사조의 변화가 독립변수가 되어 정치 흐름에 영향을 주는 방식이 아니라, 정세의 변화에 따라 사상계가 종속변수로서 방어 논리를 생산하는 방식으로 전개된다"는 점을 강조하고 있다.

그럴 때 조선의 문화적 자부심은 중화라는 타자의 권위에 의지한 것일 뿐 조선을 중화로부터 분리한 결과가 아니라는 것이다. "조선중화주의는 청의 만주족 황제에게 조공을 바치고 책봉을 받으면서 청의 질서 덕분에 왕조의 안녕을 유지하면서도 국내적으로는 청을 이적으로 규정하는 방법으로 조선사회의 내부단속을 강화하여 왕조지배질서를 유지하기 위한 이데올로기였다"는 해석이 현실에 부합한다고 주장한다.

결국 조선 후기 지식인들의 자부심과 자존심은 중화로부터 벗어난 자부심과 자존심이 아니라 어떤 형태로든 중화와 연결시켜 얻은 자부심이었던 것이다. 결국 조선중화주의는 자기합리화를 위해 만들어낸 방어 이데올로기이고 중화의 권위에 편승하여 위안을 삼은 관념적 행태에 불과할 뿐이었다는 말이다.

홍대용은 분명 이러한 조선 중화주의 담론 안에 있었지만 이러한 담론과는 전혀 다른 화이론을 주장했다.[54] 홍대용은 서학을 통해 기존의 우주론과는 다른 우주론을 구상했으며 연행을 통해 선교사들과 중국 지식인들을 만나 문명의 보편성과 가능성을 보여주었기 때문이다. 즉 이런 경험을 통해 홍대용은 "세계를 이념의 눈이 아니라 실제의 눈으로 볼 것을, 현대적으로 표현하자면 객관적, 실증적으로 이해할 것을 주장했기"[55] 때문이다.

홍대용은 이런 실증적인 우주론을 토대로 화이론(華夷論)을 해체했다. 즉 중화(中華)조차도 상대적 기준의 적용일 뿐이며 천(天)이라는 시각에서 보면 모든 사물이 그러하듯이 중화와 이적을 상대적으로 인식할 수 있는 것이다. 그러나 이것을 단지 어떤 것도 좋다는 식의 상대주의적 관점이나 중화나 이적은 모두 동일하다는 평등적 시각이라고 평가할 수는 없다.

정인보는 홍대용의 화이관에서 근대 민족주의자를 읽었다.[56] 안과 밖을 구분하는 것에서 근대 민족 국가를 분리해내는 의식의 단초를 읽었기 때문이다. 하지만 화이론을 해체한 평가와 근대 민족 의식을 읽어내는 평가 사이를 어떻게 해석할 수 있을까?

말년 홍대용은 『의산문답』에서 지구는 둥글다는 지구설(地球說)과 지구는 자전한다는 지전(地轉說)과 우주무한설을 주장한다. 홍대용의 서양의 지리학과 천문학을 적극적으로 받아들여서 중국을 중심으로 놓고 사고하는 관념적 중화관으로부터 벗어나 있었다. 이런 세계관 속에서 지리적 종족적 화이관은 극복될 수 있었.

---

[54] 박희병 또한 홍대용이 중화중심주의와 조선 중화주의와는 다른 화이관을 가지고 있다고 주장한다. 그러나 그 내용을 상대주의와 평등 혹은 관용과 공생으로 설명한다. 박희병, 『범애와 평등』, 돌베개, 2013, 151~192쪽.
[55] 김선희, 앞의 책, 198쪽.
[56] 조성산, 「洪大容의 理氣心性論과 域外春秋 논의」, 『역사와 담론』 78, 호서사학회, 2016, 147쪽에서 재인용.

또 홍대용은 인간과 만물의 본성이 같다는 인물균(人物均)과 중화와 이적이 같다는 화이일(華夷一)을 주장한다. 사람에게는 사람의 예의(禮義)가 있고 금수에게는 금수의 예가 있으며 초목에게는 초목의 예의가 있으니 "하늘로부터 보면 사람과 만물은 균등하다.(自天而視之, 人與物均也.)"57)

인간과 만물이 동일한 본성을 가졌다는 평등성을 주장하듯이 동일한 논리로 종족적 의미의 중화와 이적이라는 내외, 혹은 중심과 주변의 구분은 의미가 없다. "천(天)에서 본다면 어찌 안과 밖의 구별이 있겠느냐? 이러므로 각각 제 나라 사람을 친하고 제 군주를 높이며 제 나라를 지키고 제 풍속을 좋게 여기는 것은 중화나 이적이나 한가지다.(自天視之, 豈有內外之分哉? 是以各親其人, 各尊其君, 各守其國, 各安其俗, 華夷一也.)"58)

그러나 홍대용이 말하는 "중화나 이적은 한가지이다(華夷一也)"라는 말은 단수하게 중화나 이적이나 차이가 없는 말은 아니다. 이 말은 지리적이고 종족적 화이론과는 다른 문화 보편주의적 화이론을 드러내는 말이지만 하늘의 입장에서 볼 때 '한가지(一)'라는 말이 의미를 명확히 할 필요가 있다. 여기에 홍대용의 역외춘추론(域外春秋論)의 의미가 있다.

김호는 먼저 의리(義理) 화이론과 지역 화이론으로 구분하고 전통적인 경(經)과 권(權)이라는 개념을 적용한다. 그럴 때 '천에서 본다면(天視)'을 모든 것이 좋다는 상대주의적 관점이 아니라 경(經)이라는 원칙이 있고 그것을 현실적 상황 속에서 어떻게 적용하고 실천할 것인가라는 개방적 시각으로 해석한다. 즉 '權의 재량'을 요구하는 수단이라는 것이다.59)

---

57) 홍대용, 『담헌서』 내집 권4, 「의산문답」.
58) 홍대용, 『담헌서』 내집 권4, 「의산문답」.
59) 김호, 「조선후기 華夷論 再考－域外春秋論을 중심으로」, 『한국사연구』 162, 한국사연구회, 2013, 128~131쪽.

김호가 말하는 '權의 재량'은 홍대용이 '시의(時宜)'를 강조하는 것과 같은 맥락으로 해석할 수 있다. '시의'는 『주역』에서 말하는 '수시종도(隨時從道)'의 말과 연관된 말이다. 즉 다양한 시공간적 차이를 바탕으로 변화하되 도(道)는 따라야 한다는 말이다. 이것을 '權의 재량'이다. 그러면 중화와 이적을 구분하는 기준조차 해체한 것일까? 그것이 곧 경(經)과 도(道)라는 기준이다.

여기서 홍대용이 역외춘추(域外春秋)를 말하는 것은 주목할 만하다. 공자가 구이(九夷: 오랑캐의 땅)에 들어와 중국의 예악문물로 오랑캐의 풍속을 변화시켜 도(道)를 역외(域外)에서 일으켰다면 오랑캐의 풍속에서도 역외춘추가 있었다는 것이다.60) 홍대용의 말에서 두 가지를 구분할 수 있다. 예악문물로서의 중화와 주나라 도로서의 중화이다.

예악문물은 다양한 시공간의 차이에 따라 다른 양태로서 권(權)이고 다양한 풍속으로 드러날 수 있다. 그러나 다른 양태와 다른 풍속일지라도 도(道)가 실현되어야 한다는 점에서 경(經)을 전제한다. 이는 보편성을 전제하고 그것이 체현된 다양한 양상들을 구분하는 것이다.

홍대용의 화이론을 중심의 해제라고 흔히 평가하지만 중심을 해체했다고 해서 중심 자체 혹은 중화 자체가 없다졌다고 말할 수는 없다. 중심이 없다는 것은 중심이 없기 때문에 모든 것이 상대적으로 용인된다는 점이 아니다. 모든 시공간이 중심이 될 수 있다는 말이기도 하다.

이러한 논리는 관념적인 것이 아니라 우주론에 근거하고 있다. 우주

---

60) 홍대용, 『담헌서』 내집 권4, 「의산문답」. "그러하나 만일 공자가 바다에 떠서 구이(九夷)로 들어와 살았다면 중국의 예악문물로 오랑캐의 풍속을 변화시킴으로써 주나라 도(道)를 역외(域外)에 일으켰을 것이니, 안과 밖의 구별과 높이고 물리치는 의리상 역외춘추(域外春秋)가 있었을 것이다. 공자가 성인(聖人)인건 이 때문이다.(使孔子浮于海, 居九夷, 用夏變夷, 興周道於域外. 則內外之分. 尊攘之義, 自當有域外春秋. 此孔子之所以爲聖人也.)"

에서 본다면 수많은 성계(星界)가 펼쳐져 있는데 오직 지구만이 중심이라고 할 수 없기 때문이다. 그래서 "모두 세계로 되지 않음이 없고 모두 돌지 않음이 없다. 여러 다른 세계에서 보는 것도 이 지구에서 보는 것과 마찬가지로 각기 스스로 중심이라 하니 각각의 별이 모두가 세계로 된 것이다.(是以無非界也, 無非轉也. 衆界之觀, 同於地觀, 各自謂中, 各星衆界.)"[61]

홍대용은 서학을 받아들여 구성한 우주론에 근거하여 인물균(人物均)을 말하고 모든 만물에게 예의(禮義)가 있음을 말하며 화이일(華夷一)을 말하고 있다. 여기에는 동일한 논리가 일관되게 흐르고 있는데 그것은 어떤 보편성을 상정하여 그 보편성이 다양한 시공간에 실현된 양태를 말하고 있는 것이다. 그에게 보편성은 리(理)였고 그 리가 다양한 시공간의 풍속 속에 실현된 것이 바로 예(禮)인 것이다. 어떤 시공간의 지역이건 이 리(理)가 실현되었다면 그것은 중화로서 문명국이 되는 것이다.

그렇다면 홍대용의 화이론은 대명의리를 고집하거나 관념적인 차원의 문화적 보편주의로서의 중화주의라고 할 수는 없다. 우선 문화적 중화주의라는 말은 애매하다. 중화주의를 영어로 번역한다면 Sino-centricism으로도 가능하고 Confucian-universalism으로도 가능하다. 전자는 서구중심주의와 마찬가지로 중국 중심주의이고 후자는 보편성(理)을 지향하는 유교적 예교 문화라고 할 수 있다.

홍대용의 역외춘추론은 인간과 만물이 하늘로부터 동일한 리(理)를 품수받았다는 성리학의 전제로부터 출발하지만[62] 리(理)를 자연법칙의 리(理)로서 근거 짓기 위해 서학(西學)을 적극적으로 수용하여 인륜 질서

---

[61] 홍대용, 『담헌서』 내집 권4, 「의산문답」.
[62] 조성산은 홍대용의 리(理) 인식이 자연법칙인 리가 곧 인륜질서인 인(仁)임을 매우 강조하였다는 사실을 주장하며 그의 역외춘추론이 이기심성론의 논리에 근거하고 있음을 논증하고 있다. 조성산, 앞의 논문, 190쪽.

의 예를 구성하려고 했다는 점에서 기존의 성리학자들과는 다른 성격을 지닌다.[63]

자연법칙의 리(理)와 인륜 질서의 예(禮)가 동일하게 연결되어 사고하는 것은 근대적 사고에서는 낯선 논리이다. 베이커는 "담헌의 천체와 수학에 대한 탐구는 전통 유학의 도덕적 관심에서 비롯된 것"[64]이라고 주장한다. 베이커의 지적은 정확한 것이지만 "진리를 윤리적 기준에 의해 판단한다는 것은 곧 철학적 입장이 종종 개인적인 도덕 경험에 대한 해석의 산물이 된다는 것을 의미한다."고 하여 조선 유교를 비판한다. 그러나 진리와 윤리를 다른 영역으로 구별하는 사고는 전형적인 서양 근대 의식의 산물이다. 진리로서의 리(理)와 윤리로서의 리(理)가 동일한 것이라고 생각하는 것이 홍대용 철학의 특성이고 조선 유교의 특성이다.

서학에서도 천주교가 아니라 주로 자연과학이나 수학의 영역에 관심을 보였던 홍대용은 보편적 리에 대해 관심을 가졌고 이 보편적 리에 근거하여 각 민족과 국가의 풍속인 예(禮)가 변화 가능하다고 본 것이다. 즉 보편적 리에 근거하여 각 지역과 민족의 특수한 조건 속에서 시의(時宜)에 맞는 다양한 양태의 풍속이 가능한 것이다. 달리 말하면 글로벌(global)한 보편을 지향하는 개방적 태도(문명)를 지니면서도 각 지역과 종족에 따라 로컬(local)한 문화적 양태(민족)를 가질 수도 있음을 인정한 태도이다. 현대적인 표현으로 하자면 글로컬(glocal)한 사유를 지녔던 것이다.[65]

---

[63] 인현정은 물학(物學) 즉 자연법칙에 대한 연구가 어떻게 예학(禮學)과 관련될 수 있는지를 설득력 있게 논하고 있다. 인현정, 앞의 논문 참조.
[64] 도날드 베이커, 『朝鮮後期 儒敎와 天主敎의 대립』, 일조각, 1997, 20쪽.
[65] 김원명·서세영은 이를 '글로컬라이제이션(Glocalization)'으로 설명한다. 김원명·

글로벌한 보편이 관념적이지 않은 실리(實理)로 표현되고 이 실리가 인간에게 품수된 것이 실심(實心)이기에 이에 근거하여 이루어진 로컬한 문화적 양태는 다양하며 다양한 시공간적 상황, 즉 실지(實地)에 적합하고 시의(時宜)에 따라 이루어졌으므로 실용(實用)적이다. 이렇게 실리, 실심, 실지, 실용은 홍대용에게 하나의 일관된 체계로 연결되는 것이다. 이런 점에서 볼 때 홍대용의 문화적 중화주의는 리(理)라는 보편을 전제한 문화적 보편주의이다.

이런 맥락에서 홍대용의 우정을 생각한다면 코스모폴리타니즘(cosmopolitanism)의 우정이라 할 만하다.66) 코스모폴리탄적인 의식은 리(理)라는 보편적 원리의 상정을 통해 가능하다. 이러한 보편적인 도리(道理)를 추구하며 공유하는 관계는 서로 자신들이 속한 지역적이고 종족적인 풍속(風俗)으로서 예의(禮義)를 폭력적으로 야만으로 규정하지 않고 서로 좋은 풍속을 만들어 나갈 수 있도록 책선(責善)하는 동지이다.

이것이 도의지교(道義之交)이다. 이는 단지 대명의식이라는 정치적 신념을 가진 정치적 동지의 관계도 아니고 모든 타자의 다름을 그대로 용인하는 상대주의적 관용도 아니다. 홍대용의 우정론은 단지 조선 후기라는 시공간에 국한해서 보는 것이 아니라 보편적 중화주의의 맥락에서 볼 때 동아시아 천하대일통(天下大一統)으로서 대동(大同)을 꿈꾸는 코스모폴리탄적인 연대였다. 이는 마테오 리치의 『교우론』이 미친 영향의 변양태라고 할 수 있을 것이다.

서세영, 「홍대용(洪大容)의 세계관 변화와 그것의 현대적 의의」, 『동서철학연구』 제72호, 동서철학회, 2014 참조.
66) 코스코폴리타니즘(cosmopolitanism)은 대체로 세계시민주의 혹은 사해동포(四海同胞)주의라고 번역한다. 홍대용도 중국 지식인들과의 편지 교류에 사해동포 혹은 사해일가(四海一家)라는 용어가 보이기 시작한다고 한다. 박희병, 앞의 책, 74쪽.

홍대용이 실학자로 평가될 수 있는 것은 단지 이용후생(利用厚生)을 주장했기 때문만은 아니다. 실심(實心)으로서의 진정성과 실리(實理)로서의 합리성과 실지(實地), 실용(實用)으로서의 현실성이 모두 실(實)을 이루는 요소이다. 홍대용은 진정성, 합리성, 현실성이라는 실(實)의 가치를 공동체의 목적으로 지향하는 지식인들의 교류와 연대를 주장했고 그러한 연대를 가능하게 하는 개방적 태도로서의 코스모폴리탄적인 우정을 주장했던 것은 아닐까? 이를 상우천고(尙友千古)에서 천애지기(天涯知己)로 우정의 변용이라고 할 수 있을 것이다.

Ⅵ. 나오는 말

누구의 말인지는 잊었지만 이런 말이 있다. "동물은 먹고 먹히는 투쟁으로 생존하지만 인간은 규정하느냐 규정 당하느냐로 생존한다." 서양에게서 중국은 꿈과 같고 신비한 땅으로 느껴지는 환상이며 하나의 완벽한 타자였던 때도 있었다. 그러나 절대이성을 말하며 보편적 세계사를 구상한 헤겔은 중국을 정체(停滯)된 문명으로 규정했고 누구보다도 인류의 평등을 외친 마르크스조차도 "그들은 자기 스스로를 재현할 수 없고, 재현되어져야 한다."고 규정했을 만큼 동양은 야만이었고 미개였다.

비서구인들을 야만과 미개로부터 해방시키고 문명화하려 했던 서구인들은 그들의 보편적 이성으로 동양을 규정하며 문명화하려 했다. 동아시아의 19세기는 이러한 문명화의 길을 걷게 되는 근대 전환기라고 할 수 있다. 동아시아를 지배했던 중화주의(Sino-centricism) 조공 질서는 무너졌고 외부적으로 강요된 서구중심적(Euro-centricism) 식민 질서 속에 편입되었다.

근대의 시작인 것이다. 이제 중화(中華)와 이적의 담론은 사라졌지만 문명(civilization)과 야만의 구분이 등장했다. 이제 중화가 아니라 문명이 추구해야 할 보편이 된다. 척사론자들은 중화주의(Sino-centricism)의 전통을 고수하며 서양을 야만으로 취급했고 문명개화론자들은 서구중심적(Euro-centricism) 문명을 개화로 여기며 전통을 야만으로 생각했다. 모두 자기 중심주의(centricism)적 입장만을 우월하고 보편적인 입장에서 고집한다.

홍대용은 이런 자기중심적 중심을 해체했던 것이다. 중심을 해체했다고 해서 중심이 없어지지 않는다. 중심은 이제 각자의 위치에서 이루어야 할 보편적 지향점(理)이다. 그것은 각자 위치의 시공간적 조건에 따라 즉 시의(時宜)에 따라 각자의 시공간에서 다른 양태(禮義)로 드러날 수 있기에 대동(大同)은 가능하다.

비서구인들은 서구중심주의가 만들어낸 동양의 규정을 오리엔탈리즘이라고 비판하지만 동일하게 타자에 대해서 오리엔탈리즘을 반복하고 있는지도 모른다. 이옥순은 '박제 오리엔탈리즘'과 '복제 오리엔탈리즘'을 구분한다. 박제 오리엔탈리즘은 서양에 의해서 규정되어 굳어진 동양의 부정적 모습이고 복제 오리엔탈리즘은 그것이 동일하게 우리 안에 작용하는 방식을 말한다. 우리는 한편으로는 서양을 동경하면서 또 한편으로는 그것을 통해 동양을 무시한다.[67] 이를 이옥순은 '이중의 구속'이라 칭한다.

---

67) 이옥순,『우리안의 오리엔탈리즘』, 푸른역사, 2002, 206~211쪽.

중국을 흠모하며 중화주의(Sino-centricism)를 추구했던 사람들도 그리고 서양을 모방하려고 서구중심주의(Euro-centricism)를 추구했던 사람들도 모두 이런 '이중 구속'에 빠져 중심에 서려는 권력 욕망을 추구했던 것이다. 한편으로 중화 혹은 문명을 흠모하면서 스스로를 비하하고 또 스스로 중화와 문명을 이루었다고 착각하며 오만하여 다른 야만을 혐오하고 박해하는 것이다. 복제 오리엔탈리즘에 빠진 우리와 다르지 않다.

홍대용이 타자를 대하는 방식에는 이런 자기 비하나 오만은 없다. 타자와의 소통은 상호 동등함이 전제되어야 하고 차이에 대한 이해를 통해 공존과 연대의 대동(大同)을 목적으로 한다. 이러한 이해는 어떤 당파적 이념을 공유하고 고집하는 정치적 연대도 아니고 상대가 어떠하건 관용의 태도를 취하는 것과는 다르다. 이런 관계에서는 책선(責善)이란 불가능하다.

홍대용이 청나라 친구에게 아녀자의 정에 빠지지 말라고 했던 것은 바로 책선(責善)을 강조하기 위해서이다. 책선이란 보편성을 타자에게 강제하는 규정과 폭력이 아니다. 타자를 동등하게 전제하고 타자가 처한 시공간적 조건(實地)에 대한 이해를 추구하며 그 조건 속에서 각각 보편성(實理)을 추구하도록 진정성(實心) 있는 책선을 통해서 관념적이지 않은 현실적 대동(實用)을 목적으로 한다. 그러기에 중심이 없는 듯하지만 모두가 각자 중심이 되는 공동체이며 공동체 없는 중화이기도 하다.[68]

홍대용은 유교적 보편주의로서 다양한 나라가 공존하는 대동의 중

---

[68] '공동체 없는 중화'라는 말은 『중국 없는 중화』(인하대학출판부, 2009)라는 책의 제목을 패러디한 것이다. 동아시아의 전근대 시기 중화주의가 무너진 후 동아시아의 각국이 각자의 중화를 어떻게 추구했는지를 논의하고 있다.

화를 꿈꾸었는지도 모른다. 이런 꿈을 위하여 지식인들과 천애지기의 우정인 도의지교(道義之交)를 맺고자 했다. 또한 꿈이 아니라 구체적인 청사진으로『임하경륜(林下經綸)』이라는 책에서 경제, 정치에서의 법과 제도를 바꾸는 변법경장(變法更張)을 강조했고 신분 철폐의 평등을 주장하기도 했다.

물론 홍대용에게 내재적 근대성이나 민족적 성격을 부여하기 전에 먼저 그의 실학은 당시 사족체제의 자기 조정 프로그램으로서의 제도 개혁론에 불과하며[69] 주자학의 패러다임을 벗어나지 못한 정통 예의(禮義)를 강조하는 성리학자일 뿐이라는 비판도 가능하다.

그러나 홍대용은 서학의 영향 아래에서 우주론을 새롭게 구성했으며 그 새로운 우주론에 근거하여 문명을 개선하려고 했다는 사실은 분명하다. 또한 문명의 개선을 중화와 이적이라는 적대적 관계를 설정하지 않고 각자의 실지(實地)에 따라 시의(時宜)에 맞게 개선하려는 우호적이고 개방적인 자세를 유지했다. 그것이 타자를 대하는 그의 우정이었다.

홍대용은 죽기 전에 반함(飯含)을 거부했다고 한다. 반함은 죽은 자의 입에 주옥(珠玉)이나 곡식을 넣는 정통적 상례(喪禮)이다. 홍대용은 이것이 이치(理)에 맞지 않는 허례(虛禮)라고 보고 거부했던 것이다.[70] 홍대용은 단지 전통적인 예를 고집하지 않았다. 이치에 맞지 않는다면 고쳤다. 이는 이치에 합당한 예, 즉 문명을 구성하려는 태도이기도 하다.

문명에 해당하는 영어 civilisation은 라틴어 civis(시민) civitas(도시)를 어원으로 한다. 이것이 서양 근대사에서 후마니타스(humanitas)의 이념과

---

[69] 강명관은 실학자라고 평가하는 학자에 대해 근대성이나 민족 국가를 말하기 전에 단지 당시 귀족들이 자신의 이득을 위해 제도를 개혁하려 했던 것뿐이라고 평가한다. 강명관, 「京華世族과 實學」, 『한국실학연구』 32권, 한국실학학회, 2016 참조.
[70] 정민, 『18세기 한중 지식인의 문예공화국』, 문학동네, 2014, 248~249쪽.

함께 이를 외적으로 표현한 행동양식을 의미하는 '키빌리타스(civilitas)'라는 개념으로 발전한다. 이것이 르네상스 시대 새로운 이상적 인간상이었다. 키빌리타스는 유럽 사회에서 중요성을 지닌 올바른 예법이었다.

안성찬은 이런 서양의 문명 개념 변화의 역사를 서술하면서 이렇게 결론을 내리고 있다. "'폭력의 세기'였던 20세기는 '예(禮, civilitas)'를 망각한 '문명'(文明, civilization)이 어떤 결과를 초래했는가를 여실히 보여주었다." 때문에 "화석화된 관습으로서의 예의(禮義)가 아니라 자신을 존중하고 타인을 배려할 줄 아는 마음의 능력을 함양하는 예(禮), 그리고 이를 통해 너와 내가 함께 주인이 되는 공동체를 이루어내려는 의(義)"71)를 회복하는 진정한 의미의 문명을 지향해야 하다는 것이다.

만약 서양 근대 이후 문명이 키빌리타스를 망각한 물질문명의 발달이었다면 그래서 그 결과가 폭력의 세기였다면, 그것은 단지 서양의 역사만 해당하는 것은 아닐지도 모른다. 중화주의가 몰락한 후에 이어진 우리 역사에서 펼쳐진 문명과 야만의 담론은 이미 키빌리타스를 망각한 문명을 지향했던 것은 아닐까? 그런 의미에서 홍대용의 역외춘추적 화이론과 그 속에서 이루어지는 우정론은 '잃어버린 근대성'들 기운데 하나는 아닐까?

---

71) 김민정 외, 『문명 안으로』, 한길사, 2011, 107~108쪽.

천하(天下)에서 국가(nation-state)로
량치차오와 박은식의 보편원리의 행방

이혜경

천하(天下)에서 국가(nation-state)로
-량치차오와 박은식의 보편원리의 행방

Ⅰ. 문제제기 : 천하의 동요와 최고선의 상실

'천하'는 존재 전체를 가리키려는 의도로 사용된 용어이고 '중화주의'는 존재 전체인 '천하'를 포괄하려는 이념이다. 즉 중화주의는 보편주의를 표방하며, 보편주의를 표방했으므로 중국뿐 아니라 동아시아에 그 이념을 전파할 수 있었다. 중화주의는 오랫동안 중국뿐 아니라 그 주변에 윤리적·정치적 이념을 제공했다.

그 보편주의는 중화와는 다른 종류의 문화를 보유한 근대유럽의 등장에 흔들렸다. 유럽인들을 오랑캐로 처리할 수 없게 됨으로써 천하가 하늘 아래 전부가 아니게 된 것이다. 주권을 가진 나라들이 자국의 이익을 염두에 두고 국가 간 관계를 맺는 새로운 환경에서, '중화'는 다만 중국일 뿐이고 '중화주의'는 중국중심주의에 불과한 것이 되었다. 이제 '예'가 아니라 '국제관계'라는 것에 의해 국가 간의 관계가 규정되어야 했다.

중국이 세상의 중심이 아니게 됨으로써 '국제관계'라는 것이 생긴 것 외에, 또 무엇이 달라졌는가? 중화주의의 실질적 내용을 채운 것은 유학의 이념이다. 유학, 특히 이 시기 유학인 성리학은 개인의 존재의미를 설명해주는 형이상학이며 사회적 관계를 설명해주는 윤리학이었다. 이 시기 중국인이 근대 유럽문명을 수용하기 위한 논리 가운데 하나는 '중체서용'(中體西用)이었다. '용'에 군사기술과 더불어 일상의 생활을 윤택하게 하는 각종의 기술이 해당 된다면, '체'는 정치체제와 윤리를 의미했다. 이들에게 '체'가 바뀐다는 것은 생각하기 어려운 일이었다.

그러나 정치체제도 바뀌어갔다. 청조의 막바지부터 정치체제의 변화를 원하는 목소리는 커져갔고 중화는 마침내 '민국'(民國)을 선포하며 '만국'(萬國)의 하나로 들어갔다. 조선은 바로 공화국을 수립하지 못했지만 정치체제가 바뀌어야 한다는 의식은 중국과 마찬가지로 긴박하였다.

그렇다면 '윤리'는 어떻게 바뀌었는가? 찰스 테일러(Charles Taylor, 1931~)에 의하면, 사람은 스스로를 가치를 추구하는 사람으로 이해하려는 본성이 있다. 자신을 선을 추구하는 사람으로, 즉 윤리적인 사람으로 생각한다는 것이다.[1] 선을 추구하기 위해서는 선이 무엇인지 판단해야 한다. 그런데 선을 판단한다는 것은 선을 질적으로 구분하는 것을 의미한다고 한다.

---

[1] 찰스 테일러 지음, 권기돈·하주영 옮김, 『자아의 원천들』, 새물결출판사, 2015, 75~93쪽.

찰스 테일러가 주목하는 것은 질적인 판단이 가능하려면 다른 선들에 비할 수 없이 고차적일 뿐만 아니라 다른 선들을 저울질하고 판단할 기준을 제공하는 지고선이 있어야 한다는 점이다. 즉 자신을 윤리적인 존재로 이해하려는 인간의 본성상, 인류에게는 최고선을 설정한 가치체계가 있어야 한다는 것이다.[2] 유럽을 대상으로 찰스 테일러가 한 작업은 근대유럽이 표면적으로는 가치의 질적 구분을 폐기하고 지고선도 잃은 듯하지만, 잃은 것이 아니라 은폐한 것이며 다른 방식으로 지고선의 존재를 요청한다는 것을 보여주는 것이었다. 은폐될 수는 있을지라도 없이 사는 일은 가능하지 않다는 것을 찰스 테일러는 서구 근대 이후 유럽인의 사상활동을 추적하면서 밝힌다.[3]

서양에서 기독교가 지고선을 제공해주는 역할을 해왔다면 동아시아에서는 유학, 특히 성리학이 그 역할을 해왔다. 지고선은 모든 선을 포괄하는 체계에서만 가능하므로 결국은 보편원리를 설정하는 가치 지향의 세계관에서 보편원리에 다름 아니다. 찰스 테일러의 논리에 의하면, 중국인이든 한국인이든 성리학이 더 이상 지고선을 제공해주는 역할을 해주지 못한다면, 그들은 성리학을 대체할 다른 것을 찾아야 한다.

이 논문은 중화주의체제에서 근대국가체제로의 변화를, 이전까지 중화의 주민이었던 중국인과 한국인[4]이 최고선 혹은 보편원리의 상실과 그 대체를 찾는 과정에 초점을 맞춰 추적하고자 한다. 중화가 동요하는 상황에 대처하는 방식은 천하의 중심이었던 중국과 주변이었던 한

---

[2] 위의 책, 61~75쪽.
[3] 위의 책, 『자아의 원천들』
[4] 이 글에서는 '중국'이 역사적 왕조나 정부를 넘어서 초역사적인 국명으로 사용되듯이, '한국', '한국인'도 그렇게 사용한다. 때로 '조선'도 혼용한다.

국이 또 다를 것이다. 이 논문은 이 변화의 시기 중국에서 가장 열정적으로 초창기 변화를 주도했던 량치차오(梁啓超, 1873~1929)와 동시기 량치차오의 영향을 받으면서 조선의 앞날을 열어가고자 했던 박은식(朴殷植, 1859~1925)의 비교를 통해, 조선-한국인으로서 박은식의 특수한 상황을 부각시키고자 한다.

Ⅱ. '문명'을 받아들이는 일의 무거움

중화세계에서 살던 사람들, 특히 그 세계관을 인지하고 자각적으로 그 세계관의 주인이고자 했던 사람들이 처음 유럽근대문명을 수용할 생각을 한 것은 자신들의 중화를 지키기 위해서였다. 그들이 가장 먼저 배울 생각을 한 것은 근대유럽의 군사력과 관련된 것들인데, 이러한 기술들이 중화를 지키기 위해 필요하다고 판단해서였다. 중화보다 우월한 군사력을 가지고 중화를 위협하는 이적(夷狄)은 늘 있었다. 군사적으로 위협받고 심지어 이적에게 중원을 내주는 일이 있어도 중화는 건재했다. 오히려 중화는 이적을 교화하며 외연을 확대해갔다. 몽고족인 원조나 만주족인 청조는 유학을 정치이념이자 일상의 이념으로 받아들이며 중화 안으로 포섭되었다.

그러므로 국권을 위협받는 와중에서도 "사방팔방의 오랑캐가 중국을 사모하고 화하를 모방하는 것은 자연의 변치 않는 이치"[5]라고 자신의 입장을 확인하며, 서양의 오랑캐들이 "우리 풍속을 진창 속에 밀어

---

5) 李恒老,「雅言」권10, '禮樂尊攘';『華西先生文集』下, 同文社 影印, 1974, 1151쪽 아래.

넣고 우리 재물을 약탈하여 저들의 탐욕을 채우려는"⁶⁾ 목적으로 왔다고 갈파하며, 중화의 주체로서 "사방의 오랑캐들에게 모범이 되는"⁷⁾ 것이 응당 해야 할 일이라고 생각하는 사람들이 중국과 조선을 불문하고 건재했다.⁸⁾

그들보다 마음을 열고 근대유럽의 군사력을 인정하고 기술을 배워야 한다고 생각했던 사람도 기술 외의 '문명'은 결코 받아들일 수 없다고 생각했다. 다음은 '중체서용'의 주창자로 알려진⁹⁾ 장지동(張之洞, 1837~1909)의 글이다. 유학자임을 포기하지 않고 유럽근대문명을 받아들이려고 할 때, 즉 이른바 '중체서용'의 원칙에 의해 유럽근대문명을 받아들이려고 할 때의 어려운 점이 어떤 것인지 보여준다.

> 오륜의 요체는 모든 행위의 근원으로 수천 년간 전해 내려오지만 다른 뜻이 없었다. 성인이 성인인 이유, 중국이 중국인 이유는 바로 여기에 있다. 그러므로 '군신간의 도리'(君臣之綱)를 안다면 민권설은 실행될 수 없고, '부자간의 도리'(父子之綱)를 안다면 아버지와 아들이 같은 죄가 있다는 설, 장례와 제사를 폐지하라는 설 등은 실행될 수가 없다. '부부간의 도리'(夫婦之綱)를 안다면 남녀가 똑같은 권리를 가졌다는 설은 있을 수 없다.¹⁰⁾

장지동에게 삼강오륜으로 대표되는 유가적 질서는 자명한 진리였다.

---

6) 李恒老, 「華西集」 권3, '疏箚: 辭同義禁疏'; 『華西先生文集』 上, 91쪽 아래.
7) 李恒老, 「雅言」 권10, "禮樂尊攘"; 『華西先生文集』 下, 1156쪽 아래.
8) 조선에서는 본문에서 그 글을 인용한 이항로를 비롯해 '위정척사'파로 불리는 사람들이 그들이다.
9) 실제로 장지동이 사용한 말은 "중국의 학문을 내학(內學)으로 삼고 서양의 학문을 외학(外學)으로 삼는다"는 것이다. 張之洞, 『勸學篇』, 外篇13, 「會通」: "中學爲內學, 西學爲外學."; 李忠興 評注, 『勸學篇』, 中州古籍出版社, 1998, 161쪽.
10) 張之洞, 『勸學篇』 內篇3, 「明綱」; 李忠興 評注, 『勸學篇』, 70쪽.

"성인이 성인인 이유", "중국이 중국인 이유"라고 웅변하니, 이는 선택할 수 있는 여러 질서체계 중의 하나가 아니라 유일한 가치체계이자 존재원리였다. 그 질서와 대립하는 것, 즉 "민권설"을 허용하는 정치체제, "아버지와 아들이 동죄"라는 원죄설을 말하는 종교, 장례와 제사를 부정하는 관습 등은 '새로운 질서'가 아니라 패륜이고 반진리(反眞理)였다.

유학에서 윤리와 정치는 분리되지 않는다. 정치는 윤리의 연장이다. 삼강오륜은 이 세계에서 모든 인간관계를 범주화한 것이다. 이들의 삶에서는 부모 자식 사이의 관계와 개인과 군주와의 관계는 질적으로 다른 것이 아니다. 모든 인간관계를 가능하게 하는 것은 자신 안에 있는 선한 본성이고, 이 본성은 도덕적 성장에 따라 그 활동 범위를 넓혀가는 것으로 이해되었다.

맹자에 의해 정식화된 인의예지(仁義禮智)는 선한 본성이면서 동시에 하늘 아래 모든 관계를 설명해주는 관계의 원리였다. 성리학에 이르러 '인(仁)'은 인의예지의 대표로 특필되는데,[11] 결국은 '관계에 따른 적절한 사랑'이라고 풀이할 수 있다. 그 '적절함'은 '친친지쇄'(親親之殺)의 원칙에 의해 정해진다. 친친지쇄의 원칙에 의해 '인'은 하늘 아래 모든 존재로 향한다. 그리하여 모든 개인은 상호 '인'의 그물, 즉 사랑의 그물로 연결된다. 개인은 그 사랑의 그물을 본성적으로 알고 발휘할 수 있는 능력을 선천적으로 부여받아 태어난다. 만약 성인이 있어서 그 본성을 온전히 발휘한다면, 성인이 연결한 사랑의 그물은 그대로 우주의 질서가 될 것이다. 주자학은 '성즉리'라는 명제로 개인과 우주적 질서의 관

---

[11] 가령 『주자어류』 6:77의 다음 구절 참조. "性中有此四者, 聖門卻只以求仁爲急者, 緣仁卻是四者之先. 若常存得溫厚底意思在這裏, 到宜著發揮時, 便自然會宜著發揮; 到剛斷時, 便自然會剛斷; 到收斂時, 便自然會收斂. 若將別箇做主, 便都對副不著了. 此仁之所以包四者也."

계를 표현했다. 개인은 자신이 타고난 그 능력을 장애 없이 발휘함으로써 우주적 질서와 합일할 수 있다. 이들이 꿈꾸는 도덕적 성장은 '천인합일'이라는 완성을 향해 나아간다.

현실에서 자신의 본성을 드러내고 발휘하는 일은 자신을 둘러싼 인간관계를 적절하게 맺어가면서 그 범위를 확대해가는 일상의 과정으로 드러난다. 이 세계관 안에서 개개인은 자신을 둘러싸고 있는 가족과의 관계를 잘 맺어가는 것을 시작으로 인간관계를 확대해간다. 그 관계는 하늘 아래 모든 존재로 확대되어 가며, 그 과정에는 이웃 나라와의 관계도 포함된다. 개인 간이나 나라 간의 관계는 인을 드러내는 형식인 예(禮)에 의해 맺어져야 한다. 장지동의 구상대로라면 이러한 모든 관계는 예전대로 유지되어야 했다.

장지동이 민권이나 평등을 주장하는 사람으로 지목한 것은 캉유웨이(康有爲, 1858~1927)를 필두로 하는 '입헌파'의 무리였다. 캉유웨이의 입헌파에서 국제관계나 개인 사이의 윤리는 어떻게 변화하는가? 캉유웨이의 제자로서 량치차오는 스승의 삼세설(三世說)에 동조하면서, 군주전제는 시대착오적인 것이며, 시금은 입헌군주제의 시대라고 주장했다. 입헌군주제로의 개혁을 주장하는 량치차오의 논리는 다음과 같은 것이었다.

> 공자는 성인 중의 성인인데 후세 사람들이 그의 막대한 공덕을 노래하는 이유는 『춘추』를 지었다는 데 있다. 『춘추』의 문자 수는 수만이고 그 요지는 수천으로, 즉 거란세를 다스리는 법률이 있고 승평세를 다스리는 법률이 있으며 태평세를 다스리는 법률이 있다는 것이다. 법은 변해야 하며 변해서 나날이 발달하는 것임을 『춘추』는 보여주었다. … 『춘추』의 칭호 사용법에 의하면 예(禮)와 의(義)를 소유하고 있는 자는 중국이라고 부르고 예와 의를

소유하지 않은 자는 이적(夷狄)이라고 부른다. 예(禮)란 무엇인가? 공리(公理)이다. 의(義)란 무엇인가? 권한(權限)이다. 지금 공리, 권한을 모르는 우리 4억의 중국인들을 모아 서양의 나라와 대치시킨다면, 아무리 성이 높고 연못이 깊고 견고한 갑옷과 많은 식량이 있을지라도 맹호가 사냥꾼을 만나는 일에 불과하다.12)

캉유웨이는 『춘추공양전』의 삼세설을 시대의 변화에 따라 군주제-입헌군주제-민주제로 개혁해야 한다는 공자의 가르침을 적은 책으로 해석했다. 량치차오는 유가의 가치인 예와 의를 공리, 권한 등의 새로운 개념으로 해석한다. '공리'와 '권한'은 유럽근대국가들이 내세우는 질서이며, 그들이 갖춘 장점이다. 캉유웨이나 량치차오의 해석대로라면, 중화가 여전히 보편문명의 기준인 듯도 하고 아닌 것 같기도 하다. 이들의 논리에 의하면, 서양이 공리와 권한을 잘 지키고 사용하고 있다면, 서양인들은 공자의 우수한 학도들이다. 중국이 민주제도를 시행한다 해도, 그것은 공자의 뜻이고 그 중국인들은 여전히 공자의 학도일 것이다. 변화의 내용이 무엇이든 그것을 공자의 이름으로 정당화했기 때문에, '민권설'을 주장한다고 하는 이들은 자신들이 중화를 벗어나지 않았다고 주장한다.

량치차오는 박은식의 '자강'(自强)운동에 모델이 된 사람이었다. 박은식은 1907년의 시점에서 량치차오가 제도개혁에 대해 논한 『변법통의』(變法通議)를 번역해서 연재했다.13)

---

12) 梁啓超,「論中國宜講求法律之學」,『湘報』제5호, 1898.03.11;『飮氷室文集』권1, 93쪽; 林志鈞 編集,『飮氷室合集』, 上海中華書局, 1932.
13) 구체적 지면은 다음과 같다. 「變法通議, 學校總論」,『서우』제2호(1907.01.01)~제5호(1907.04.01); 「變法通議, 論幼學」,『서우』제6호(1907.05.01)~제10호(1907.09.01).

그런데 박은식은 을사늑약 전까지도, 유럽의 실용적인 '신학'(新學)을 받아들여야 한다고 하면서 "우리 한국은 부자(夫子)를 종사로 섬겨, 삼강오륜이 나라의 벼리가 되고 육경사서가 오래도록 도통을 이어오며 예의를 밝혀 풍속과 교화를 바로세운지 오래되었다"14)는 입장이었다. 오륜이 벼리가 되는 사회에서 민권이나 평등이 받아들여지기 어렵다는 것은 장지동의 글에서 확인한 바이다. 이때까지만 해도 박은식은 유학적 세계관을 떠나지 않았다.

그러나 을사늑약 이후 국권상실의 위기가 턱밑까지 차오르자 박은식은 구국의 주체로 "국민"을 요청한다. 박은식은 "세계인류가 생존경쟁으로 우승열패하는 때"라고 자신의 시대를 진단하고,15) 그러한 때에는 "국민의 지식과 세력을 비교하여 영욕과 존망을 가른다"16)고, 그 시대를 돌파할 핵심이 "국민의 지식과 세력"이라고 진단했다. 량치차오의 『변법통의』는 이 맥락에서 소개된 것이었다. 그는 인민 개개인이 "교육으로 지식을 개발하고 식산으로 세력을 증진"17)하는 방법에 의해,18) 즉 '보통교육'을 인민에게 보급19)하는 방법에 의해, "인민이 생활상으로 자립하고" "이로써 국가의 자립을 이루"20)기를 꿈꿨다. 인민을 나라의 자립에 책임이 있는, 나라의 주인으로 인정한 것이다. '자강'운동이라 불리는 이 시기 박은식의 구국운동은 장지동이 패륜으로 매도한, 량치

---

14) 朴殷植, 『學規新論』, 1904; 백암박은식선생전집편찬위원회, 『白巖朴殷植全集』 권3, 동방미디어, 2002, 481쪽.
15) 朴殷植, 「大韓精神」, 『대한장강회월보』 제1호, 1906.07.31.
16) 朴殷植, 「大韓精神」, 『대한장강회월보』 제1호, 1906.07.31.
17) 朴殷植, 「大韓精神」, 『대한장강회월보』 제1호, 1906.07.31.
18) 朴殷植, 「人民의 生活上 自立으로 國家가 自立을 成홈」, 『서우』 제8호, 1907.07.01.
19) 朴殷植, 「本會趣旨書」, 『서우』 제1호, 1906.12.01.
20) 朴殷植, 「人民의 生活上 自立으로 國家가 自立을 成홈」, 『서우』 제8호, 1907.07.01.

차오가 주창한, 그 '민권'을 인정한 것이었다.

근대유럽문명은 동아시아에서 그 무엇보다 '부국강병'의 중요함을 일깨웠으며, 부국강병의 사회동력으로서 자본주의를 소개했다. 또한 부국강병을 이끌 한편의 방법으로서 '우승열패'의 사회진화론도 소개했다. 재산의 소유와 이익추구의 자유를 비롯해 개인의 욕망을 당당하게 인정하는 자유주의, 자유주의와 동행한 개인주의와 공리주의도 문명의 한 부분이었다. 자유와 평등으로 상징된 민주주의 역시 문명이었다. 모두 모여 문명의 덩어리였다. 어느 하나를 끌어당기면 나머지 것들이 따라오는 식이었다.

이 문명을 받아들인다는 것이 얼마나 많은 것들을 바꿔야 하는지 처음부터 가늠할 수는 없었을 것이다. 정치체제를 바꿔야 했고, 그것은 이전까지 정치적으로 객체였던 일반 백성에게 정치적 주체성을 부여하는 방향으로 가야했다. 기존의 인간에 대한 이해도 달라져야 할 것이었다. 권리와 책임을 갖는 인간을 규정한다면, 똑같이 그러한 것을 갖는 사람들 사이의 관계원리도 달라져야 할 것이었다. 장지동이 인지하듯이 윤리의 전복을 가져오는 일이었다.

그러나 이들에게 유학이라는 오래된 기둥을 떠나는 일이 얼마나 어려운지는 량치차오의 개혁논리가 웅변한다. 량치차오는 중화의 최고 권위자인 공자의 이름으로 개혁을 요청했다. 그리하여 그 개혁의 결과가 중화를 계속 지키는 것인지 중화를 전복하는 것인지 애매하게 만들었다. 계속 공자와 중화의 이름을 붙잡고 있는 것이 단순히 중국인민을 설득하기 위한 것인지, 설계자들 자신이 그렇게 믿고 싶어서였는지도 확인할 수 없는 일이다. 다만 그들이 어떤 변화를 추구한다고 해도 중화라는 지붕을 유지하고 싶어 했다는 것만은 분명하다.

박은식은 망국의 위기에서 모든 과정을 건너뛰고 애민 혹은 목민의 대상으로서 정치적 객체였던 백성에게 망국의 위기에서 나라를 지키라고 그 책임을 지우기 위해 국민이라는 명칭을 처음 부여했다. 그 국민에게는 국민이 되는 데 동반되는 인간규정과 권리와 책임, 더 근본적으로 세계관과 윤리의 변화가 얼마만큼 함께 했을까?

유럽근대문명은 인간을 새롭게 규정하는 것이었고 인간관계를 새롭게 규정하는 것이었으며 인간의 지향을 새롭게 규정하는 것이었다. 문명은 세계에 보편적으로 통용되는 가치임을 주장했으므로, 역시 보편문명임을 주장하는 중화와는 공존할 수 없는 것이었다. 군사기술을 시작으로 정치체제까지 유럽의 것을 받아들이기 시작한 중국이나 조선에서, 자신의 생존을 확보하기 위해 노력하는 일은 중화적 가치에 위배되는 일일 가능성이 커졌다. 당장 일반 백성이 '국민'이 되어 나라를 책임져야 하는 상황이 그러했다. 장지동이 경고하듯이 나라의 존속을 위해 패륜을 저질러야 할지도 모르게 된 것이다.

유학은 이들에게 존재에 대한 이해와 함께 삶을 어떻게 이끌어야 하는지를 제공해준 세계관이며 가치기준이었다. 그 안에서 인(仁) 혹은 리(理)라는 이름의 최고선은 분명했으며, 사회구성원은 그 가치관을 공유했다. 최고선을 위시한 가치체계는 분명했으며, 선이 충돌할 때에도 어떤 것이 우선적으로 고려되어야 하는지 판단할 수 있었다. 그것은 구성원이 자신이 어떤 인간을 지향하며 어떻게 살아야 할지 알려주는 지표였다. 그런데 그것이 흔들리기 시작했다. 더 이상 '인'한 사람을 지향하며 살 수 없게 된 것이다. 이제 어떤 사람이 되기를 지향하며 살아야 하는가?

Ⅲ. 천하를 벗어나 만국공법의 세계로

　유럽근대문명의 수용은 군사적 기술, 새로운 학문, 정치 체제 등의 수용과 같은 자발적인 결단 외에도, 다른 차원에서 불가피한 것으로 압박해왔다. 아편전쟁 끝에 청은 1842년 영국과 패전조약인 남경조약을 맺어야 했다. 남경조약은 유럽국가들 사이의 국제법의 형식에 따라 체결된 것이었으나, 영사재판권을 인정하고 관세자주권을 침해당한 불평등조약이었다.[21]

　불평등조약을 체결 당했으면서도 청이 국제법의 존재를 심각하게 인지하게 된 것은 남경조약 이후에도 수차례 불평등조약을 체결하고 중국의 영토를 할양한 뒤에나 가능했다. 불평등조약을 체결하는 한동안도 중국인에게 서양의 군대는 중화 밖의 이적에 불과했고, 조약은 그 이적을 다루는 방편에 지나지 않았다.[22] 그렇기 때문에 "통상을 원하면서 포악하게 인도를 그르치는" 외국보다, "서로 이용하며 반란을 일으키는" "태평천국과 염군"이 더 심각한 문제라고 생각하는 상황이었다.[23]

　그러나 점점 강도를 높이며 압박해오는 서양의 위력에 외교전담기구 총리아문을 설치하고[24] 서양제국들과의 관계에 대해 심각하게 궁리하지 않을 수 없게 된다. 다음은 1880년대 중국의 신문에 실린 글이다.

---

[21] 강상규, 「중국의 만국공법 수용에 관한 연구」, 『東洋哲學』 25, 2006, 94쪽.
[22] 위의 글, 95쪽; 浜下武志, 『朝貢システムと 近代アジア』, 岩派書店, 1977, 25~26쪽.
[23] 欽差大臣 恭親王 革訴의 上奏文, 『籌辦吏務始末』'咸豐朝' 권71, 咸豐10年庚戌12月 壬戌條; 강상규, 「중국의 만국공법 수용에 관한 연구」, 93쪽에서 재인용.
[24] 총리아문에 대해서는 坂野正高, 「總理衙門の設立過程」, 『近代中國研究』 1, 1958 참조.

중외(中外)가 교섭하는 사무는 … 이른바 중(中)에 처해서 밖(外)을 조화하는 마음으로 유리한 형세를 쟁취하기 위해 힘쓰는[力爭上游] 계책을 쓰는 사람이 아니라면 누가 그 책임을 감당하겠는가. 내 생각에, 양무(洋務)를 담당하는 자는 공법(公法)과 서율(西律)을 잘 알고 또 간담(肝膽)이 본디 강하고 심기(心氣)가 본디 안정된 자가 아니면 감당할 수 없을 것이다. 오늘날 유럽의 형세는 전국시대와 같고, 이른바 '만국공법'이란 종약(從約)과 같아서, 유리하면 따르고 그렇지 않으면 배신하며, 겉으로는 따르는 체하지만 속으로는 실상 위배한다. 각국의 외무대신은 공법에 의지하여 안전을 꾀할 수도 없고 또 공법에 의지하여 여러 입을 막을 수도 없다. 그러므로 마음으로 원융하여 묵묵히 아는 자가 아니면 분명 조약을 맺는 곳[壇坫]에서 사람 마음의 변화를 잘 살펴 모욕을 막는 일을 제대로 담판할 수가 없다. 서양나라도 이러하니 우리 중국처럼 공법을 새로 들여와 일이 의거할 때가 없어 걸핏하면 잘못되는 경우는 어떻겠는가.25)

'중외교섭'의 사무를 담당하는 사람의 자질을 이야기하는 이 글은 중국인들이 비로소 위기의식을 느끼고 있음을 보여준다. 서양의 법률[西律]과 국제법[公法]을 잘 알아야 할 뿐 아니라 정서가 안정되어 있으면서 대범한 기질을 가진 사람이어야 한다고 하니, 세에 따라 배신이 자행되고 거짓이 난무하는 곳이라고 판단하기 때문이다. 국제법 이른바 '만국공법'이 전국시대 편의에 따라 맺어졌던 '종약'과 같은 것이라고 하니, 국제법이 공공성이나 다른 가치 등에 의해 운용되는 것이 아니라, 이익과 편의에 따라 요동치는 것이라고 생각하는 것이다.

---

25) 이 글은 영국이 F. H. Balfour가 책임주필을 맡아 상하이에서 발행한 『字林滬報』(1882~1899, 初名 『滬報』)에 실렸던 글이다. 현재 『滬報』에의 게재 시점은 확인할 수 없다. 이 기사는 『漢城旬報』 10호(1884.01.30) 「各國記事」난에 소개되었다. 이원석, 「만국공법의 두 가지 지평과 구한말 유학」, 『한국학연구』 51, 2018, 611~612쪽에서 재인용. 인용문의 번역이 이원석의 논문에 실린 그대로는 아니다.

중화주의는 유학이라는 문화의 소유 여부로 중화와 이적을 나눈다고 표방하니, 기본적으로 문화주의이다.[26] 문화주의에 의거함으로써 종족의 경계 없이 외연을 확장할 수 있었다. 인의 마음을 갖고 예에 맞는 행위를 하는 것이 중화의 징표이므로, 이 문화를 받아들이면 누구나 중화로 편입될 수 있었다. 그러므로 중화주의의 중심인 한족뿐 아니라 이민족으로 중원을 차지했던 청조 역시 중화의 중심에 있었으며, 호란으로 호된 경험을 하며 이후 청에게 사대의 예를 다하면서도 한족을 대신하여 중화의 수호자를 자처하며 소중화를 외쳤던 조선 역시 중화의 한가운데 있었다. 나라와 나라 사이에서도 중화의 관계원리는 변하지 않는다. 나라와 나라는 대립하는 객체가 아니라 천하를 향해 서로 인과 예에 의해 연결되는 존재들이었다.[27]

국제법을 용인한다는 것은 논리적으로 말하면 기존의 중화적 질서와 천하를 부정하거나 폐기하는 것을 의미한다. 그런데 위 인용문에서는 국제법이 중화를 대신하는 것이라고 생각하지 않는다. 무엇보다 나라와 나라가 각자의 이익추구를 위해 상대를 적대해야 한다는 생각은 당장의 생존을 얻기 위한 응급책일 수는 있어도 떳떳한 평상시의 행위라고 생각하지 않았을 것이다. 중화를 대체하는 것이라면, 중화처럼 가치지향의 원리여야 한다고 생각했을 것이다.

입헌군주제를 채택해야 한다고 생각하며 당시 적극적으로 서양문명을 수용하려 했던 량치차오는 다음과 같이 비교적 온건한 말투로 '서양의 법률학'을 무시할 수 없지만, 그것이 "사적인 경계"에 머무는 것이라

---

[26] 중화주의가 역사적으로 종족주의와 문화주의를 오간 상황에 대해서는 이혜경, 「淸人이 만난 두 '보편'문명: 中華와 civilization」, 『철학사상』 32, 2009 참조.
[27] 예가 국제법에 상응한다는 주장에 대해서는 김용구, 『세계관의 충돌과 한말 외교사 1866-1882』, 문학과지성사, 2001, 66~67쪽 참조.

고 말한다.

문명과 양만의 경계는 정해져 있지 않지만, 어떤 것이 문명의 근원인지는 정해져 있다. 정해진 것이란 무엇인가? 법률이 무성하게 갖춰져 있을수록 공(公)적이고 문명이며, 간단하고 비루할수록 사(私)적이고 야만일 뿐이다. 서양의 여러 나라들이 공의 아름다움을 모르는 것이 아니며 서양의 인인군자(仁人君子)들이 그를 위해 몸과 마음을 바쳐 결과를 내기 위해 노력하지 않는 것은 아니다. 그러나 나라와 나라, 사람과 사람이 각각 사적인 경계를 사적으로 지키고 그것을 없앨 줄 모른다. 그것을 이른바 "지극히 발달하고 지극히 공평한" 우리 성인의 대동세의 법률에 비춰본다면 한참 모자란다. 그래서 나는 서양인의 법률학을 밝혀서 우리 중국을 문명화할 것을 바라며, 우리 성인의 법률학을 밝혀서 우리 지구를 문명화할 것을 바란다.28)

"서양의 법률학"은 나라의 경계를 지키는 일이 주된 역할이라고 이해되고 있다. 량치차오는 그것을 중국이 배워야 한다고 하면서도 "사적"인 일이라고 단언한다. 당장은 배워야 하지만 궁극적으로는 "성인의 대동세의 법률"이 보여주는 "공의 아름다움"을 추구해야 한다고 생각한다. 국가를 지키는 일이 필요하다고 인정하면서도 그것이 지고의 가치가 아니라는 것을 분명하게 확인한다. 오히려 공적인 법의 관점에서 보면 중국이 문명이고 서양이 상대적으로 야만이 된다.

을사늑약을 겪은 뒤 국권상실의 위협에 노출된 대한제국에서 박은식은 스스로의 힘에 의해서만 독립을 쟁취할 수 있다고 역설한다. 1906년 「자강할 수 있는가에 관한 문답」(能否의 問答)이라는 기사에서 박은식은

---

28) 梁啓超, 「論中國宜講求法律之學」, 『湘報』 제5호, 1898.03.11; 『飮冰室文集』 1, 94쪽.

"정(情)과 예를 극진히 하여" 서양 열강과 조약을 맺고 우호 관계를 유지한 지 30여 년이 되어 가니, 대한에 무슨 일이 있으면 [조약국들이] "공법에 준거하여" 약육강식의 "부정행위"를 막고 대한의 주권을 지켜줄 것인가에 대한 질문에 다음과 같이 답한다.

> 아, 이것이 무슨 말인가. 현 시대는 생존경쟁을 천연(天演)이라 논하며 약육강식을 공례(公例)라고 말한다. 저들 가운데 가장 중요한 문명이라는 영국도 인도와 애굽에 대해 어떤 정책을 썼으며, 덕의를 숭상한다고 하는 미국도 필리핀에 대해 어떤 수단을 취했는가. 지금 열국 가운데 호랑이나 매처럼 뛰어오르고 나는 자들은 하는 말은 보살이지만 행동은 야차이다. 누구에게 말할 수 있을 것이며 누구를 의지할 수 있겠는가.[29]

이른바 공법은 보살의 말처럼 아름다운 말로 채워져 있을지라도 그들의 하는 행동은 약육강식을 자행하는 야차와 같은 존재라고 인식한다. 대한제국이 명실상부하게 주권을 빼앗기는 데에 이르면, 서양인의 국제법 즉 '만국공법'의 실체는 더욱 노골적인 언어로 비판된다.

> 문명이 더욱 진보하고 인간들의 지식이 발달할수록 경쟁의 기회와 살벌한 상황이 극렬해져, 소위 국가경쟁이니 종교경쟁이니 정치경쟁이니 민족경쟁이니 하는 허다한 문제가 첩첩이 생기고 나타나 세계에 전쟁의 역사가 그치지 않음은 물론이요. (…) 소위 평화재판이니 공법담판이니 하는 문제는 강권자와 우승자의 이용물에 불과할 뿐이다.[30]

이는 국권상실 이후의 글로, 근대유럽문명의 실상을 한층 신랄하게

---

[29] 朴殷植, 「自强能否의 問答」, 『대한자강회월보』 제4호, 1906.10.25.
[30] 朴殷植, 「몽배금태조」, 『白巖朴殷植全集』 권4, 176쪽.

비판한다. 문명의 진보와 지식의 발달, 국가경쟁과 민족경쟁을 비롯한 경쟁, 계속되는 전쟁 등 근대유럽문명은 부정적인 것으로 그려진다. "평화재판이니 공법담판" 같은 것은 이름과 달리 약육강식의 세계에서 강자의 도구일 뿐이라고 성토된다.

만국 속으로 들어가는 일은 보편원리로서 중화를 잃는 일이다. 그 중화를 대신하는 것이려면 중화가 하던 역할을 대신하는 것이어야 한다. 가장 큰 역할은 인생의 방향을 제시하는 역할일 것이고, 그 방향은 최고의 선을 향하는 것이어야 한다. 유럽의 근대문명에서 그러한 가치를 찾지 못한 채, 다만 부국강병과 약육강식이라는 짐승의 길로 받아들였다면, 그것은 중화를 대신하는 것일 수 없다. 그러나 중화는 이미 일상의 평화를 줄 수 없는 것이 되었다. 인간의 길이 무너져 내리는 것 같은 위기에서 그들은 어떤 돌파구를 찾는가?

Ⅳ. 박은식의 여정 : 중화를 대신할 것을 찾아서

원하지 않은 시기에 원하지 않은 방식으로 유럽근대의 세력에 항구를 열고 조약을 맺어 통상을 시작한 조선은 어쨌든 그들에 대처하는 방식을 배워야 했다. 그 가운데 특히 '국가'라는 것이 유럽의 경쟁력을 낳은 중요한 요소로 인식되었으며, 과거 중화의 주민들이 배워야 할 새로운 '문화'로 받아들여졌다. 중화의 세계에서 '나라'[國]는 있었지만 나라는 내가 나의 인(仁)을 천하까지 발휘하는 과정의 중간 단계였을 뿐, 배타적인 단체가 아니었다. 그런데 유럽근대문명은 국가가 하나의 운명공동체가 되어 우승열패라는 필사적인 경쟁을 동력으로 진보하는 것으로 보였다. 운명공동체로 느끼는 데 가장 중요한 것은 동일한 민족이라는 것이었으니, '민족국가'는 이제 배우고 고취해야 할 숙제가 되었다.

특히 국권상실의 위기가 현실로 다가온 대한제국에서, 근대유럽의 국민국가는 구성원 모두가 국가의 주인이어서 자발적이고 효율적으로 국가경쟁력이 고양되는 국가형태라고 받아들여졌다. 박은식은 "국가는 인민이 쌓인 것이고 그 백성의 문명이 그 국가의 문명이며 그 백성의 부강이 그 나라의 부강"이라며, 이 나라는 "이 천만 동포가 공유한 나라"라고 인민 한사람 한 사람이 대한제국에 책임이 있다고 역설한다.

> 저들 문명국의 민족은 교육으로 지식을 개발하고 식산으로 세력을 증진하여 오직 타인보다 우월할 것을 도모하고 힘쓰니, 자국정신(自國精神)이 완전하고 공고하여 백절불굴하고 흔들리지 않는다는 효력이 있다. 우리 대한은 교육이 쇠퇴하고 식산이 누추하며 지식이 우매하고 세력이 타락하니, 타인의 능멸과 유린을 어떻게 면할 수 있겠는가. 그러므로 우리 이천만 동포는 자국정신을 가진 인종이라 할 수 없으니, 어찌 슬프고 애통하며 부끄럽지 않겠는가.[31]

박은식은 개인의 '교육'과 '식산'에 의한 실력의 양성을 곧바로 '자국정신'과 연결한다. "문명국"의 부강은 "자국정신"을 소유했기 때문이며, 자국정신의 구체적 발휘는 "오직 타인보다 우월할 것을 도모하여" 지식이든 실력이든 갖추는 것이라고 말하니, 당시를 민족국가 단위로 우승열패의 경쟁을 하는 시대로 파악하고 민족의 실력 양성을 촉구하는 것이다. 대한제국을 망국의 위기에 처하게 한 "우리 한인[韓人類]의 모든

---
[31] 朴殷植, 「大韓精神」, 『대한자강회월보』 제1호, 1906.07.31.

죄악은 안일함과 나태"32) 때문이라고, 경쟁력을 갖추지 못한 것에 대해 "이천만 동포" 모두의 책임을 묻는다. 열악한 경쟁력의 책임을 묻기 이전에 나라가 백성 모두의 것이라고 권리를 인정해준 적도 없고 교육받을 기회가 주어졌던 것도 아니었다. 박은식의 안타까움은 책임을 물으려는 것보다는 그런 방법에 의해서라도 국면을 전환할 수 있기를, 지푸라기라도 잡듯이 바라는 심정에서 나왔을 것이다.

그런데 그런 식으로 각자 인민이 실력을 갖춰 "타인의 능멸과 유린"을 면하고, 나아가 문명국처럼 "타인보다 우월할 것을 도모하자"고 외치지만, 그러한 주장이 자신의 도덕감에 맞는 일은 아니었다. "서양학자의 말에 생존경쟁은 천연(天演)의 이치이고 우승열패는 공례(公例)의 일이라고 하는데, 이 말이 왜 인의도덕에 위배되는 이론이 아니겠는가"33)라며 박은식은 속내를 보인다. 그럼에도 "인의도덕이라는 것도 … 경쟁의 권력이 우월해서 이기는 자는 온전하게 갖고 열등해서 지는 자는 가진 적이 없다"34)고 절망적으로 말한다. 나아가 인간이 되어 "지식을 넓히지 않고 기계를 이용할 줄 모르면 금수일 뿐이니, 남에게 병탄되고 쫓겨나는 것도 당연하다"고 사학힌다.35)

위의 발설이 왜 절망적이고 자학적인가? 진심으로 그렇게 생각한다면 조선의 지난 과거를 모두 부정하는 것이기 때문이다. 성리학은 인의도덕을 모든 인간 활동의 원천으로 설계한 도덕주의이다. 조선은 성리학을 국가이념으로 삼아 인의도덕을 중시해왔는데, 위의 말대로라면

---

32) 朴殷植, 「人民의 生活上 自立으로 國家가 自立을 成홈」, 『서우』 제8호, 1907.07.01.
33) 朴殷植, 「敎育이 不興이면 生存을 不得」, 『서우』 제1호, 1906.12.01.
34) 朴殷植, 「敎育이 不興이면 生存을 不得」, 『서우』 제1호, 1906.12.01.
35) 朴殷植, 「敎育이 不興이면 生存을 不得」, 『서우』 제1호, 1906.12.01.

"지식을 넓히"고 "기계를 이용"하는 일이 뒤떨어지니 오백년 이상 금수로서 요행히 나라를 유지하고 있었던 것이다.

이 발설이 박은식의 본심에서 나온 것은 아니었음은 바로 확인할 수 있다. "인의도덕"까지도 후순위로 미루면서 얻고자 했던 "경쟁의 권력"이 가치가 아님을 박은식은 바로 인정한다. 2~3년 사이에 박은식은 "인의도덕"의 유학으로 다시 눈을 돌린다.[36] 그 이유는 조선이 수렁에서 벗어나기 위해 배워야 하는 근대유럽문명이 명백히 반가치라고 확신했기 때문이다. 1909년 시점에서 그는 "천인합일"의 도인 유학이 동행하지 않는다면 "오로지 공리를 다투어 좇고 사기와 폭력을 사용하여 인도를 멸시하고 천리를 거스르게"[37] 되리라고 우려를 보인다.

그러나 약육강식의 세태에서 독립국으로 생존해야 하는 현실이 달라진 것은 아니다. 박은식이 생각한 것은 근대유럽문명이 가진 실력의 원천으로 보이는 '과학'은 추구하되, '과학'의 길을 가치가 인도하도록 하는 것이다. 박은식은 유학으로 다시 눈을 돌리고 '간이직절'(簡易直截)한 양명학에 주목한다. 그는 양명학의 '사상마련'(事上磨鍊)의 공부법이 마음의 본령을 간직한 채로 견문지 즉 '과학적 지식'의 습득도 가능하게 해주리라 기대했다.[38]

그런데 국가경쟁력의 고양을 염두에 두든, 양명학으로 그 위기를 돌파하려고 하든, 조선 인민을 국가 운명에 책임이 있는 주인으로 인정한

---

[36] 유학과 관련하여 다음의 글들을 발표하였다. 「儒敎求新論」, 『서북학회월보』 제10호, 1909.03.01; 「東洋의 道學源流」, 『서북학회월보』 제16호, 1909.10.01; 「孔夫子誕辰紀念會講演」, 『서북학회월보』 제17호, 1909.11.01; 「王陽明先生實記」, 『少年』 제4년 제2권, 1911.05.15.

[37] 朴殷植, 「東洋의 道學源流」, 『서북학회월보』 제16호, 1909.10.01.

[38] 朴殷植, 「왕양명선생실기」, 『白巖朴殷植全集』 권3, 606~607쪽.

것을 전제한 것인데도, 사회의 가치로 여전히 '인의예지'를 염두에 두고 있음을 엿볼 수 있다. 즉 '지식'을 기반으로 한 개인의 실력 양성을 국가존립의 관건으로 생각하면서도, 그 새로운 인간상에 새로운 가치관이 동반되어야 한다는 데에는 생각이 미치지 못한 것이다.

국권을 상실한 후 박은식은 만주로 근거지를 옮기고 독립운동에 헌신한다. 그곳에서 그는 단군을 민족의 시조로 섬기면서 민족을 강조하는 대종교에도 몸을 담는다.[39] 조선의 독립이 당면의 목표였으며 필요한 것은 민족주의의 발양이었던 상황과 맞물린다. 그 시기 그곳에서 박은식은 중화의 주체였던 중국 역시 "타민족에게 대항하기 위해" "오늘날에는 황제 사천만 자손"이라고 한 목소리로 주장하는 것을 목격한다. 박은식은 세계의 모든 사람이 자기 나라를 존중하는 것을 올바름으로 여기기 때문에 "중국인은 존화양이를 주장"한다고, 중화주의를 중국의 민족주의라고 정리한다. 박은식이 보기에 중국의 민족주의는 잘 발양되고 있었다. 박은식은 그 이유가 중국민족에게 역사정신이 공고하기 때문이라고 생각한다. 역사정신이 공고하기 때문에 중국민족은 때로 다른 민족에게 굴욕을 당해도 종국적으로는 일어나 다른 민족을 눌렀다고 평가한다.[40]

박은식이 보기에 안타까운 민족은 "대동민족"이다. 대동민족은 "세력으로 승리를 도모할 수 없는" 실정인 데다, "종교와 역사적 정신"도 빈약하기 때문에 민족주의의 발양도 기대하기가 어렵다고 진단한다.[41]

---

[39] 그는 망명 후에 대종교에 입교해서 대종교의 핵심간부로 활동한다. 이에 관해서는 박준형, 「백암 박은식의 고조선 인식: 신채호와 비교를 중심으로」, 『한국사학보』 54, 2014 참조.
[40] 朴殷植, 「大東古代史論」, 『白巖朴殷植全集』 권4, 383~384쪽.
[41] 朴殷植, 「大東古代史論」, 『白巖朴殷植全集』 권4, 385쪽.

왜 중국은 역사정신이 공고한데 조선은 그렇지 못한가? '존화양이'가 중국의 민족주의라면, 조선 오백 년 동안 존화양이를 받들었던 조선은 어찌 되는가? 박은식 자신도 직전까지 양명학으로 조선을 구제하려던 터였다. 조선민족주의의 발양이라는 과제를 받아든 박은식은 이제 조선 유학의 역사를 비판해야 했다. 그는 유학을 받들고 중국을 존중하는 조선 유학자들이 "자국의 정신을 소멸"시킨 주범이라고 지목한다.[42] 조선 오백 년 동안 "국민에게 떠받들리고 국민을 죽이고 살리는 권한을 장악했던" "귀족당" "유림파"는 국민을 위한 사상을 계발한 적도 없고 국민의 이익에 이바지한 적도 없으면서, "당송사상의 내용 없는 문장과 내용 없는 형식"에 빠져서 "그 독을 퍼뜨려 일반사회의 기풍을 소진"시킨 대죄를 지었다고 단죄한다.[43]

조선의 세계관이었으며 조선의 역사였고, 그리하여 조선의 유산인 유학이 민족주의의 자양분이 될 수 없는 것이라면, 박은식은 어떻게 민족주의를 고취하면서 현실을 돌파해 나가야 하는가? 나아가 유학이 지원해주던 '인의도덕'의 도덕은 무엇으로 대체해야 하는가?

그런데 민족주의를 고양하면서 현실을 돌파해 나가는 것이 어려운 것은 우승열패의 전쟁터에서 자강을 외치는 것이 어려웠던 사정과 다르지 않았다. 조선의 민족주의를 발양하는 것이 정당하다면 중국의 자국의식도 비판할 수 없고, 유럽 제국의 자국의식도 비판할 수 없었다. 여전히 약육강식만 남을 뿐이다. 즉 여전히 "인의예지가 아"닌 생존경쟁에서 벗어날 수 없었다.

여전히 실력으로 난국을 돌파할 수 없고, 도덕적으로도 스스로가 당

---

[42] 朴殷植, 「몽배금태조」, 『白巖朴殷植全集』 권4, 182쪽.
[43] 朴殷植, 「천개소문전」, 『白巖朴殷植全集』 권4, 341쪽.

당할 수 없었던 상황에서 박은식은 어떻게 앞날을 열어가는가? 이 시기 박은식이 민족주의를 고취하기 위해 지은 민족 영웅들의 이야기, 즉 「몽배금태조」(夢拜金太祖), 「천개소문전」(泉蓋蘇文傳), 「명림답부전」(明臨答夫傳) 등에서 그에 대한 박은식의 답을 엿볼 수 있다.

이 이야기들은 심상한 민족주의 이야기가 아니다. 특히 금나라 시조인 금태조가 주인공으로 등장하는 「몽배금태조」는 의미심장하다. 금태조는 중화의 시각에서 보면 오랑캐이다. 금태조는 이 글에서 단군의 후손이며 조선민족의 조상으로 등장한다. 금태조는 중화라는 이념을 냉정하게 바라볼 수 있는 이방인이며, 실력으로 중화를 제압한 능력자였다. 단순히 보면 민족주의를 고취하기 위해 등장시킨 인물 같지만, 금태조의 입에서 나오는 말은 민족주의를 넘어선다.

> 하늘의 도[天道]와 신의 이치[神理]는 오로지 진정한 성실함[眞誠]일 뿐이므로, 사람의 마음가짐과 행동이 진정한 성실함에서 나와야 하늘의 도움과 신의 도움을 얻는다. 진정한 성실함으로 선을 행하는 자는 영욕화복(榮辱禍福)의 관념이 없다. 만약 영욕화복의 관념으로 선을 행하면 이는 위선이므로 하늘이 이를 미워하고 신이 이를 싫어하니, 어찌 번영과 복을 주겠는가.[44]

금태조가 이러한 생각을 갖고 있다면, 가령 조선의 독립과 같은 구체적인 목적을 가지고 행위하는 것을 옹호하지는 않을 것이다. 동양에서 "하늘의 도"로 불렸든 서양에서 "신의 이치"로 불렸든, 금태조는 최상의 가치를 상정하고 있다. 그러한 가치를 추구하는 자는 그에 다가가는

---

[44] 朴殷植, 「몽배금태조」, 『白巖朴殷植全集』 권4, 174쪽.

"진실한 성실함"으로 모든 일에 임할 뿐, "영욕화복의 관념"을 가지고 즉 결과를 목적으로 하여 행위하지 않을 것이다.

이 픽션은 금태조와 '무치생'(無恥生)이라는 조선인의 문답으로 구성된다. 무치생은 국권회복과 민족주의라는 당면의 과제로 고투하고 있는 박은식의 페르소나로 보인다. 그에 비해 금태조는 현실을 벗어나 더 멀리 볼 수 있는 사람이며, 궁극적 가치를 알고 있는 사람이다. 박은식은 그를 민족적 자존심의 상징으로서 뿐만 아니라 참된 가치를 알고 있는 사람으로 그려놓는다. 이 책을 비롯해 이 시기의 민족영웅전에서 박은식은 현실의 민족주의와 그 이상의 가치를 어떻게 공존시킬지 고민한다. 가령 금태조는 두 차원에서 이루어지는 인간의 노력에 대해 말한다.

> 하늘의 도는 모든 중생을 아울러 낳고 아울러 길러, 상호 두텁게 하고 박하게 하는 것의 차별이 없으니, 도덕가는 이를 바탕으로 삼아 만물일체의 인을 발휘하고 이를 미루어 행하여 천하의 경쟁을 그치게 하는 것으로 구세주의를 삼았다. 그러나 하늘이 만물을 낳아 모두 함께 길러 서로 피해가 없게 한 것이지만, 그 존재[物]가 스스로 커나갈 힘이 있는 자는 생존을 얻을 것이요, 그렇지 못하면 생존을 얻지 못할 것이다.[45]

조선이 "스스로 커나갈 힘이 있"다면 조선은 "생존을 얻을 것"이다. 그렇지 못할 수도 있다. 그러나 박은식과 같은 망국의 유민이 하루하루를 충실하게 국권의 회복을 위해 노력하는 것을 "영욕화복(榮辱禍福)의 관념" 없이 "진정한 성실함"으로 실천한다면, 그것은 "스스로 커나갈

---
[45] 박은식, 「몽배금태조」, 『白巖朴殷植全集』 권4, 176쪽.

힘"을 기르는 것이면서 동시에 "만물일체의 인"을 발휘하는 일이 될 수 있을 것이다.

또한 이 세상이 힘만이 지배하는 세상이 아닌 것은 "하늘의 도"가 있기 때문이다. 박은식은 제국주의의 강권주의가 인류를 전쟁의 도가니로 몰아넣은 불행이 극에 달했으므로 평등주의가 도래할 것이라고 기대한다. "대동민족"은 이 불행한 현실에서 특히 "극심한 압력을 받"고 있으므로, "장래에 평화주의의 기치를 높이 들고 세계를 호령할 자가 바로 우리 대동민족"46)이라고, 민족을 이야기하면서 동시에 인류의 평화를 지향한다.

「명림답부전」은 "4천년 역사에서 자주독립의 자격이 가장 완전하여 신성한 가치가 있는 시대"인 고구려의 "영웅호걸과 인인군자의 자격을 합하여 완전무결한 사람"47)인 '명림답부'를 다루고 있다는 점에서, 더욱 민족주의 지향을 가진 작품이라 할 수 있다. 그러나 단순히 민족주의적 지향을 다룬 것이 아니라는 점은 다음을 보면 분명하다.

> 우리가 금일에 이르러 고구려 역사를 숭배하고 기념하어 우리의 인(仁)과 우리의 법신(法身)과 우리의 곡신(谷神)과 우리의 영혼(靈魂)이 이 세상에 부활하여 인류자격에 참여할 것이다. 만일 이 인과 이 법신과 이 곡신과 이 영혼이 전몰하고 다만 사대육신이나 세상에 기대고 있어 배고프면 먹을 줄이나 알고 목마르면 마실 줄이나 알뿐이면, 우리 민족이 설사 비상히 증식되어 2억만이 될지라도 다만 2억만의 금수종자가 증가하는 것이니 타민족의 식료품이나 더욱 바칠 뿐인 것이다.48)

---

46) 박은식, 「몽배금태조」, 『白巖朴殷植全集』 권4, 213쪽.
47) 박은식, 「명림답부전」, 『白巖朴殷植全集』 권4, 273쪽.
48) 박은식, 「명림답부전」, 『白巖朴殷植全集』 권4, 267쪽.

박은식이 당장 헌신해야 할 일은 조국의 독립이지만, 그것만으로는 도덕적 존재로서 살고 있다는 충족감을 갖기는 어려웠다. 천과의 합일이라는 삶의 지표를 제시해주던 천하는 이미 잃었다. 만국이 병립해 있는 우승열패의 세계에서 조국에 헌신하는 일을 하고 있었지만, 그 일은 지고의 가치를 추구하는 일은 아니었다. 박은식은 조선민족이 인이든 법신이든 곡신이든 또는 영혼이든, 이 세상 어디에서나 가장 고귀한 가치를 추구하는 자격있는 '인류'가 되기를 바란다.

박은식은 국권의 회복을 위한 노력과 진정한 가치를 추구하는 길이 양립할 수 있는지 지속적으로 모색한다. 그리하여 그것이 평화를 위한 국권회복이며, 인류자격에 참여하기 위해 최고선을 지향하는 것이라는 결론을 얻는다. 국권의 회복이라는 의심할 수 없는 과제가 눈앞에 있지만, 그것만으로 살 수 없었던 것이다. 지고의 가치가 무엇인지는 다시 정리될 수 있으나, 그것이 무엇이든 설정되지 않으면 가장 긴박한 현실도 그대로 살아내기 어려웠던 것이다.

V. 량치차오의 여정 : 중화의 부활 혹은 건재

량치차오도 박은식처럼 민족주의와 최고선 사이의 괴리를 알아채고 그것의 양립을 위해 고민했을까? 그리하여 새로운 보편원리, 새로운 최고선을 찾아 나섰을까?

량치차오는 무술변법 전까지 스승 캉유웨이의 그늘에 있었다. 천인합일을 꿈꾸는 자존감 강한 유학자였던 캉유웨이는 생존이라는 현실의 과제를 위해 타인을 적대하고 경쟁에 종사해야 하는 자신을 용납하기 어려웠다. 캉유웨이의 다음의 말은 "나라라는 문화"[國文]가 그의 도덕감에 얼마나 위협적인 것인지 보여준다.

> 일단 나라(國)라는 문화가 생기자 저절로 경계가 생기고 그 해독은 극단적으로 크다. 사람으로 하여금 영원히 경쟁심을 갖게 하여 화목하지 못하게 하고, 영원히 사심(私心)을 갖게 하여 공적(公的)으로 되지 못하게 하였다. … 각 나라로 나뉘어 각각 존재하게 하고 각각의 나라에 사적(私的)으로 종사하게 되는 일은 현자도 면할 수 없는 일이다. 참으로 어떻게 할 수 없는 시세(時勢)이다.[49]

지금은 "시세"에 의해 국가 간 "전쟁을 갑자기 그치는 것은 불가능"하지만 "공리"의 관점에서는 모든 경쟁과 억압이 사라지는 "대동"에 도달할 것이라고, 캉유웨이는 경쟁에 종사하는 현실의 자신과 '공리'를 실현하는 도덕적 이상가로서 자신을 양립시킨다.[50] 그의 삼세설은 생존을 걸고 경쟁해야 하는 쓰라린 현실은 대동세라는 최고선을 향한 일시적인 난세일 뿐이라고 위로해주는 역할을 한 것이다.[51]

일본에 와서 견문을 넓힌 량치차오는 캉유웨이가 명분으로 내세운 대동주의 즉 "세계주의"가 중국이 가야 할 길이 아님을 깨닫는다. 당시는 "민족주의"의 시대였고 나아가 "민족제국주의"의 시대였다.[52] 그는 자신이 과거에는 "세계주의"를 "청담"했다고 자아비판 하면서,[53] 노골

---

49) 康有爲, 『大同書』, 乙部, 제4장; 錢定安校訂, 『大同書』, 中華書局, 1935, 121쪽.
50) 康有爲, 『大同書』, 乙部, 제1장; 錢定安校訂, 『大同書』, 103쪽.
51) 이에 대해서는 이혜경, 「제5장 강유위: 새로운 보편원리로서 대동세」, 『천하관과 근대화론: 량치차오를 중심으로』, 문학과지성사, 2002, 126~151쪽 참조.
52) 梁啓超, 「新民說/第二節 論新爲今日中國第一急務」, 『新民叢報』 제1호, 1902.02.08; 이혜경 주해, 『신민설』, 서울대학교출판문화원, 2014, 43~59쪽.
53) 梁啓超, 「自由書/答客難」, 『淸議報』 33, 1899.12.33; 『飮冰室專集』 2, 39쪽.

적으로 캉유웨이의 "세계주의"로는 "이 경쟁 세계에서 이길 수 있도록 국민을 단련할 수 없다"54)고 비판한다.

그리하여 일본에 망명한 직후 몇 년 동안 량치차오의 활동은 '국가주의'를 발양하는 일에 집중된다. 그가 바라본 근대세계는 국가가 단위가 되어 '자유'와 '평등'이라는 가치를 성취하기 위해 강자가 되어야 하는 세상이었다. 그는 천부인권을 부정하면서, "세계에는 강권이 있을 뿐 그밖에 다른 힘은 없다"55)며 다음과 같이 말한다.

> 강자가 언제나 약자를 제어하는 일은 참으로 진화의 최대 공리이다. 그리하여 자유권을 얻으려고 한다면 스스로 강자가 되는 길 외에 다른 방법은 없다. 자기 한사람을 자유롭게 하려 한다면 자신을 강하게 해야 하며 한 나라를 자유롭게 하려 한다면 먼저 그 나라를 강하게 해야만 한다.56)

캉유웨이가 괴로워했듯이 "강자"가 되기 위해 "약자를 제어하"려는 노력은 적어도 유학의 도덕관으로 볼 때 떳떳할 수 없다. 그 일이 떳떳하지 않았기 때문에 캉유웨이는 실제로 '대동세'의 실현을 위해 노력하지도 않으면서도57) '대동세'를 필요로 했다. 만약 량치차오가 여전히 유학자의 심성을 갖고 있다면, 자각적으로 부도덕한 일을 하는 것이다. 아니면 량치차오는 유학자임을 그만두었는가? 그렇다면 그는 어떤 새로운 가치관을 받아들였는가?

량치차오는 이 시기 『신민설』을 연재하면서 민족주의의 시대에 처

---

54) 梁啓超,「南海康先生傳」,『清議報』100, 1901.12.21;『飮冰室文集』6, 66쪽.
55) 梁啓超,「自由書/論强權」,『清議報』31, 1899.10.25;『飮冰室專集』2, 31쪽.
56) 梁啓超,「自由書/論强權」,『清議報』31, 1899.10.25;『飮冰室專集』2, 31쪽.
57) 이혜경,「제5장 강유위: 새로운 보편원리로서 대동세」,『천하관과 근대화론: 량치차오를 중심으로』, 문학과지성사, 2002, 126~151쪽 참조.

해 나라를 보존하고 나아가 민족제국주의로의 진화를 주도하기 위해 중국인 각자가 "새로운 백성"[新民]이 되어 스스로 나라를 책임지자고, 중국인 개개인에게 호소했다. 그런데 그가 '신민'이 되기 위해 바꿔야 한다고 한 대상은 '도덕'이었다. 그가 그 시점에서 중국인에게 요구한 도덕은 '국가'의 생존과 번영에 이바지해야 하는 '의무'를 자각하고 그 의무를 다하기 위해 갖춰야 할 '덕'(德)이었다. "국가사상"을 위시하여 "자유," "자치," "진보," "자존", "의무사상," "상무(尙武)" 등이 량치차오가 『신민설』에서 중국인민들이 가져야 한다고 촉구한 것인데, 이 모든 것들은 덕 가운데 "공덕"(公德) 안에 포괄되는 세목이었다. 량치차오는 "홀로 자신을 선하게 하는" '사덕'(私德)과 대비시켜 '공덕'은 "사회를 좋게 하는 것"이라고 설명했다.58) "한두 사람의 영웅에 의해서가 아니라" "민족 전체의 힘"으로 웅비해야 하는 민족국가의 건설이 중국인 개개인의 '덕'에 달려있다고 주장한 것이다.

정치참여의 자격을 도덕적인 자질에서 구하는 것은 유학의 도덕주의 구상이다. 이 시기 량치차오는 유학은 9할이 사덕이라며 '국가주의'의 고취에 무기력하다고 폄하했다. 그러한 상황에서도 그는 정치참여의 자격으로 덕을 요구한 것이다. 윤리와 정치를 분리해서 생각한 적이 없다는 점에서 량치차오는 시종 유학자였다. 실제로 그가 '공덕'의 발양을 촉구하면서 '사덕' 중심이라고 유학을 폄하한 시간은 2년이 채 되지 않았으며, 그는 곧 이기심을 억제하는 효용을 높이 사며 유학과 사덕을 재평가한다.59)

---

58) 梁啓超, 「新民說/ 第五節 論公德」, 『新民叢報』 3, 1902.03.10; 이혜경 주해, 『신민설』, 86쪽.
59) 이혜경, 『천하관과 근대화론: 량치차오를 중심으로』, 2002, 222~228쪽 참조.

그가 윤리와 정치를 분리해서 생각한 적이 없는 사람이라면 국가주의의 고취는 그의 도덕감에 어떤 갈등도 유발하지 않았는가? 일단 글로 표현된 것은 발견할 수 없다. 그런데 그가 국가주의와 도덕을 다루는 데에는 일정한 패턴이 있다.

"나라라는 문화"가 유학적 도덕감에 저촉되는 가장 큰 이유는 적대감과 전쟁 때문이다. 량치차오가 신민의 덕으로 촉구하는 핵심 내용 역시 경쟁력이었다. 당시 크고 작은 전쟁은 일상사였다. 량치차오는 외국과의 전쟁에 지고 정복까지 당하게 되면 국민들의 본성이 낙후하지만, 이기고 정복하게 되면 국민성은 공명심, 적개심, 자각심 등의 좋은 방향으로 변한다고 주장하면서, "스스로 정복자가 되면 전쟁을 한 번 할 때마다 민덕은 한층 높아진다"[60]고 말한다. 유학적 시각에서 보면 도덕적으로 정당화되기 어려운 전쟁을 논하면서 '덕'을 기준으로 평가하고, 나아가 승리는 "민덕"을 고양시킨다고 긍정하는 것이다.

전쟁은 외국과의 전쟁만 있는 것이 아니다. 그는 전쟁을 "외국전쟁"(外國戰爭)과 "본국내란"(本國內亂)으로 나눈다. '외국전쟁'에 대해서는 위와 같이 민덕의 고양 기회로 받아들이는데, '본국내란'에 대해서는 다른 시각을 보여준다. 그에 의하면, "내란은 가장 상서롭지 않은 것"이다. '외국전쟁'과 달리 "내란의 영향에 대해서는 승패를 따지지 않는"데 그 이유는 "승리와 패배가 모두 그 민족에게 있기 때문이다." "내란이 빈번하게 일어나는 나라"에는 "뛰어나고 아름답고 순결한 백성이 없다"고[61] 량치차오는 시종일관 민덕의 차원에서 내란을 논한다.

---

[60] 梁啓超,「新民說/ 第十七節 論私德」,『新民叢報』38·39合號, 1903.10.04; 이혜경 주해,『신민설』, 518쪽.
[61] 梁啓超,「新民說/ 第十七節 論私德」,『新民叢報』38·39合號, 1903.10.04; 이혜경 주해,『신민설』, 516~518쪽.

중국의 내부를 향해서는 예전의 유학자처럼 한가족이라고 얘기하고, 외부는 중국과 생존을 걸고 다투는 경쟁자로 대하는 차이도 있지만, '민덕'에 유리하고 불리함으로 사태를 평가하는 것은 일관된다. 국가 간 경쟁의 시대이므로 국가를 경계로 안과 밖을 나누어, 국가가 한 덩어리가 되어 외부에 적개심을 발휘하자고 하는 것이다. 적개심은 국가주의를 모토로 할 때 평가될 수 있는 심성일 수는 있어도, 유학적 가치관에서는 평가될 수 없는 심성이다. 더욱이 사람이 갖는 선한 자질을 의미하는 덕이 될 수는 없다. "민덕에 유리"하다는 말은 논리적으로 공존할 수 없는 모순의 동거이며, 이는 당시 량치차오 주장의 성격을 단적으로 보여준다.

량치차오는 적개심까지 덕으로 포장하면서 내면의 갈등이 없었는가? 제2절에서 인용했던 량치차오의 말을 보면, 당시 캉여우웨의 영향하이기는 했지만, 국가와 관계된 일을 '사적'인 것으로 인식하고 있기도 했다. 그러나 량치차오는 그러한 인식을 더 이상 겉으로 드러내지 않는다. 량치차오의 대사회적 주장이 국가주의였든 세계주의였든, 개인으로서 량치차오가 도덕감의 변화를 경험한 것으로 보이지 않는다. 그에게는 중국의 안위와 번영이 가치의 중심이었고, 자기 개인의 영화를 뒤로 하고 중국을 위해 헌신했다는 점에서 '사적'(私的)인 적이 없었다고 자부할 수 있을 것이다. 그는 자신이 '사적'이지 않다는 점만에 주목하며, '중화'가 담지하는 '공'이 어떤 것인지는 예민하게 반성하지 않았을 가능성이 크다.

량치차오가 유학이 보편주의를 표방한다는 것을 잊지 않고 있었다는 것은 제1차 세계대전 후, 유럽문명에 대해 과대평가하며 국가주의에 경도되었던 자신의 과거를 반성하고,[62] 다시 미래를 전망하면서 유학을 평가하는 것을 보면 확인할 수 있다. 량치차오는 전쟁 후 세계가 나아갈 방향은 세계주의, 평민주의, 사회주의라고 전망했다. 나아가 중국에서는 이미 선진시대부터 독자적으로 세계주의, 평민주의, 사회주의가 싹트고 꽃피고 무르익어왔으며, 특히 유학이 그러한 특징을 가진 중국 사상의 대표라고 내세웠다.63) 나아가 "화이사상"은 경계가 고정된 것이 아니라 유동적인 것으로 이족을 형제처럼 대하는 "사해일가 만인평등"의 사상이라고 강조했다.64)

실제로 중국이 중화의 중심으로서 보편주의의 실현을 표방하고 있었을 때도 있었겠지만, 또한 종족의 위기 앞에서 종족주의를 표방할 때로 적지 않았다. 역사적으로 중화주의는 종족주의와 문화주의를 오가며, 북방의 이민족에게 위협받을 때는 종족주의를 강조하며 내부의 단결을 꾀했고, 군사력이 받쳐줄 때는 문화주의를 내세우며 외부로 팽창했다.65) 그런데 문화주의적 보편주의를 표방할 때이든 종족주의를 표방할 때이든 중화의 중심에서 한족이 바라보는 실체적 '중국'은 달라지지 않는다.

또한 만물일체를 꿈꾼다고 표방하지만, 그것은 완전한 상태의 본성을 회복한 자만이 실천할 수 있는 일이다. 인간의 현실적 한계로 완전한 본성의 실현은 늘 이상으로 남아있다. 현실의 부족함은 노력중이라는 말로 용납된다. 그리하여 현실에서는 민족을 위해 애써도, 꼭 캉유웨이처럼 삼세설에 의지하지 않더라도, 세계를 향한 마음이 멈춰있거

---

62) 이혜경, 『천하관과 근대화론: 량치차오를 중심으로』, 289~291쪽.
63) 梁啓超, 『先秦政治思想史』, 1922; 『飮冰室專集』 50, 1~2쪽.
64) 梁啓超, 『先秦政治思想史』, 『飮冰室專集』 50, 42쪽.
65) 중화주의의 전변에 관해서는 이혜경, 「淸人이 만난 두 '보편'문명 : 中華와 civilization」, 『철학사상』 32, 2009 참조.

나 닫혀있는 것은 아니라는 합리화가 가능하다. 의식적으로 합리화하려는 노력을 하지 않더라도, 유학적인 사고방식에 익숙한 사람이라면 무의식적으로 이루어지는 합리화도 가능하리라고 짐작한다.

Ⅵ. 맺는 말 : 중화의 중심과 주변의 차이

중화주의만 문화주의와 종족주의를 편의상 오갔던 것이 아니다. 근대유럽의 '문명' 또한 인류의 개혁과 발전이라는 보편주의를 표방하며 문명은 시차를 두고 전 세계에 퍼질 것이라고 주장했지만, 그 한편에서 야만을 전제하며 인종주의, 풍토이론 등을 동원하여 인류를 계층화했다.

보편주의는 형식적 이념으로 성립할 수 있지만, 진정한 보편으로 만드는 데에는 실천이 동반되어야 한다. 그 맥락에서 이매뉴얼 월러스틴(Immanuel Wallerstein, 1930~2019)은 근대유럽이 타자에게 특수성을 부여하며 자처했던 보편성을 역사화하고 "참된 보편주의"를 찾아 나가자고 말한다. 그는 우리가 연구하고 있는 현실을 지속적으로 "더 큰 맥락, 즉 그 현실이 자리 잡아 작동하는 역사적 구조 속에 위치시키"는 방법을 제안한다.[66]

종족주의와 문화주의를 편의적으로 오가는 것이 자연스러운 습성처럼 된 중국인들은 그 둘이 다른 성격의 중화주의라고 반성한 적이 있을까? 실제로는 중화가 언제나 '중국'이기 때문에 그들이 그 사이의 괴

---

66) Immanuel Wallerstein, *European Universalism: The Rhetoric of Power*, 2006, trans. by 김재오, 『유럽적 보편주의: 권력의 레토릭』, 창비, 2008, 137~143쪽.

리를 느끼기는 어려우리라 생각된다. 량치차오에게도 확인하듯이 이들에게 중요한 것은 '공'이 얼마나 진정한 보편인가 하는 것보다, 어떻게 '사'에 빠지지 않는가인 것처럼 보인다. 사적인 마음, 개인적인 이기심이 아니라면, 자신의 헌신이 중국에게 바쳐지든 보편에게 바쳐지든 차이를 느끼지 못한 것이다. 그러면서도 실질이 어떤 것인가는 젖혀둔 채, 끊임없이 공자와 중화를 물고 늘어지는 것을 보면, 의식적이든 무의식적이든, 그리고 어떤 의도에서든 '보편'이 필요하다는 것은 인지하고 있는 것이다.

중화의 주변인 조선인들에게 중화주의는 문화주의이고 보편주의이어야만 자신이 내부로 들어갈 수 있었기 때문에, 그것은 늘 보편이어야 했다. 그렇기 때문에 그것이 중국민족주의로 작동할 때, 예민하게 알아야만 했다. 량치차오는 중화의 중심에 있었기 때문에 민족주의에 봉사하면서도 보편적 가치를 가슴에 품고 있는 사람이라는 자처가 가능했지만, 박은식은 수백 년 동안 자신을 포함한 조선인에게 보편원리의 역할을 했던 유학을 남의 것으로 보내야만 했다. 그리하여 량치차오가 태연하게 중화의 보편주의와 종족주의를 오갈 때, 박은식은 새로운 최고선, 새로운 보편원리를 찾아 나서야 했다. 박은식이 다른 방면에서 갈파했듯이 특히 "극심한 압력을 받"고 있는 불행한 민족이기 때문에, 오히려 예민하게 최고선을 찾으며, 그럼으로써 "장래에 평화주의의 기치를 높이 들고 세계를 호령할 자"[67]가 되는 길을 열어가려고 했다.

천하가 무너진다는 것은 삶의 지표였던 최고선이 무너지는 것이었다. 박은식은 삶의 지표였던 유학적 세계관을 잃고 명실이 일치하는

---

[67] 朴殷植,「몽배금태조」,『白巖朴殷植全集』권4, 213쪽.

보편원리를 찾아 나선다. 그 보편원리가 일상의 윤리에서 어떻게 작동하는지는 박은식의 그 이후뿐 아니라 조선-한국인의 그 이후를 추적해야 할 일이다. 다만, 일상의 윤리에서 변화를 인지하기 전에 보편원리에서 변화를 인지하고 새로운 보편원리를 찾아 나서는 상황은 한국에서의 독특한 조건으로 작용할 듯하다. 이에 대한 탐구는 앞으로의 과제이다.

사대부(士大夫)에서
지식인(intelligentsia)으로
유교와 신분제도의 관계를 바라보는
다양한 입장을 중심으로

이주강

사대부(士大夫)에서 지식인(intelligentsia)으로
-유교와 신분제도의 관계를 바라보는 다양한 입장을 중심으로

Ⅰ. 들어가는 말

1876년 개항 이후 한반도의 근현대사는 타사의 문물을 수입하면서도 동시에 타자의 사상과 다양한 방식으로 관계하는 과정의 연속이었다. 혹자는 이를 "야누스적 타자와 마주서기: 수용과 저항 사이"라는 말로 표현했다.[1] 한편 제국주의로 수렴되는 타자의 사상과 타자의 문물을 구분해서 서도(西道)와 서기(西器)로 표현하는 학자 또한 적지 않았다. 이는 결코 추상적인 논의가 아니었으며, 조선의 근현대를 살았던 모든 이들은 이와 같은 부조리함을 어느 정도 인식하며 살고 있었다.

---
[1] 박정심, 『한국 근대사상사』, 천년의상상, 2016, 47쪽.

구체적인 예를 들어 살펴보자. 전차와 기차 등 근대적 운송수단은 개화기 조선인의 삶의 양태 자체를 완전히 바꾸어놓았다. 1905년 1월 경부선이 개통된 뒤, 산악지형의 발달로 인해 주로 수로교통에 의지하던 교통망은 육상교통으로 개편되었고, 내륙 상권들이 철도역을 보유한 도시 중심으로 재편되었다. 남녀가 같은 의자에 앉게 됨에 따라 "기차 놈, 빠르기는 하다마는 내외법을 모르는 상놈이구나!"라는 말이 생겨났으며, 대중교통을 이용한 통학·통근이 일상화됨에 따라 '교통지옥'이나 '러시아워'라는 말이 유행하기 시작했다. 통학 열차에서 한데 뒤섞인 남녀 학생들의 '풍기문란'으로 인해 남학생 칸과 여학생 칸을 조선총독부가 강제로 구분하는 사태가 벌어졌으며, 계절에 따라 관광명소를 방문할 수 있도록 임시열차가 운행되기도 하였다.[2] 이와 같은 좌충우돌의 근대 풍경은 삶에 지친 21세기 대중들의 흥미와 미소를 자아내며, 근대화의 명암(明暗) 중 명(明)에 해당하는 순기능을 엿볼 수 있게도 한다.

반면에, 한반도에서 철도는 일본 제국주의가 한국을 지배하는 파이프라인이기도 했다. 조선의 식량이나 원료 및 노동력을 수탈하는 역할을 담당했다는 점에서, 조선의 철도는 식민지형 철도의 전형이었다. 철도의 부설은 물론 철도역의 선정 과정 등에서도 일제의 폭력이 공공연하게 개입되었으며, 조선의 의병부대는 수시로 기차 정거장을 급습함으로써 그들의 불만을 표출했다.[3] 이는 근대화의 명암(明暗) 중 암(暗)에 해당하는 역기능을 잘 보여주는 사례라 할 수 있다.

본 논문은 개항(1876)에서 청일전쟁(1894) 전후에 이르는 19세기 후반

---

[2] 송찬섭 외(外), 『근대로의 전환』, 한국방송통신대학교출판문화원, 2018, 18~22쪽.
[3] 위의 책, 24~30쪽.

조선 지식계의 사상적 변화를 대표적 인물을 중심으로 더듬어가는 것을 목표로 한다. 한국 근현대사에 대한 기존의 연구물은 적지 않으며, 본 연구물은 그와 같은 선행업적들에 크게 힘입고 있다. 필자는 주로 박규수와 같은 개화파의 시조 및 유길준과 같은 문명개화론자의 사상적 입장을 살펴보고자 한다.

그러면 본격적인 논의에 들어가기에 앞서 논의의 전개에 필요한 개념 정의 및 논문 전체의 얼개 그리고 대략적 내용에 대해 설명하고자 한다.

본 논문의 대주제는 '근대 전환기, 인문학의 메타모포시스'이다. 로마의 저술가 오비디우스의 저술 제목으로 더욱 유명한 metamorphósis는 '변신', 또는 '변형'이라는 의미이다. 메타모포시스의 최종결과는 매우 다채로운 양상으로 드러난다. 조선 3대 천재 가운데 한 명으로 불렸던 이광수(李光洙, 1892~1950)의 경우처럼 '변절'이 될 수 있는 반면에, 톨스토이의 마지막 장편소설 『부활』의 주인공 네흘류도프의 경우처럼 '진리로 거듭남'이 될 수도 있다. 사회진화론의 무게를 감당하지 못해 변절한 윤치호(尹致昊, 1865~1945)의 경우가 될 수도 있고, 한때 사회진화론을 받아들였다가 거부한 뒤 삼균주의로 나아간 조소앙(趙素昻, 1887~1958)의 경우가 될 수도 있다.[4]

한편 '사대부에서 지식인으로'라는 본 논문의 중주제는 우리에게 사대부와 지식인의 개념 정의를 요구한다. 구체적으로 말하자면, 사대부는 '전통적, 봉건적, 유교적' 식자층인 반면에, 지식인은 '근대적, 탈봉건적, 서구적' 식자층을 뜻한다. 그런데 '전통적 사대부'와 '근대적 지식인'

---

4) 박노자, 『우승열패의 신화』, 한겨레신문사, 2005 참조.

의 구분은 실상 매우 까다로운 문제이다. 예컨대 박규수(朴珪壽, 1807~1877)·신헌(申櫶, 1810~1884)·강위(姜瑋, 1820~1884) 등 여러 사대부들은 서구 문물에 관심을 보이고 그의 수용에도 적극적이었지만, 그럼에도 불구하고 통상적으로 근대적 지식인이라 불리지 않는다.

본 논문은 사대부의 개념 연구를 목표로 하지 않으므로, 본문에서 사용될 사대부 개념만을 이덕무의 선행연구로부터 빌려오고자 한다. 이덕무에 따르면, "사대부(士大夫)는 시대와 장소에 따라 서로 다른 의미로 쓰였다. 가령 중국의 천추전국시대에는 사(士)와 대부(大夫)가 각기 다른 위계의 관직을 의미했다. 반면에 송(宋)대에는 문·무 관료 집단뿐만 아니라, 유교교양을 갖춘 독서인까지 사대부의 범주에 속했다. 한편 고려 말에 등장한 신진사대부들은 유교적 소양을 갖춘 학자적 관료들이었다. 그러나 조선 후기에 이르러서는 송대와 마찬가지로, 현직에 있거나 퇴직한 문·무 관료뿐만 아니라, 포의(布衣)의 독서인까지 사대부의 범주에 포함되었다."[5)]

본 연구는 19세기 후반 조선을 시대적 배경으로 삼고 있다. 여기서 말하는 '사대부'란 유교적 가치를 고수했던 '전통적 식자층'을 주로 지칭한다. 그리고 '사대부'에는 동도동기(東道東氣)를 고집한 위정척사파는 물론이요, 근대 문물에 개방적인 자세를 보였던 동도서기론자 또한 포함된다. 마지막으로 19세기 중반 이후 사(士)라는 문자로 대표되는 사대부는 계층이나 직위라는 의미보다는 유교적 도덕군자의 의미가 강하다는 점을 덧붙여야겠다. 향후 살펴볼 바와 같이, 박규수나 유길준이 말했던 사(士)는 단순히 경전에 해박한 교양인이 아니었다.

---

5) 이덕무, 「사대부란 무엇인가」, 『선비문화』 vol.13, 남명학연구원, 2008, 5쪽 참조.

반면에 '지식인'이란 문명개화론과 사회진화론에 친화적이었던 '근대적 식자층'을 지칭한다. 예컨대 김옥균(金玉均, 1851~1894)과 같은 인물은 과거 시험에 합격한 전통적 사대부로 출발했다가, 후쿠자와 유키치(福澤諭吉, 1835~1901)의 문명개화론을 수용한 근대적 지식인으로 메타모르포시스한 경우이다. 한 마디로 말해, 본 논문에서 전통적 사대부와 근대적 지식인의 차이는 유교[東道]를 서도[西道]의 우위에 놓느냐의 여부로 판가름된다.

마지막으로 본 논문은 19세기 후반 근대 전환기 조선 지식계의 변모를 '신분제도'와 '유교'의 관계 속에서 살펴보는 것을 세부 목표로 한다.

일찍이 신용하는 "사회사학의 관점에서 보면 전근대사회의 골간을 이루고 있는 것은 사회신분제도이다. 따라서 사회사적 관점에서 전근대와 근대를 구분하고 전근대사회로부터 근대사회로 이행하는 변혁적 계기와 전환점을 만드는 것은 사회신분제의 폐지라고 할 수 있다."고 말했다.[6] 이를 통해서 볼 때, 신분제도에 대한 입장은 근대와 전근대를 구분하는 주요 잣대 가운데 하나로 기능할 수 있음을 알 수 있다. 또한 후쿠자와 위정척사파의 예에서도 볼 수 있듯이, 신분제도와 유교는 유교문명이라는 범주 아래 하나로 묶여 일괄 보존 또는 폐기의 대상으로 간주되기도 했다. 김도형이 적절히 지적했듯이, 외세를 막아내는 저항적·배외적 성격에서 근대화·문명화를 추진하는 쪽으로 조선 식자층의 무게중심이 옮겨가는 과정 속에서 언제나 유교는 핵심적인 문제였다.[7]

---

[6] 신용하, 「1894년의 社會身分制의 廢止」, 『규장각』 vol.9, 서울대학교 규장각 한국학연구원, 1986, 49쪽.
[7] 김도형, 『근대 한국의 문명전환과 개혁론』, 지식산업사, 2014, 24쪽.

그러면 향후 내용의 이해를 돕기 위해, 서론 격에 해당하는 1장에서 결론을 선취·요약하고자 한다.

김옥균이나 유길준(俞吉濬, 1856~1914)을 비롯한 조선의 대표적 근대 지식인들은 대내적으로는 북학파를 계승한 박규수·오경석(吳慶錫, 1831~1879)·유홍기(劉鴻基, 1831~?)로부터, 그리고 대외적으로는 일본의 후쿠자와 유키치로부터 사상적 영향을 받았다. 이 때문에, 19세기 말 조선의 대표적 근대적 지식인인 유길준과 박규수 그리고 일본 후쿠자와의 사상을 비교·분석해보는 것은 동시대뿐만 아니라 20세기 초까지 이어지는 조선 지식계의 변천 과정을 살펴보는 과정으로서 유의미하다.

후쿠자와는 '유교'와 '신분제도'를 동일시했으며, 양자 모두를 폐지의 대상으로 간주했다. 그에게 신분제도는 곧 유교였으며, 유교의 발상지인 청국(淸國)은 문명의 개화에 장애가 되는 대상이었다. 반면에 박규수는 유교에 깊은 지식을 지닌 전통적 사대부였으면서도, 후쿠자와와는 달리 유교에 근거를 두어 신분제도 완화를 주장했다.

한편 유길준은 후쿠자와의 『서양사정(西洋事情)』 등을 참고하여 『서유견문(西遊見聞)』을 썼음에도 불구하고, 유교를 부정하는 대신 그 윤리적 기능을 최대한 보존하고자 애썼다. 그는 만민평등에 입각한 사회제도를 주장했지만, 그럼에도 불구하고 후쿠자와처럼 유교를 부정하지는 않았다. 유길준은 유교의 가치를 인정하면서도 신분제의 폐지를 주장한다는 점에서 후쿠자와와는 다르고 박규수와는 사상적 맥락을 공유한다.

간단히 요약하자면 후쿠자와는 신분제도를 부정할 경우 논리적으로 유교 또한 부정해야 한다고 생각한 반면, 박규수와 유길준을 비롯한 19세기 후반 조선의 식자층은 유교를 견지하면서도 동시에 신분제도를 완화하는 것이 논리적으로 아무런 문제가 없다고 여겼다.

그러면 이와 같은 점을 염두에 두고서, 사회진화론에 입각한 문명개화론의 정립자이자 조선의 개화파에게 지대한 영향을 끼친 후쿠자와 유키치의 사상을 먼저 살펴보기로 하자.

Ⅱ. 후쿠자와 유키치의 경우

1. 서론

18세기 중엽 영국은 산업혁명에 성공한 뒤 약소한 국가들을 식민지로 편입시키고 상품시장으로 만들어갔다. 그리고 이 과정을 지켜보던 네덜란드와 프랑스 등 여타 유럽 국가들 또한 영국의 산업혁명 체제를 받아들여 세계시장 개척에 나섰다. 이에 따라, 19세기로 접어들면서 중국과 일본, 조선을 비롯한 동아시아 국가들은 서구 제국주의 열강들의 동점으로 말미암아 크나큰 외재적 위기를 겪게 되었다.[8]

중국의 경우 1840년과 1842년에 영국과 치른 아편전쟁에서 패한 뒤 남경조약에 따라 개항하고 홍콩을 빼앗겼으며, 1860년에는 영국과 프랑스 연합군의 침략으로 말미암아 베이징을 점령당해야만 했다. 서구 열강에게 무기력하게 패배하는 중국의 모습은 화이론적 질서에 익숙했던 조선과 일본을 비롯한 동아시아 주변 국가들에게 큰 충격을 주었다.[9]

도쿠가와 막부가 지배하던 일본 또한 서구 제국주의의 위협을 피할

---

[8] 신용하, 『한국 개화사상과 개화운동의 지성사』, 지식산업사, 2010, 37쪽.
[9] 한국근현대사학회, 『(개정판) 한국근대사강의』, 한울, 2014, 22쪽.

수 없었다. 미국은 1854년 군함을 앞세운 페리 제독의 무력시위 등을 통해 도쿠가와 막부를 압박했는데, 결국 도쿠가와 막부는 쇄국정책을 포기하고 1854년 미일화친조약을 체결했다.[10] 이와 같은 도쿠가와 막부의 무기력한 모습에 불만을 품은 사쓰마 번(薩摩藩)과 조슈 번(長州藩)의 하급 사무라이 세력들이 1868년에 도쿠가와 막부를 타도하고 천황제 신정부를 수립하였으니, 이로부터 메이지 유신이 시작되었다.[11]

그러나 메이지 유신으로 말미암아 신분상의 특권 및 경제적 기반을 상실한 수많은 사무라이들의 불만을 국외로 돌리고자 메이지 정권은 대외팽창정책을 채택했고, 그 주된 대상을 조선으로 정했다. 이에 일본은 1875년에 운요 호 사건을 강화도에서 일으켰고, 이를 빌미로 1876년 강화도 조약을 체결하여 조선 진출의 교두보를 마련하였다. 일본은 강화도 조약을 통해 조선에 대한 청국의 간섭을 막으려 했고, 이후로 조선을 둘러싼 청국과 일본의 힘겨루기는 갈수록 심화되었다. 임오군란(1882)·갑신정변(1884)·청일전쟁(1894) 등 연이은 사건들은 조선을 놓고 벌인 청국과 일본의 쟁탈전 양상을 잘 보여준다.[12]

1835년에 태어나 1901년에 사망한 일본의 근대 사상가 후쿠자와 유키치는 이 모든 역사를 몸소 겪어내었던 일본의 대표적인 인물이다. 그는 서세동점의 위기에 맞서 유교를 비판하고 대안으로 문명개화론을 제시한 계몽 사상가이다. 그는 또한 만 엔 권 화폐의 초상 인물이자 게이오대학을 창설한 교육자이며, 『학문의 권장(学問のすすめ)』, 『문명론의 개략(文明論之概略)』 등 베스트셀러의 저자이기도 하다.[13]

---

[10] 위의 책, 24쪽.
[11] 신용하, 앞의 책, 2010, 54쪽.
[12] 한국근현대사학회, 앞의 책, 24~25쪽.

조선의 근대화 과정을 설명하는데 있어서도 후쿠자와는 빼놓을 수 없는 인물이다. 김옥균, 유길준과 같은 개화파 지식인들에게 후쿠자와가 끼친 영향은 막대하다. 후쿠자와 본인이 급진개화파가 주도한 갑신정변(1884)의 막후에서 적지 않은 역할을 수행했으며, 1894년 청일전쟁을 문(文)과 야(野)의 전쟁으로 보고서 일본의 승리를 기뻐했던 것도 바로 그였다.14)

유교를 향한 후쿠자와의 비판적 태도는 널리 알려져 있으며, 그의 문명개화론을 지탱하는 핵심이기도 하다. 후쿠자와에게 있어 '유교사상=신분제도=청국=반개(半開)'는 '서구문명=만민평등=서구(西歐)=개화(開化)'와 날카롭게 대립되는 개념쌍이다. 그에게 있어 유교를 몰아내는 것은 신분제도를 폐지하고 청국을 대적하며, 유교적 반개에서 벗어나 서양적 개화로 가는 것이기도 했다. 정일성이 올바로 지적했듯이 후쿠자와에게 '일본의 문명화=서양화=반(反)유교'였으며, 그에게 탈아(脫亞)는 '아시아 침략'이라는 의미를 제외하면 유교로부터의 탈출이자, 서양문명에 의한 근대화이기도 했다.15)

이와 같은 후쿠자와의 문명개화론은 갑신정변(1884) 전후로 그와 깊은 관계를 맺었던 김옥균이나 박영효 등의 글에서 흔히 접할 수 있다. 갑신정변 이후 본격적인 활약이 두드러진 유길준과 윤치호 등의 저술 속에서도 문명개화론의 흔적은 뚜렷하다. 이 조선인들은 모두 후쿠자와와 개인적인 친분관계를 지니고 직접 접촉했다.

---

13) 이희재, 「후쿠자와 유키치의 유교 비판과 한계」, 『인문사회21』 vol.7, 아시아문화학술원, 2016, 178쪽.
14) 야스마와 주노스케, 이향철 역, 『후쿠자와 유키치의 아시아 침략사상을 묻는다』, 역사비평사, 2011, 참조.
15) 정일성, 『후쿠자와 유키치』, 지식산업사, 2012, 60~61쪽.

이 때문에 후쿠자와의 문명개화론 가운데 중요한 부분을 차지하는 반(反)유교주의의 내용과 한계를 면밀히 검토하고 그것이 19세기 말 조선 지식인들에게 끼친 영향을 파악하는 작업은 근대 전환기 조선 지식인들의 메타모르포시스를 이해하는데 결정적으로 중요하다.

이기용은 "봉건적 문벌제도를 지탱한 이데올로기가 바로 유교이기 때문에 그의 봉건적 문벌제도 비판은 곧 유교비판이 되는 것이다. 후쿠자와는 유교를 일본사회의 발전을 가로막는 원흉으로 보고 비판하였고, 유교의 종주국인 중국도 강하게 비판하였다."[16]라고 주장했는데, 이와 같은 견해는 '문벌제도=유교=중국'이라는 매우 허약한 연결고리를 지닌 등식 하에 세 가지를 동시에 비판했던 후쿠자와의 문제점을 잘 요약하여 보여주는 것이다.

후쿠자와의 반(反)유교주의는 어린 시절의 쓰라린 경험에서부터 비롯된 '신분제도 부정'에서 출발하여 서구문명의 우월성을 확신하는 서구중심주의로 귀결된다. '신분제도 부정'은 주로 『학문의 권장』과 『자서전(福翁自傳)』에서 보이며, '우승열패 긍정'은 『문명론의 개략』에서 확인할 수 있다. 그러면 신분제도에 대한 후쿠자와의 강한 혐오를 분석하는 데에서부터 논의를 시작해보자.

2. 신분제도 및 유교에 대한 후쿠자와의 입장

후쿠자와의 반(反)유교주의가 지닌 문제점을 비판하는 것을 넘어서서 그의 유교 이해 자체가 잘못되었다는 점을 명쾌히 밝혀낸 미야지마

---

[16] 이기용, 「일본근대사상 속의 '중국' - 후쿠자와 유키치의 중국론을 중심으로 -」, 『일본사상』 vol.21, 한국일본사상사학회, 2011, 237쪽.

히로시(宮嶋博史)는 후쿠자와가 유교에 대한 왜곡된 인식을 그의 초기 작품인 『학문의 권장』과 『문명론의 개략』에서 이미 드러내었으며, 그것이 훗날 해외 침략론으로 이어졌다고 주장한다.17) 실상 그의 반(反)유교주의는 보다 뿌리 깊은 것이며, 우리는 그 사실을 그의 자서전에서 확인할 수 있다.

숨을 거두기 2년 전인 1899년에 출간한 자서전에서, 후쿠자와는 유교와 봉건신분제도를 동일시하며 비판하고 있다. 후쿠자와가 3살 때 사망한 그의 아버지는 평소에 아들을 중으로 만들고자 했었는데, 그 까닭은 승려가 되는 것만이 봉건적 신분제도를 벗어날 수 있는 유일한 길이었기 때문이다. 만년의 후쿠자와는 자서전에서 유교주의에 젖은 아버지가 45년 평생을 봉건적 문벌제도에 속박되어 아무것도 이루지 못한 것에 분노했으며, 아버지를 생각하며 지금도 혼자서 울곤 한다고 속내를 밝히기도 했다.18) 다음 인용문 속에는 신분 제도에 불만을 품은 영민한 청년의 분노가 잘 담겨 있다.

> 원래 나는 하급사족 집안 출신이다. 그 부법은 봉건시대에서 일본 전국 어디나 번의 제도는 수구 일변도였으므로 번사 각각의 신분이 명확히 정해져 있었다. 상급사족은 상급사족, 하급사족은 하급사족이라고 못을 박아놓아 조금도 융통이 없었다. 그래서 상급사족의 집안에서 태어난 자는 부모도 상급사족이고 자식도 상급사족이었으며, 100년이 지나도 그 신분에는 변함이 없다. 하급사족 집안에 태어난 사람은 자연히 상급사족들로부터 멸시를 당했다. 각자의 소질이나 능력과는 상관없이 상급사족은 하급사족을 깔보

---

17) 미야지마 히로시, 「후쿠자와 유키치의 유교인식」, 『한국실학연구』 vol.23, 한국실학회, 2012, 386쪽.
18) 후쿠자와 유키치, 허호 옮김, 『후쿠자와 유키치 자서전』, 이산, 2006, 28쪽.

는 풍조가 일반적이니, 나는 소년시절부터 그게 너무나도 불만스러웠다.[19]

상기한 글에서 잘 드러나듯이, "19세기 초의 일본은 지위·성별·연령에 따른 본분을 강조하는 고도로 계층화된 사회였다. 신분은 관습상 세습적인 것이었다. 계층 간의 이동이 전혀 없었던 것은 아니지만 1800년대 초반까지는 무사의 자손은 무사로, 평민의 자손은 평민으로만 이어졌다."[20]

이 때문에 후쿠자와는 일본에 산재한 여러 문제점들 가운데 '봉건적 문벌제도'를 가장 먼저 철폐해야 할 대상으로 삼았다.[21] 이마나가 세이지(今永淸二)가 지적한 것처럼, "어린 시절 유교를 배운 후쿠자와가 유교에 대한 강한 혐오를 지니게 된 것은 고향의 봉건지배체제에 대한 반발에서 기인하였으며, 이 반유교주의가 후쿠자와의 아시아관의 근간이 되었다."[22]

한편 후쿠자와가 바라본 당대의 유학자들은 부패하고 무기력하며 허례허식에 가득 차 있었다.

나는 단지 한학을 멀리하고 소홀히 했을 뿐만 아니라, 한 걸음 더 나아가 소위 부유(腐儒)의 부설(腐說)을 일소해버리겠다고 젊은 시절부터 결심하고 있었다. 그래서 평소에 양학자나 통역사 같은 사람들이 한학자를 헐뜯는 것은 당연한 일이며 나쁜 짓도 아니라고 생각했다. …지금과 같은 개국 시절에 낡고 뒤진 한설이 어린 소년들의 뇌리를 사로잡고 있으면 도저히 서양문

---

[19] 위의 책, 204쪽.
[20] 황호철, 「후쿠자와 유키치의 유교비판 일고찰」, 『문명연지』 vol.5, 한국문명학회, 2004, 142쪽.
[21] 정일성, 앞의 책, 60~61쪽.
[22] 이기용, 앞의 글, 230쪽.

명이 일본에 들어올 수 없으리라고 굳게 믿어 의심치 않았기 때문이다.23)

나는 성장한 뒤에는 유학과 관련된 것은 모두 눈엣가시처럼 여기고 유학자와 관련된 것이라면 하나부터 열까지 모두 마음에 들지 않았다. 특히 그 행실이 싫었다. 입으로는 인의충효라는 소리를 지껄이면서 그것을 실행에 옮길 능력도 없다. 특히 품행이 방정치 못하더라도 술이나 마시고 시를 읊고 글이나 잘 쓰면 평판이 좋았다. 모든 게 마음에 들지 않았다."24)

상기한 두 인용문에서 후쿠자와의 비판은 서양문명의 유입을 가로막는 유교, 그리고 그 유교를 지탱해 나가는 유학자 모두를 향하고 있다.25) 후쿠자와가 진단한 당시 일본 사회의 문제점은 주로 썩은 유학자들이 지탱해나가는 낡은 유교에서 비롯되었다. 그는 낡고 뒤진 유교로 인해 우월한 서구근대문명이 일본에 들어올 수 없었으며, 일본의 모든 악습들이 유교적인 사고에서 비롯되었다고 보았다. 따라서 그는 유교의 기풍을 일본에서 일소하지 않고서는 근대화를 이루기 어렵다고 파악했다.26)

이와 같이 후쿠자와는 문명을 사토믹는 요소인 봉건적 문벌제도가 일본에 도입되고 지속된 원인을 유교로 보았다. 다시 말해, 후쿠자와는 봉건적 체제와 이데올로기 측면에서 이를 뒷받침하는 유교가 중국을 발전 없는 사회로 전락시킨 원흉으로 보았다.27)

---

23) 후쿠자와 유키치, 허호 옮김, 앞의 책, 240~241쪽.
24) 위의 책, 323~324쪽.
25) 후쿠자와에게 있어 문명은 곧 '서양문명'을 지칭한다. 문명은 개화와 동일한 의미인데, 유교문화는 아직 개화되지 않은 미개 또는 반개의 상태이기 때문이다. 이 때문에, 본 논문에서 필자는 오해를 줄이기 위해 '유교문명'이 아닌 '유교문화'라는 표현을 사용했다. 이기용, 앞의 글, 231쪽 참조.
26) 황호철, 앞의 글, 121쪽.

신분제도의 부정적 측면에 대한 후쿠자와의 쓰라린 경험은 1860년과 1862년 미국 방문, 1867년 유럽 6개국 방문의 경험과 맞물려 그의 사상 속에 녹아들었다. 그리고 그 결과는 그의 초기 대표작인 『학문의 권장』 (1872)에 잘 드러난다.[28]

『학문의 권장』은 "하늘은 사람 위에 사람을 만들지 않고, 사람 밑에 사람을 만들지 않는다고 했다. 그 뜻은 하늘이 사람을 만들었을 때 누구에게나 다 똑같은 지위를 부여했으므로 태어날 때부터 상하귀천의 차이가 없다는 것이다."[29]라는 문장으로 시작한다. 이 글귀는 일본의 교과서에 실려 모든 일본인들이 알고 있을 정도로 유명한데,[30] 그는 여기에서 모든 인간이 자유와 평등의 권리를 하늘로부터 부여받은 동등한 존재라는 전제를 저서 전체에 걸쳐 일관되게 유지하고자 애쓴다. 그는 인간이 하늘로부터 부여받은 천부인권은 어떤 구속이나 속박도 받아서는 안 되며, 남녀가 동등하게 소유한 것이라는 점을 명확히 밝힌다.[31] 김정호가 적절히 지적하듯이, "후쿠자와는 인간이라면 누구든지 각각의 현실적인 차이에도 불구하고 인간으로서의 기본권 및 개체성을 가진 욕구주체라는 점에서 평등하며, 유학의 차별적 질서관에 반대하고 평등적 질서관을 욕구하는 자신의 입장을 명확히 피력하였다."[32]

---

27) 이기용, 앞의 글, 237쪽.
28) 1872년에 발행한 『학문의 권장』 '초편'은 예상치 못한 인기를 얻어 그에게 경제적 안정을 가져다주었으며, 속편을 요청하는 독자들로 인해 1876년까지 추가 집필이 이어지기도 했다. 하지만 전권의 총론에 해당하는 '초편'에는 인간평등과 청국에 대한 혐오 등 후기에 발전될 테마들이 거의 포함되어 있다. 자세한 설명은 후쿠자와 유키치, 남상영 역, 『학문의 권장』, 소화, 2003, 241쪽 참조.
29) 위의 책, 21쪽.
30) 미야지마 히로시, 앞의 글, 392쪽.
31) 후쿠자와 유키치, 남상영 역, 앞의 책, 2003, 21쪽.
32) 김정호, 「일본 메이지유신기 계몽사상의 정치사상적 특성 – 후쿠자와 유키치의 문

만민평등에 대한 후쿠자와의 이와 같은 입장은 죽을 때까지 변함이 없었으며, 조선 근대 전환기 지식인들에게도 적지 않은 영향을 끼쳤다.33)

3. 후쿠자와 유교 비판의 문제점

그런데 후쿠자와가 신분제도를 유교와 동일한 것으로 간주하고, 신분제도 철폐와 유교 철폐를 동일한 선상에서 논하는 것은 비판적으로 재고될 필요가 있다. 왜냐하면 봉건적 신분제도가 과연 유교사상으로부터 필연적으로 도출되는 사회적 시스템인가에 대해 다양한 견해들이 존재하기 때문이다.

후쿠자와의 유교 이해에 대한 비판은 크게 적극적 비판과 소극적 비판으로 나눌 수 있다. 적극적 비판을 가하는 쪽은 후쿠자와의 유교 이해 자체가 잘못되었다고 말한다. 반면에 소극적 비판을 제시하는 쪽은 후쿠자와가 이념으로서의 유교사상이 아닌 구체적 사회제도로서의 신분제도를 공격하는 데 그쳤다고 말한다. 실상 양자는 모두 유교 사상에 대한 후쿠자와의 이해를 문제 삼고 있는 것이다.

후쿠자와의 유교 이해에 대해 적극적인 비판을 가하는 대표적인 학자로는 미야지마 히로시를 들 수 있다. 그는 "후쿠자와의 유교에 대한 인식에는 근본적인 오류가 있었음에도 불구하고 연구자들도 후쿠자와에 대한 평가는 달라도 유교인식에 있어서는 후쿠자와와 같은 오류를 범하고 있다고 생각되는 것이다."34)라고 주장하는데, 미야지마 주장의

명개화론을 중심으로-」, 『한국동북아논총』 vol.37, 한국동북아학회, 2005, 164쪽.
33) 후쿠자와 유키치, 남상영 역, 앞의 책, 247쪽.
34) 미야지마 히로시, 앞의 글, 383쪽.

핵심은 후쿠자와가 일본 유교와 한·중 유교의 차이점을 인식하지 못한 채 유교 자체를 뭉뚱그려 비판한다는 점이다.

미야지마에 따르면, 후쿠자와는 일본 유교와 한·중 유교의 차별성을 고려하지 않았다. 전통적으로 한국과 중국에서는 부모에 대한 효(孝)가 주군에 대한 충(忠)보다 강조된 반면, 일본 도쿠가와 막부하 일본 사회는 정반대의 양상을 보였다. 또한 한국·중국의 왕조와는 달리 문(文)보다 무(武)를 중시하던 무신정권 도쿠가와 막부 체제에서는 상하층 무사 관계에서 흔히 볼 수 있는 위계질서가 유달리 강조되었다.

다른 한편 한국과 중국에서는 과거제도를 통해, 비록 완벽하지는 않지만 신분이나 출신 가문에 관계없이 관직에 나아갈 수 있는 시스템이 마련되어 있었다. 반면에, 도쿠가와 시대 일본에서는 국가적 제도로서의 과거제도는 마지막까지 수용되지 않았으며, 어떤 이의 지위는 결국 그가 속한 출신가문에 의해 결정되었다.[35] 후쿠자와가 주로 문제 삼았던 문벌제도는 유교 본연의 이론과는 상관없는 것이었으며,[36] 후쿠자와의 유교인식에는 일본의 유교를 유교 그 자체로 오인했던 것이 근본적인 문제라고 할 수 있다.[37]

다음으로 후쿠자와의 유교 이해에 대한 소극적 비판을 간략히 알아보자. 황호철은 "후쿠자와의 유교에 대한 비판은 유학의 학문적 논리성에 대해 한 것이 아니고 오히려 유학의 사회적·기능적 측면에서 저지른 폐습에 대한 비판이다."[38]라고 지적했으며, 이희재는 "후쿠자와는

---

[35] 위의 글 참조.
[36] 미야지마 히로시, 「조선시대의 신분, 신분제 개념에 대하여」, 『大東文化硏究』 vol.42, 성균관대 대동문화연구원, 2003 참조.
[37] 미야지마 히로시, 앞의 글, 2012, 401쪽.
[38] 황호철, 앞의 글, 143쪽.

대체적으로 학문적인 면보다는 문벌주의와 신분차별을 지탱하는 유교적 가치관을 비판했다."고 밝혔다.39) 미야지마 또한 "후쿠자와의 비판은 현실의 유교, 또는 청나라와 조선의 현상에 대한 비판으로는 정당한 면이 있었다고 해도 유교의 원리 자체 혹은 유교 이념에 입각한 청나라와 조선의 체제 원리 자체에 대한 비판으로서는 상당히 편파적인 것이었다.40)라고 말함으로써 소극적 비판을 아끼지 않는다.

후쿠자와의 유교 이해에 문제가 있음은 곳곳에서 발견된다. 예컨대 그는 유교의 신분관계를 유지하는 것이 다름 아닌 오륜(五倫)과 같은 유교윤리라고 주장한다.

> 오륜은 성인이 정한 대강령으로서 수천 년 동안 바뀌지 않았다. 수천 년 이래로 오늘날까지 덕망 높은 사군자들이 속출했지만, 그들은 모두 이 대강령에 주석을 달았을 따름이며 한 항목이라도 덧붙인 것이 없다.41)

후쿠자와가 생각한 유교는 다름 아닌 군신, 부부, 부자, 장유, 붕우의 인간관계를 덕목으로 제시한 오륜에 그 정수가 있다고 보았으며 그것은 시대에 맞지 않은 낡은 차별적 가치라고 했다.

그러나 그가 오륜을 수직적 신분제도의 원흉이라 보는 것은 그의 유교 이해가 얕은 수준임을 여실히 보여준다. 홍원식이 적절히 지적한 바와 같이 삼강오륜(三綱五倫)이라는 말은 선후가 바뀌었으며, 역사적으로 볼 때 오륜삼강이 옳다. 맹자의 오륜은 당사자들의 관계를 수평적

---

39) 이희재, 앞의 글, 178~179쪽.
40) 미야지마 히로시, 앞의 글, 2012, 398쪽.
41) 후쿠자와 유키치, 정명환 역, 『후쿠자와 유키치의 문명론(문명론의 개략)』, 기파랑, 2012, 139쪽.

으로 설정한 반면에, 동중서의 삼강은 수직적으로 설정했다. 또한 오륜은 윤리적 책무를 쌍무(雙務)적으로 설정한 반면, 삼강은 일방(一方)적으로 설정했다. 삼강은 동중서의 이론이 법가(法家)의 영향을 많이 수용했다는 증거 가운데 하나이다.[42] 이를 통해서 볼 때, 후쿠자와가 신분제도와 유교를 동일시해서 신분제도의 철폐를 곧 유교의 철폐로까지 여긴 것은 논리적 비약임을 알 수 있다.

실상 후쿠자와는 논리적 비약은 '신분제도=유교'에서 그치지 않고, '신분제도=유교=중국'이라는 2단계 논리적 비약으로까지 나아갔다. 이기용이 적절히 지적했듯이, "후쿠자와는 문명을 가로막는 요소인 봉건적 문벌제도가 일본에 도입되고 지속된 원인을 유교로 본 까닭에, 일본의 봉건적 문벌제도를 넘어서 유교의 종주국인 중국에 대해 또한 맹렬히 공격하였다."[43]

그런데 조선에서는 이미 병자호란(1636) 이후 '이념적 중화(中華)'로서의 유교(儒敎)와 '전략적 사대(事大)'로서의 청국(淸國)이 분리되었다.[44] 청국에 대한 조선 사대부들의 태도는 학맥에 따라 다양했지만, 적어도 후쿠자와와 동시대를 살던 19세기 중반 조선의 전통적 사대부들은 대체적으로 청국에 대해 배타적인 태도를 지니고 있지 않았다.

다시 말해서, 후쿠자와는 '이념적 중화'와 '전략적 사대'를 구분했던 당시 조선의 유학을 제대로 파악하지 못했다. 실상 유교를 증오한 까닭에 유교의 연원인 중국을 섬멸하겠다는 후쿠자와의 아이디어는 이

---

[42] 홍원식, 「동중서 철학의 중국 유학사적 위치」, 『동아인문학』 vol.39, 동아인문학회, 2017 참조.
[43] 이기용, 앞의 글, 239쪽.
[44] 이에 대해서는 정용화, 「사대·중화질서 관념의 해체과정」, 『國際政治論叢』 vol.44, 한국국제정치학회, 2004a 참조.

슬람교를 증오한 까닭에 이슬람 국가들을 섬멸하겠다는 십자군의 발상과 그 오류를 공유한다. 이 때문에 후쿠자와는 갑신정변(1884) 직후 쓴 「탈아론(脫亞論)」(1885)에서 "조선과 청국의 개화를 기다릴 여유가 없으며, 서양 열강들이 조선과 청국을 대하는 방식을 일본이 수용해야 한다."고 주장했다. 유교와 청국을 동일시한 그는 1894년 청일전쟁을 문(文)과 야(野)의 문명전쟁으로 인식했으며, 일본의 승리를 감격의 눈물로 맞이하였던 것이다.

사실 우리의 논의와 관련해서 가장 흥미로운 점은 후쿠자와가 국내에 존재하는 신분제도를 철폐하려고 애썼으면서도, 우승열패의 사회진화론에 입각한 자신의 문명개화론을 통해 국가 간의 신분제도를 도입했다는 것이다. 그는 자신의 주저(主著)인 『문명론의 개략』에서 미국과 유럽 일부 국가를 문명국, 중국과 일본 등 아시아의 나라를 반개, 아프리카 및 호주 등을 야만국이라고 부른다. 그리고 우승열패의 법칙에 따라, 문명국이 반개국이나 야만국을 지배하는 것은 필연의 사회법칙에 해당한다고 밝힌다.[45]

후쿠야마는 한 국가 내의 신분제도를 폐지하려고 애썼으니 국가 간의 신분제도, 즉 우열(優劣)관계를 재설정했다. 다시 말해 국내의 신분제도를 철폐하려 애씀과 동시에, 국제적인 신분제도를 서구중심주의에 따라 설정했다. 우승열패의 신화 속에서 문명국 또는 개화국은 미개국에 비해 높은 신분을 점유하며, 그에 따라 강자의 입장에서 약자를 지배한다.

후쿠자와 유키치의 유아론(唯我論)은 자못 흥미롭다. 하급 무사의 아

---

[45] 후쿠자와 유키치, 정명환 역, 앞의 책 참조.

들로 태어난 그는 자신(自身)에게 불편을 끼치는 국내의 신분제도에 완강히 저항했다. 그러나 자국(自國) 일본이 청국이나 조선에 비해 우월하다고 판단한 그는 서구화의 정도에 따라 국가별 신분 등급 매기기를 서슴지 않았다. 이 때문에, "자국 일본에 대한 우월의식은 신분과 문벌 그리고 남녀의 차별을 유교의 문화라고 비판했던 평등사상과 반대되는 것이다. 후쿠자와의 탈아론(脫亞論)은 한국과 중국 등의 국가들에게는 서양 제국주의와 같은 의미를 지닌다."는 이희재의 지적은 매우 적절하다고 볼 수 있다.[46]

후쿠자와는 1870년대 후반부터 조선의 개화승인 이동인(李東仁, ?~1881)과 접촉했으며, 1881년에는 유길준과 김옥균을 직접 만나기도 했다. 박규수의 사랑방에서 수학했던 조선의 젊은 사대부들은 1876년 박규수의 사망 이후 벌어졌던 임오군란(1882)을 계기로 친청(親淸) 세력과 반청(反淸) 세력으로 나뉘었다. 김옥균과 박영효(朴泳孝, 1861~1939) 등 반청(反淸) 세력이 조선에서 자신들의 개화사상을 급속히 발전시키고 유길준이 후쿠자와가 경영하던 게이오 의숙에서 유학하던 1880년 대 초반, 개화당에 대한 후쿠지외의 영향력은 실상 조선 이떤 시대부의 그깃보다 지거대했다고 볼 수 있다. 이 때문에 김도형은 북학파와 개화파의 사상은 전혀 다르며, 김옥균이나 박영효 등은 북학파를 계승한 것이 아니라 그로부터 이탈했다고 주장하기도 했다.[47]

물론 식민사관을 경계한 내재적 발전론에 치중한 나머지, 개화파와 북학파간의 사상적 연계성만을 지나치게 강조하는 것은 바람직하지 않다. 하지만 흥미롭게도 19세기 후반 조선의 젊은 근대적 지식인들은

---

[46] 이희재, 앞의 글, 178쪽.
[47] 김도형, 앞의 책, 41~43쪽.

후쿠자와의 문명개화론을 수용하면서도 유교의 끈을 놓지 않는 유연한 자세를 보인 경우가 많았다. "개화사상은 내 일가 박규수 집 사랑에서 나왔소. 김옥균·홍영식·서광범 등과 재동 박규수 집 사랑에 모였지요. 연암문집을 같이 공부했지요."[48]라는 박영효의 훗날 고백은 이와 관련해서 적지 않은 의미를 지닌다. 이 때문에, 전통적 사대부의 끝자락에 섰으면서도 위정척사파와는 달리 시구문물 수용에 유연한 태도를 보였던 박규수의 경우를 살펴보는 것은 매우 의미 있는 작업이 될 것이다.

Ⅲ. 전통적 사대부 박규수의 경우

1. 서론

앞선 2장에서 우리는 후쿠자와에게 '유교'와 '신분제도' 그리고 '청국'은 동일한 의미를 지니며, 모두 철폐의 대상이라는 점을 살펴보았다. 또한 '유교-신분제도-중국'을 잇는 연결고리가 논리적으로 매우 희약한 까닭에 비판적으로 재고되어야 한다는 점을 확인했다.

본 3장은 조선 개화파의 시조이자 전통과 근대를 가교 역할을 했다고 여겨지는 박규수의 사상을 앞선 2장의 후쿠자와의 그것과 비교해서 살펴보고자 한다.

초기 개화파의 시조이자 사대부와 지식인을 잇는 징검다리로 불리는 환재 박규수의 동도서기론은 19세기 전반 이후 서울 지역 유자층이

---

[48] 김옥균, 박영효, 서재필, 『갑신정변 회고록』, 건국대학교출판부, 2006, 220쪽.

공유하던 인식이었으며,49) 유길준의 『서유견문』은 갑오개혁에 참가했던 관료와 지식인들의 필독서이자, 향후 국민계몽에 큰 영향을 끼친 저서였다.50) 이 때문에 박규수와 유길준은 각각 19세기 중엽 이후 조선의 전통적 사대부와 근대적 지식인을 대표하는 인물이며, 그들이 주로 활약했던 시기의 조선 지성계 입장을 상당수 대변한다고 할 수 있다.

특히 유길준은 본디 1871년 향시(鄕試)에 장원으로 급제하여 과거를 준비했던 전통적 사대부였으나, 박규수에게 지도를 받은 뒤 과거시험을 포기하고 근대적 지식인으로 이행했던 인물이었다.51) 김옥균이나 박영효 등은 물론이요 유길준과 윤치호 등은 모두 후쿠자와와 박규수의 영향 아래에서 전통적 사대부로부터 근대적 지식인으로 메타포포시스한 인물들이었다. 이 때문에 우리의 최종적 관심사인 근대적 지식인의 성향을 파악하기 위해서는, 우선 그들의 스승인 박규수의 경우부터 살펴보지 않으면 안 된다.

환재 박규수는 김윤식(金允植, 1835~1922), 김홍집(金弘集, 1842~1896)과 같은 온건 개화파는 물론이거니와 김옥균, 박영효와 같은 급진 개화파의 스승이기도 하다. 연암 박지원(朴趾源, 1737~1805)의 손자이자 『과정록(過庭錄)』을 쓴 박종채(朴宗采, 1780~1835)의 아들이기도 한 박규수는 우리의 논의와 관련해서 중요한 의미를 지닌다. 그가 계승한 사상적 학맥은 노론(老論) 가운데 이른바 낙학(洛學)인데, 인물성동론(人物性同論)과 성범동론(聖凡同論)을 강조한 낙학은 신분제도에 대해 완화된 입장을 지니고 있었다. 그런데 후쿠자와와는 달리, 박규수는 신분제도의 완화를 주장하면서도

---

49) 김도형, 앞의 책, 57·64쪽.
50) 신용하, 앞의 책, 220쪽.
51) 박은숙, 「문벌폐지를 통한 인민평등권 제정과 인재등용」, 『역사와 현실』 vol.30, 한국역사연구회, 1998, 71쪽.

그 근거를 유교 경전에서부터 끌어오고 있다. 이는 유교와 신분제도를 분리될 수 없는 한 묶음으로 보고서 유교 철폐와 신분제 철폐를 동일한 것으로 파악했던 후쿠자와와는 다른 접근 방식이다.

박규수가 서구 문물(西器)의 수용에 개방적인 자세를 보였으면서도, 동도(東道)를 서도(西道)보다 우위에 놓은 전통적 사대부였다는 점은 이미 많은 선행연구를 통해서 잘 알려져 있다. 1827년 초에 완성되었다고 여겨지는『상고도회문의례(尙古圖會文儀例)』에서 박규수는 성리학에 바탕을 둔 존명(尊明) 의식에 투철한 모습을 보였다. 그러나 그의 동도서기적 면모를 가장 잘 보여주는 저술은 1884년에 쓰였다고 추정되는『벽위신편평어(闢衛新編評語)』이다.

『벽위신편평어』는 윤종의(尹宗儀, 1805~1886)가 19세기 후반부터 본격화한 서구 열강의 조선 침투를 염려하여 위정척사의 입장에서 펴낸 서적인『벽위신편(闢衛新編)』에 대한 평론이다. 이 글에서 박규수는 서교를 사학(邪學) 그리고 유교를 정학(正學)으로 파악한 뒤, 정학을 밝히는 일이 무엇보다 중요하다고 주장한다.

> 본조(本朝)에서 오랑캐를 막는 것이 주(周)·한(漢)나라에서 오랑캐를 막은 것과 다르다. 지금 청국에 전해지는 가르침들이 바로 통론(通論)이라 할 수 있다. 정학(正學)을 밝혀 사설(邪說)을 종식시키는 것 또한 마땅히 사용해야 한다.52)

---

52)『闢衛新編評語』: 本朝之禦戎狄, 異於周·漢之禦戎狄, 此今淸家傳授之謨訓, 盖通論也. 明正學, 熄邪說, 亦當用此法. 조지형,「〈闢衛新編 評語〉를 통해 본 瓛齊 朴珪壽의 천주교 인식과 대응론」,『누리와 말씀』, 인천가톨릭대학교 복음화연구소, 2011, 159쪽 재인용.

이어서 박규수는 서양인들이 동양에 와서 포교활동을 벌이는 이유가 침략과 약탈에 있음을 밝힌 뒤, 그럼에도 불구하고 우월한 유교가 언젠가는 서양인들을 감화시킬 것이라고 밝힌다.

> 또 혹시 저 오랑캐들이 중국의 경전을 오래도록 열심히 학습하면 홀연한 걸출한 인물이 나와 문득 크게 깨닫고 하루아침에 올바른 길로 돌아올 수도 있다.53)

결론적으로 박규수는 서교(西敎)에 대한 유교(儒敎)의 우월성을 확신하면서 동서의 교섭을 통해 서양인이 오히려 유교에 감화될 것이라는 문화적 자신감을 표출했다. 그는 1870년 고종과의 경연(經筵)에서도 볼 수 있듯이, 만년까지도 그와 같은 전망을 바꾸지 않았다.54)

동도(東道)가 서도(西道)에 비해 우월하며 이 때문에 서양에게 문호를 개방해도 해로울 것이 없다는 박규수의 낙관적인 태도는 그의 사상에서 지속적으로 나타나는 특징 가운데 하나이다. 그는 서양기술을 능동적으로 수용하고 서양과의 교섭에 개방적으로 대처하려는 점에서 위정척사파와 입장을 달리했지만, 서교를 반대하고 동교를 높인 점에 있어서는 같았다.55)

그러면 이제부터는 유교에 정통한 전통적 사대부였던 박규수가 신분제도에 대해 어떻게 생각했는지를 살펴보기로 하자.

---

53) 『闢衛新編評語』: 又或彼夷爛習中國經傳久久, 忽出一箇傑特之人, 怳然覺悟, 一朝歸正, 不無此理. 조지형, 위의 글, 160쪽 재인용.
54) 김명호, 『환재 박규수 연구』, 창비, 2008 참조.
55) 김도형, 앞의 책, 57쪽.

2. 신분제도 및 유교에 대한 박규수의 입장

신분제도에 대한 박규수의 입장과 관련해서 주목해야 할 18세기 조선의 호락논쟁은, 권상하(權尙夏, 1641~172)의 문인들 가운데에서도 가장 뛰어나다고 간주되었던 한원진(韓元震, 1682~1751)과 이간(李柬, 1677~1727)이 인성과 물성의 동이 관계에 대해 스승인 권상하에게 질의하면서 시작되었다. 이간은 인간과 만물이 공통으로 지닌 본연지성의 보편성을 강조하여, 인성과 물성이 근본적으로 동일하다는 인물성동론의 입장에 서 있었다. 반면에 한원진은 인간과 만물간의 서로 다른 특수성을 강조하여 인물성이론을 주장했다.

그런데 여기서 중요한 것은 한원진을 중심으로 한 호학(湖學)의 경우, 단순히 인성과 물성이 다르다고 주장한 것이 아니라 인성과 물성간의 우열을 강조했다는 점이다. 이간을 중심으로 한 낙학(洛學)에 속한 사상가들 또한 인간과 여타 만물 간 기(氣)에 있어서의 청탁의 차이를 인정했다. 하지만 그들의 강조점은 어디까지나 인간을 포함한 만물 본성의 보편성이었다. 동일한 선상에서 낙학의 이론가들은 성인(聖人)의 심(心)과 범인(凡人)의 심이 근본적으로 동일하다는 성범심동을 주장하기노 했다. 반면에 호학의 사상가들은 성인과 범인의 심 또한 우열의 차이가 있다고 주장함으로써, 첨예한 입장의 차이를 드러내었다.

이와 같은 호락논쟁은 단순한 사변적 논쟁을 넘어서 집권 노론 내에 정치적 입장 차를 지닌 여러 집단을 생성하는 결과를 낳았다. 이완재가 적절히 지적했듯이, "호론파가 지나친 분별주의와 현실적 계층질서를 더욱 공고히 함으로써 18세기 봉건체제의 위기를 타개하고자 하였던 반면, 낙론파는 개개의 사물이 도덕적 본성을 지녔다는 것을 전제로

교화를 통하여 사회 통합적 방향에서 봉건지배 질서의 위기를 극복해 나가려 하였다."56)

인물성동·성범심동을 주장하는 낙학의 사상적 경향은 홍대용(洪大容, 1731~1783)과 박지원 등이 속한 북학파로 이어졌다. 홍대용이 『의산문답(醫山問答)』에서 주장한 화이일야(華夷一也)와 인물균(人物均) 사상은 낙학파의 기본적 입장을 화이관(華夷觀)에도 적용시킴으로써, 종래의 화이론(華夷論)에서 탈피하여 전혀 새로운 방향으로 나간 것이다.57) 낙학파의 인물성동·성범심동이 내재적 심성론을 중심으로 한다면, 북학파의 이론은 내재적 심성론의 논리를 외재적으로 일관성 있게 확대하고자 하는 노력이라고 볼 수 있다.58)

박지원이나 홍대용이 다수의 연행(燕行)을 통해 18세기 조선의 대내외적 현실을 새롭게 인식하고 자신의 사상을 발전시켜 나갔던 모습은 19세기 말 조선의 개화파가 여러 번의 해외 방문을 통해 당시 조선이 처했던 안팎의 상황을 냉정히 파악하고 해답을 찾으려 했던 모습과도 많이 닮았다. 인간을 포함한 만물의 보편성을 강조하고 낯선 것에 대한 열린 태도를 지녔던 북학파의 학문적 성향은 연암 박지원의 손자인 환재 박규수의 사(士)에 대한 이론으로 계승된다.

> 효제(孝悌)와 충순(忠純)의 덕을 지닌 사람이라면 누구도 사(士)가 아님이 없다. 사 가운데 100묘(畝)의 땅을 자신의 걱정거리로 삼아 부지런히 노력하여 곡물을 기르는 자를 '농(農)'이라고 한다. 사 가운데 오재(五材)를 잘

---

56) 이완재, 「性理學의 脈絡에서 본 初期開化思想 : 洛學派와 朴珪壽의 學緣을 중심으로」, 『한국학논집』 vol.29, 한양대학교 한국학연구소, 1996, 137쪽.
57) 「미스터 선샤인과 호락논쟁」, 『광주일보』 2018년 12월 11일자 칼럼.
58) 이완재, 앞의 글, 142쪽.

다스려 백성들이 쓸 기물을 갖추며 이용후생(利用厚生)할 물건을 개발하는 자를 '공(工)'이라고 한다. 사 가운데 있고 없는 것을 교역하고 사방의 진기한 물품을 유통하여 밑천으로 삼는 자를 '상(商)'이라고 한다. 그들의 신분은 사이고, 그들의 직업은 농과 공과 상의 일이다.…그러므로 하는 일은 달랐지만 그 도는 다름이 없었고, 명칭은 비록 네 가지로 나열되지만 사라는 점에서는 똑같다.59)

박규수에 따르면 효제충신의 덕을 갖춘 이는 모두 사(士)이며, 다만 농·공·상(農·工·商)의 서로 다른 직업을 취할 따름이다. 다시 말해서 사(士)는 전통적 유교윤리를 체득하고 실천하는 도덕군자로서, 직업의 성격과는 아무런 관련이 없다.

한편 사(士)는 직업에 따라 명칭이 농·공·상으로 바뀌기도 하지만, 직책에 따라 다음과 같이 명칭이 바뀌기도 한다.

> 사(士) 가운데 직분을 받아 관직에 있으며 일어나 행하는 자를 사대부(士大夫)라고 한다. 사 가운데 즐겁고 너그러이 백성을 용납하고 대중을 기르며, 도를 논하고 나라를 경영히며 음양(陰陽)을 조화하여 다스리는 이를 삼공(三公)이라고 한다. 사 가운데 신기(神祇)에게 제사 지내고 종묘(宗廟)의 위차와 제사를 순행(順行)하며 감히 예악과 제도를 바꾸지 못하며 띠풀을 나누고 봉토를 받아 백성에게 공덕을 베푸는 자를 제후(諸侯)라고 한다. 사 가운데 방위를 변별하여 바로잡고 도성과 교외의 경계를 구획하며 관직을 설치하여 직책을 나누어 백성의 표준이 되게 하며, 천제(天帝)의 명을 받아 몸가짐을 경건히 하고 남면[恭己南面]한 이를 천자(天子)라고 한다. 그 신분

---

59) 『瓛齋先生集』卷11, 「尙古圖按說十則」: 夫人之有孝悌忠順之德也, 何莫非士也. 士之以百畝爲己憂. 勤力以長地財者謂之農. 士之飭五材辨民器 開利用厚生之物者謂之工. 士之貿遷有無 通四方之珍異 以資之者謂之商. 其身則士, 其業則農工商賈之事也. …是故業之不同, 道無殊別, 名雖列四, 士則一也.

은 사이고 그 작위는 천자이다. 천자의 아들이 계승하여 즉위하면 또한 천자이다. 『의례(儀禮)』「사관례(士冠禮)」에, "천자의 원자도 사와 같으니, 천하에는 태어나면서부터 귀한 자는 없다.[天子之元子猶士也天下無生而貴者也]"라고 하였다. 그러므로 작위가 천하면 필부(匹夫)이고 작위가 귀하면 천자이지만, 모두 사이다. 이 때문에 일명지사(一命之士)를 '사'라고 한 것은 그가 사로부터 시작하여 왕공(王公)에 이르게 됨을 밝힌 것이니, 귀하게 되어도 그 근본을 잊지 않을 수 있게 한 것이다.[60]

박규수는 벼슬을 한 이가 모두 사(士)이되, 벼슬의 고하(高下)에 따라 사대부나 삼공이나 천자로 달리 불릴 따름이라고 말한다. 그런데 "즐겁고 너그러이 백성을 용납하고 대중을 기르며"라든지 "봉토를 받아 공덕을 베푸는" 등의 구절은 모두 사(士)의 유교적 윤리성을 강조하고 있다. 다시 말해 이때의 사(士)는 유교에서 말하는 보편적 의미의 '군자'를 의미한다고 보아야 한다.

그의 조부인 박지원만 하더라도 양반의 지위를 여타 계급과는 달리 두고 있으며, 그의 신분제도 비판은 사민평등에 있다기보다는 사의 진정한 역할 문제를 향하고 있었다. 반면에 박규수의 경우, 사(士)는 신분상의 특권개념을 초월하여 보편적 인간을 논한다. 이 점을 통해서 볼 때, 신분제도에 대한 박규수의 입장은 박지원에 비해 한층 완화되었다고 볼 수 있다. 물론 그가 상기한 인용문을 비롯한 여타 저술에서도 상민보다 더 하층계급이었던 천민의 신분을 언급하지 않는 점으로 미루

---

60) 『瓛齋先生集』卷11,「向古圖按說十則」: 士之受其職居其官 作而行之曰士大夫. 士之忻忻休休 容民畜衆 論道經邦 燮理陰陽曰三公. 士之擧神祇順宗廟 不敢變禮樂易制度 分茅錫土 有功德加於民者曰諸侯. 士之辨方正位 體國經野 設官分職 以爲民極 受帝之命 恭己南面曰天子. 其身則士, 其爵則天子也. 天子之子繼序而立, 亦天子也. 士冠禮曰天子之元子猶士也, 天下無生而貴者也. 是故其賤則匹夫, 其貴則天子, 而莫非士也. 是故一命之士謂之士者, 明其由於士而及王公也, 欲其貴而能不忘本也.

어볼 때, 신분제도의 완전철폐를 논했다고는 보기 어렵다.[61] 그러나 "조금이라도 지벌(地閥)이 있는 자면 '양반,' '양반'하고 일컫는데 이는 매우 무식한 자의 말이다."[62]는 박규수의 비판 등을 고려해 볼 때, 사(士)는 이미 계층·직위로서의 의미를 탈피하여 보편적이고 바람직한 인간상 등으로 의미가 이동했으며, 나아가서 사민평등(四民平等)의 결론으로까지 나아가고 있음을 알 수 있다.

3. 박규수와 후쿠자와 사상의 차이점

그런데 우리의 논의와 관련해서 주목되어야 할 점은 다음과 같다. 노론 낙학파와 북학파 및 그의 계승자 박규수의 사상 속에서 신분제도는 갈수록 완화되는 모습을 보인다. 그런데 이들은 성리학에 정통한 전통적 사대부들로서, 유교의 경전들을 근거로 들어 인물성동설(人物性同說) 및 사론(士論) 등을 전개하고 있다. 이는 청국과 조선의 성리학에 대한 깊은 이해를 결여한 채, 유교와 봉건적 신분제도를 동일시하여 양지를 함께 철폐하는 데에만 힘썼던 후쿠자와의 입장과는 사뭇 다른 것이다.

『학문의 권장』이나 『문명론의 개략』 등 후쿠자와의 주요 저서 속에 등장하는 유교에 대한 비판은 성리학에 대한 심도 있는 연구에 근거한 것이 아니라, 유교에 대한 피상적인 선입견을 바탕으로 하여 두드러진 사회적 폐단을 꾸짖는 것에 불과하다. 이 때문에 "유교의 이상 그 자체

---

[61] 전정희, 「朴趾源과 朴珪壽의 士論의 比較」, 『한국정치학회보』 vol.28, 한국정치학회, 1994, 246~247쪽.
[62] 『瓛齋先生集』 卷8, 「與溫卿」: 稍有地閥者, 輒稱兩班兩班, 此爲最堪羞恥之說, 最無識之口也.

에 문제가 있기 때문에 후쿠자와가 비판한 현실이 생겼다고 보아야 되는가? 아니면 이상 자체에는 문제가 없지만 운용 면에서 문제가 있어서 이상과의 괴리가 생겼다고 보아야 되는가?"라는 질문을 던지며, "유교=봉건제도=문벌제도라는 후쿠자와의 인식은 그의 유교 인식에 있어서 가장 큰 왜곡이다"라는 미야지마 히로시의 지적은 후쿠자와 논리의 문제점을 잘 요약해준 것이라 할 수 있다.[63]

이와 같은 박규수의 사상적 입장은 청국과의 관계에 있어서도 후쿠자와의 입장과 정면으로 대립된다. 정용화에 따르면, 박규수는 사상으로서의 중화(中華)와 교린정책으로서의 사대(事大)를 분리하여, 중화 관념이 탈락된 사대 정책을 현실적으로 유용한 것으로 인정했다.[64] 여기서 중요한 점은 박규수가 청국을 유교의 종주국이라는 이유 때문에 증오하거나 제거의 대상으로 삼지 않았다는 것이다.

박규수에게는 '유교=신분제도'가 아니었으며, '유교=중국' 또한 아니었다. 도리어 그는 북학파의 유교 이해에 입각해서 신분제도의 완화를 주장했으며, 사상으로서의 중화 관념에 입각해서 청국과의 사대정책을 주장하였다.

1886년 음력 7월 23일, 평안도 관찰사로 있던 박규수는 대동강에 침입한 미국상선 제너럴셔먼호를 화공으로 침몰시킨 뒤, 증기기관과 기계를 건져내어 한양으로 보내 서양식 군선 제조를 건의했다. 2달 후에 병인양요가 일어나 위정척사론이 득세했지만, 동도가 서도에 비해 우월하기 때문에 쇄국의 자세를 고집할 필요가 없다는 박규수의 입장은 여전했다. 대신 그는 1869년에 오경석·유홍기 등과 합류하여 사랑방

---

[63] 미야지마 히로시, 앞의 글, 2012, 388쪽.
[64] 정용화, 앞의 글, 111쪽 참조.

에서 북촌 명문가 자제들을 교육하기 시작했다. 김홍집·어윤중·김윤식은 물론 김옥균·박영효·유길준 근대 전환기의 주요 인물들이 모두 박규수의 사랑방에서 수학했다.

4. 박규수, 그 이후

1876년 박규수가 사망한 뒤 1881년까지 큰 입장 차이 없이 협조해가던 박규수의 제자들은 임오군란(1882) 이후 전개된 청국의 제국주의적 속방화(屬邦化) 정책에 대한 입장 차로 인해 두 갈래로 분열되었다. 청국은 조중상민수륙무역장정(朝中商民水陸貿易章程)을 체결하도록 조선을 강요했는데, 그 전문에는 조선이 중국의 '속방(屬邦)'이라는 내용이 문자로 명시되었다. 이 당시 청국의 노골적인 제국주의는 서구 열강 및 일본의 그것과 구분되지 않았다.[65]

김옥균·박영효 등은 청국으로부터 '독립'하여 조선의 자주독립을 성취할 것을 주장했으며, 그들과 대척점에 서 있는 민씨 척족 중심의 당파를 사대당(事大黨) 또는 수구당(守舊黨)이라고 불렀다. 서재필이 회고했듯이 "김옥균은 조국이 청국의 종주권 하에 있는 굴욕감을 참지 못하여 어찌하면 이 수치를 벗어나 조선도 세계 각국 중에 평등과 자유의 일

---

[65] 이상익은 교수신문 2007년 5월 21자 「역사비평 기획시리즈]조선 개화파 논의 반론」에서 '패도적 중화주의'와 '왕도적 중화주의'를 구분하여 다음과 같이 말한다. "때로는 '팽창주의'가 중화주의로 규정되었고, 때로는 '우호와 선린의 추구'도 중화주의로 규정되었다. 중국은 천하의 중심국가로서 주변 나라들을 정치적으로 服屬시켜야 한다는 논리는 '중국중심적 팽창주의'로서 필자는 이를 '패도적 중화주의'로 규정하겠다. 중화주의는 중국이 천하의 중심국가로서 주변 나라들에 대해 모범을 보이고 우호와 선린을 다져야 한다는 논리로도 전개됐기에 필자는 이를 '왕도적 중화주의'로 규정하겠다." 1882년 당시 청국이 보인 제국주의는 '패도적 중화주의'에 해당한다고 볼 수 있다. '패도적 중화주의'는 조선의 전통적 사대부들이 견지하던 '왕도적 중화주의'와는 그 성격을 달리한다.

원이 될까 밤낮으로 노심초사했으며,"[66] 박영효는 정변을 통해 "민영익 이하 사대당의 거두를 제거하여 청국의 간섭을 끊고 독립국의 체면을 바로 잡을 것"을 꿈꿨다.[67]

그러나 '문벌폐지와 인민평등' 등의 내용을 담은 혁신정강을 내건 개화당의 갑신정변(1884)은 삼일천하로 끝나고, 청국의 개화파 탄압·숙청 및 내정간섭은 더욱 심해졌다. 홍영식·박영교 등의 개화파 요인은 청군에 의해 살해당하였으며, 김옥균·박영효 등은 일본으로 떠나 기나긴 망명생활을 시작하였다.

한편 1881년 파견된 신사유람단에서 어윤중의 수행원으로 합류했던 유길준은 국비유학생으로 후쿠자와가 경영하는 게이오 의숙에 입학했다가, 1883년 보빙사의 수행원 자격으로 미국을 방문, 다시 국비유학생으로 남게 된다. 그는 갑신정변 1년 뒤인 1885년 12월에 귀국하자마자 개화파 요인으로 지목되어 체포되었으며, 약 7년간 연금생활을 하게 된다. 이 기간 동안 그는 『서유견문』을 비롯한 주요 저서들을 저술하는데, 우리는 4장에서 신분제도와 유교에 관한 유길준의 입장을 살펴볼 예정이다.

Ⅳ. 근대적 지식인 유길준의 경우

1. 서론

앞선 2장과 3장에서 우리는 후쿠자와 유키치와 환재 박규수의 사상

---

[66] 김옥균, 박영효, 서재필, 앞의 책, 230쪽.
[67] 위의 책, 205쪽.

을 검토했다. 후쿠자와의 문명개화론은 그 성격상 서도서기(西道西器)에 가깝다. 후쿠자와와 교류하던 조선의 근대적 지식인들 가운데 후쿠자와와 사상적으로 가장 유사한 인물은 윤치호(尹致昊, 1865~1945)였다.[68] 윤치호는 이번 장에서 살펴볼 유길준과는 달리 유교를 증오했으며, 우승열패와 약육강식의 후쿠자와 사회진화론에 따라 강자의 편에 서기를 원한 까닭에 훗날 친일파로 변절했다.

윤치호는 당대 조선의 근대적 지식인들 가운데 후쿠자와의 제국주의적 문명개화론을 누구보다도 철저히 이행했고, 그에 따른 논리적 결과에 이른 인물이라 할 수 있다. 서양을 동경하여 서양인처럼 되기를 원하는 조선인이 서양화된 일본을 방편으로 삼을 경우, 서양화된 일본인이 되어 버리는 것이 논리적으로 일관된 귀결이기 때문이다. 게다가 서양을 동양의 우위에 놓는 사회진화론이 힘의 논리로 일관하는 이론일 경우, 약자보다 강자의 편에 붙겠다는 판단은 그 이론에 충실한 결과이다.[69]

'서구중심주의'와 '힘의 논리'에 기초한 사회진화론을 진리로 인정한 조선의 지식인이 서구화된 강자, 일본제국의 편에 서지 않는다면 그 편이 오히려 더 비논리적이다. 을사늑약(1905)과 경술국치(1910)를 전후해서 변절의 메타모르포시스를 행했던 조선의 근대적 지식인들 가운데

---

[68] 후쿠자와 유키치와 윤치호의 교류에 대해서는 황호덕, 『근대 네이션과 그 표상들』, 소명출판, 2005, 314쪽 참조.
[69] 정용화는 "매국노의 대명사로 불리는 이완용이 독립협회 초대 이사장과 회장을 지낸 진보적 '애국자'였던 적이 있다는 사실은 쉽게 이해가 되지 않을 수도 있다. 필자는 그러한 변화가 그들이 상황에 따라 애국에서 매국으로 '변절'한 결과가 아니라 그들이 문명개화론적 세계관을 분별없이 수용하고 그것에 일관되게 충실한 결과라고 본다."고 말한다. 정용화, 「문명화의 덫」, 『문명의 정치사상: 유길준과 근대 한국』, 문학과지성사, 2004b, 396~397쪽.

후쿠자와의 문명개화론과 양계초(梁啓超, 1873~1929)의 사회진화론의 영향을 받은 이가 적지 않았던 사실이 이를 증명한다.

3장에서 다룬 박규수의 사상은 그 성격상 동도서기(東道西器)라 할 수 있다. 후쿠자와는 유교와 신분제도와 청국을 동일시하고, 모두 철폐의 대상으로 삼았다. 반면에 박규수는 유교에 정통한 전통적 사대부의 입장에서 유교로부터 신분제도의 완화 결론을 이끌어내었다.

청국에 대한 입장 또한 마찬가지였다. 박규수는 사상으로서의 중화주의와 정책으로서의 사대교린을 구분하여, 동도를 신봉하면서도 청국과 유화적인 관계를 맺을 것을 주장했다. 박규수에게 중화와 청국은 동일하지 않았지만, 청국은 중화가 아니라하더라도 결코 배척할 대상이 아니었다. 이는 유교와 청국을 동일시하여 유교의 종주국인 청국과의 전쟁을 문명전쟁으로 여기고, 청국의 패망을 통해 유교의 종말을 기원했던 후쿠자와의 논리적 비약과는 확연한 차이를 드러낸다.

본 4장에서 다룰 유길준의 경우는 사정이 좀 더 복잡하다. 향후 자세히 살펴볼 바와 같이 유길준은 후쿠자와의 문명개화론을 수용했으면서도 유교를 보존하려고 애썼고, 유교의 윤리성을 인정하면서도 만민평등의 원칙에 기초해서 신분제도를 폐지하고자 했다. 이와 같은 점을 염두에 두고, 유길준의 경우를 살펴보고자 한다.

2. 신분제도 및 유교에 대한 유길준의 입장

19세기 후반 조선의 대표적인 근대적 지식인이자 한국 근대의 선구자라고도 불리는 유길준의 생애는 개항(1876)과 임오군란(1882), 갑신정변(1884)과 갑오개혁·청일전쟁(1894), 을사늑약(1905)과 경술국치(1910)를 모두 아우른다.

1856년에 서울 양반들이 거주하던 북촌 계동에서 노론 명문 가문의 자제로 출생한 그는 1866년에 병인양요를 맞아 피난길에 나서기도 했으며, 1873년에 박규수를 만나 수학하게 된다. 박규수가 건네준 『해국도지(海國圖志)』 등의 저술을 탐독하기 시작한 그는 1874년에 과거 응시를 포기하기로 마음먹고, 일본으로 유학가기 전까지는 박규수·유홍기·오경석·강위 등의 지도를 받았다.

1881년에 신사유람단을 따라 일본을 방문한 유길준은 후쿠자와 유키치가 운영하는 게이오 의숙에 입학한 뒤, 후쿠자와의 집에 기거하며 개인적인 교습을 받았다. 그는 후쿠자와가 발행하는 『시사신보(時事新報)』에 문명개화를 위한 신문의 중요성을 강조하는 글을 기고하기도 했으며, 귀국한 뒤에는 후쿠자와의 지원하에 『한성순보(漢城旬報)』 간행작업 실무를 맡기도 했다. 1883년 보빙사와 함께 미국을 방문한 유길준은 다시 한 번 국비장학생의 자격으로 유학하게 되었으며, 이 과정에서 사회진화론의 대가인 에드워드 모스(Edward Morse, 1838~1925)의 지도를 받게 된다.

그는 갑신정변 이듬해인 1885년에 귀국했는데, 개하당의 요인으로 지목되어 장기간 연금 상태에 들어가게 된다. 이때 작성한 여러 저술 가운데 가장 대표적인 것이 다름 아닌 『서유견문』이다. 『서유견문』은 1889년에 이미 완성되었으나, 1895년 갑오개혁 기간 중에 후쿠자와가 설립한 일본의 출판사에서 발간되었다.[70] 1894년에서 1896년 초까지 진행되었던 갑오개혁에서 유길준은 핵심적인 역할을 담당하였으며, 『서유견문』이 그의 이론적 배경이었음은 분명하다. 비록 갑오개혁이

---

[70] 위의 책, 86쪽.

중단되고 유길준이 역적으로 몰린 까닭에 금서로 지정되고 말았지만, 『서유견문』은 안창호를 비롯한 계몽 운동가들에게 큰 영향을 끼쳤으며 향후 개화 운동의 전개에 크게 기여하였다.[71)]

방대한 분량의 『서유견문』을 자세히 분석하는 것은 본 논문의 목표가 아니다. 필자는 유길준이 후쿠자와의 『서양사정』 등을 참고하여 『서유견문』을 쓴 까닭에 유사한 개념어와 문체를 사용하고 있지만,[72)] 그럼에도 불구하고 유길준은 유교에 입각한 문명개화와 만민평등을 논하고 있기에 반(反)유교주의에 입각한 후쿠자와와 사상적 입장이 다르다는 점을 주로 논하고자 한다.

『서유견문』의 핵심에 해당하는 제14편 「개화의 등급」에서 유길준은 후쿠자와의 경우와 마찬가지로 세계 여러 국가들을 개화의 달성도에 따라 미개(未開)·반개(半開)·개화(開化)의 세 등급으로 나눈다. 미개한 국가의 국민들은 자국이 개화의 문명국으로 나아가기 위한 경려(競勵)를 아끼지 않아야 함은 물론이다.[73)] 여기까지만 보면 유길준의 사상은 후쿠자와의 문명개화론과 별다른 차이가 없어 보인다. 후쿠자와는 열등한 유교문화와 우월한 서양문명을 날카롭게 대립시켰으며, 유교문화를 폐기하고 서양문명으로 나아가는 길이 곧 미개로부터 개화로 진보하는 것이라고 확신했다.

그런데 유길준은 이 지점에서 후쿠자와와는 다른 길을 걷는다. 그는 개화를 '행실의 개화' '학술의 개화' '정치의 개화' '법률의 개화' '기계의

---

71) 위의 책, 87쪽.
72) 유길준의 『서유견문』과 후쿠자와의 『서양사정』 사이의 동이(同異)에 관해서는 안용환, 「유길준의 개화사상과 대외인식의 관한 연구」, 명지대학교 박사학위논문, 2009 참조.
73) 유길준, 『서유견문』, 서해문집, 2004, 394쪽 참조.

개화' '물품의 개화' 등 6가지로 구분한 뒤, 다른 모든 개화는 시대에 따라 변할지언정, 유교의 오륜(五倫)을 충실히 이행하는 '행실의 개화'만큼은 동서고금을 막론하고 불변하는 가장 보편적이고 핵심적인 개화의 요소라고 주장했다.[74] 이는 유교사상을 철저히 비판하고 부정한 후쿠자와와는 매우 다른 점이다. 그는 서양문명을 개화의 최정상으로 상정한 뒤, 문명이란 곧 동양이 아닌 서양문명을 의미하고 그것이 목표되어야 한다는 점을 분명히 했기 때문이다.[75]

우리는 앞서 후쿠자와가 오륜에 대해 올바른 이해를 지니고 있지 못했으며, 오륜을 철저히 부정했다는 점을 살펴보았다. 그러나 유길준은 도리어 오륜을 '행실의 개화'의 핵심으로 여겼으며, 오륜이 실천되어야만 참된 개화(眞開化)를 달성할 수 있다고 주장했다. 이는 유길준이 제국주의적 사회진화론을 후쿠자와 유키치와 에드워드 모스로부터 교육받았음에도 불구하고, 자신이 배운 바를 주체적으로 수용하려는 노력을 아끼지 않았음을 보여준다고 할 수 있다. 후쿠자와는 유교사상을 극복해야만 개화를 달성할 수 있다고 여겼지만, 유길준은 유교사상의 핵심 가운데 하나인 오륜사상이 결여될 경우 개화는 달성 불가능하다고 보았던 것이다.

신분제도의 경우 또한 마찬가지이다. 우리는 앞서 후쿠자와가 유교사상과 신분제도를 동일시하여 신분제도 폐지와 유교 폐지를 동시에 주장했던 반면, 전통적 사대부인 박규수는 오히려 유교 경전에 근거하여 사민평등이라는 결론을 이끌어내었음을 살펴보았다.

한편 유길준은 "사람의 사람되는 권리는 현우 빈부 귀천 강약의 분

---

[74] 위의 책, 394쪽 참조.
[75] 정용화, 앞의 책, 2004b, 133쪽.

별이 없으며, 사람 위에 사람 없고 사람 아래도 사람 없으며, 임금이나 서민의 구별은 다 인간 사회의 법률이나 인륜이라는 큰 벼리 위에 세워진 '지위의 구별'에 지나지 않는 것이다."라고 함으로써 만민평등의 원칙을 분명히 했다.[76] 그렇다면 유교를 기초로 하여 문명개화를 새로 쓰고자 했던 유길준은 만민평등과 유교를 어떻게 연결시켰을지 궁금해진다.

근래 황태연과 같은 정치학자는 유교사상에 본디 만민평등의 내용이 갖추어져 있음을 잘 밝혔다. 예컨대『서경(書經)』「五子之歌」에는 우 임금의 다음과 같은 말이 보인다.

> 백성은 가까이 할지언정 얕잡아보아서는[버려서는] 안 된다. 백성은 나라의 근본이니, 근본이 견고하여야 나라가 튼튼하다. 내가 천하(天下)를 보건대 미련한 지아비와 부인 한 사람도 우리보다 낫다.[77]

한편 맹자는 이 민본주의 정치철학을 민귀군경론으로 정식화함으로써 민본주의적 민주주의와 폭군방벌·역성혁명론의 대의를 확립한다.

> 백성이 가장 귀하고, 사직은 그 다음이고, 임금이 가장 가볍다.[78]

이 민유방본, 민귀군경은 "천하에 나면서부터 귀한 자는 없다."[79]는 공자의 천부적 인간평등론과 궤를 같이 한다.[80] 다시 말해, 만민평등의

---

76) 유길준, 앞의 책, 137쪽 참조.
77)『書經』「五子之歌」: 民可近 不可下. 民惟邦本 本固邦寧 予視天下 愚夫愚婦 一能勝予.
78)『孟子』「盡心下」: 民爲貴, 社稷次之, 君爲輕.
79)『禮記』「郊特牲」: 天下無生而貴者也.

개념은 공맹사상에 처음부터 존재하고 있었던 것이다.

이 때문에 김봉진은 서구 계몽시대의 "천부인권 = 자연권 = 자연법" 사상은 유교의 주자학 사상을 매개로 유길준의 사상에 녹아들 수 있었다고 말한다. 그에 따르면 주자학 내에서 인간과 만물은 천리 앞에 평등하며, 천리는 국가나 제도를 초월한 보편적 자연권이라는 점에서 서양의 천분인권과 실질적인 맥락을 공유한다. 『서유견문』에 보이는 만민평등관은 조선 전통의 천리자연권 사상에 근간한 것이다.[81]

실제로 유길준은 『서유견문』에서 천지(天地)의 정리(正理)에 따라 행동해야 한다고 주장하며, 욕심(慾心)을 억제하고 천리(天理)를 보존하여[存天理遏人慾] 도를 따르는 것[率性]이 곧 양자유(良自由)라고 주장한다.[82] 이는 전통적 사대부 교육을 충실히 받은 유길준이 후쿠자와와는 달리 주자학의 전통을 최대한 보존해가며 문명개화를 논하고자 했다는 점을 분명히 보여준다.

유교를 근간으로 삼아 문명개화를 이룩하려는 유길준의 노력은 '모든 국민을 사(士)로 만드는 것[國民皆士]'을 목표로 흥사단(興士團)을 설립했던 그의 의중에서도 잘 드러난다.

> 오늘의 사(士)가 옛날의 士와 다른 까닭은 옛날의 士는 사민(四民)의 하나에 위치하여 하나의 특수한 계급을 이루니 이는 당시 교육을 받아 士 되기에 족한 지식 도덕을 홀로 가진 고로 그 명칭을 향유하였으나 오늘에는 그렇지 않아 농상공 중 어떤 직업에 종사하든지 士의 지식과 도덕을 갖춘다

---

80) 황태연, 『백성의 나라 대한제국』, 청계, 2017 참조.
81) 김봉진, 「서구 '권리' 관념의 수용과 변용―유길준과 후쿠자와 유키치의 비교 고찰」, 『동방학지』 vol.0, 연세대학교 국학연구원, 2009 참조.
82) 유길준, 앞의 책, 153쪽 참조.

면 역시 士니, 하필 그 업무에 따라 명칭을 구별하리오.[83]

우리는 앞선 3장에서 박규수가 「사론(士論)」을 통해 도덕을 갖춘 군자라면 직업과 직위에 관계없이 모두 사(士)라고 주장했음을 기억한다. 이제 유길준은 사민(四民)뿐만 아니라 모든 국민들이 사(士)의 지식과 도덕을 갖춘다면 사(士)의 자격을 갖춤을 선언한다. 이는 신분제도와 유교사상을 동일시하고, 유교사상을 폐기한 자리에 서양의 계몽사상을 세워 만민평등을 주장했던 후쿠자와와는 그 원류(原流)를 달리한다.

나아가서 청국에 대한 유길준의 기본적인 시각 또한 우리는 짐작해 볼 수 있다. 유길준은 1883년에 저술한 「세계대세론」에서 청중국을 '지나(支那)'라고 폄하하여 부르고 있다.[84] 김옥균 등과 정변을 약속했을 정도로 막역한 사이였던 유길준은 후쿠자와와 마찬가지로 청국에 대해 부정적인 시각을 지니고 있었다. 하지만 전통적 사대부 출신인 유길준은 청국이 유교의 종주국이라는 이유를 덧붙여 폄하하는 오류는 저지르지 않았다. 유길준은 한국이 러시아의 침략을 모면하는 등 주권을 유지할 수 있었던 까닭이 바로 청국의 보호 때문이라고 생각했으며,[85] 전통적인 한·중 관계를 긍정적으로 인식했다.[86] 유교와 유교의 종주국을 분리해서 사고했다는 점에서, 유길준과 후쿠자와는 시각차를 보였던 것이다.

---

[83] 유길준전서편찬위원회, 『유길준전서』 vol.2, 一潮閣, 1971, 364쪽.
[84] 정용화, 「근대 한국의 동아시아 지역 인식과 지역질서 구상」, 『국제정치학논총』 vol.46, 한국국제정치학회, 2006, 62쪽.
[85] 현광호, 『한국 근대사상가의 동아시아 인식』, 선인, 2009, 106쪽.
[86] 최규진, 「청일전쟁기 지식인의 국제정세 인식과 세계관」, 『아시아문화연구』 vol.26, 경원대학교 아시아문화연구소, 2012, 162쪽.

우리는 1장에서 '사대부'가 단순한 직업이나 지위의 문제가 아닌, 유교적 도덕소양을 갖춘 군자에 가깝다고 이미 밝혔다. 이를 통해서 볼 때 전통적 사대부인 박규수가 '근대적 사대부'의 맹아를 제시했다면, 유길준은 '근대적 사대부'라는 새로운 인간상을 선언하고자 했다는 점을 알 수 있다.

결과적으로 우리는 19세기 말 조선에서 전통적 사대부와 근대적 지식인의 연속성을 확인했으며, 근대적 지식인의 전형이었던 유길준의 안에서도 변치 않는 사대부의 면모를 발견할 수 있었다. 적어도 갑오개혁과 청일전쟁을 전후한 1894년까지의 시기에서 동도(東道)는 여전히 적지 않은 영향을 끼치고 있었던 것이다.

V. 나가는 말

전통과 근대를 날카롭게 분리하는 서구중심 유물사관으로부터 탈피하여 유교의 관점에서 서양문명을 주체적으로 수용하고자 했던 조선의 노력을 탐구하는 작업을 지속해오고 있는 정용화에 따르면, "근대 전환기 지식인의 문화적 근본가정은 유교 윤리였으며,"[87] "조선의 근대화는 서구문명의 일방적 주입이 아니라, 수용자의 주체적 수용에 따른 메타모르포시스였다."[88] 이 때문에 19세기 주요 지식인들 가운데에는 전통적 사대부와 한층 떨어져있는 것처럼 보이면서도 실상 유교적 가치관을 소중히 여기고 보존하고자 했던 근대적 사대부들이 적지 않았

---

[87] 정용화, 앞의 책, 2004b, 47쪽.
[88] 위의 책, 37쪽.

다. 왜냐하면 본 연구의 시대적 범주인 19세기 말까지 조선 지식인들의 주된 문화적 에토스는 여전히 유교였기 때문이다.

물론 필자는 윤치호나 서재필(徐載弼, 1864~1951)과 같이 서도서기(西道西器)의 입장으로 완전히 돌아선 서구적 지식인의 존재를 부정하지 않는다. 실제로 청일전쟁에서 일본의 승리 이후 조선 식자층에서 유교의 영향력은 날로 감소되고, 약육강식과 우승열패의 제국주의적 사회진화론이 갈수록 우위를 점하게 된다.[89] 이와 동시에, 1900년대 계몽운동시기에는 박은식(朴殷植, 1859~1925)과 장지연(張志淵, 1864~1921) 등을 중심으로 유교를 개혁하면서 동시에 서양문명을 수용하여 근대적인 개혁을 추진하려는 움직임이 활발하였다.[90] 하지만 20세기 초반 사대부와 지식인의 성격에 대한 분석은 후속연구의 주제로 삼고, 19세기 후반 사대부에서 지식인으로 메타모르포시스했던 대표적인 인물들에 대한 연구는 여기에서 마무리하기로 한다.

---

[89] 배항섭, 「동도서기론의 구조와 전개양상」, 『史林』 vol.0, 수선사학회, 2012 참조.
[90] 김도형, 앞의 책, 348쪽.

예교(禮敎)에서 종교(宗敎)로
대한제국기 종교정책과 배경 담론들을 중심으로

이종우

예교(禮敎)에서 종교(宗敎)로
- 대한제국기 종교정책과 배경 담론들을 중심으로

I. 머리말

 본고의 목적은 근대 종교 지형이 예교에서 종교로 변모해 가는 과정을 대한제국기의 종교정책과 종교정책의 배경이 되는 담론들을 중심으로 검토하는 것이다. 특히 대한제국기 종교정책이 서구와 일본으로부터 유입된 '종교' 개념 유입의 영향을 받았으며, 대한제국의 건국 취지였던 구본신참(舊本新參)이 반영되었으나, 실제로는 종교 개념에 대한 깊은 이해가 없는 구본(舊本)의 성격이 더 강했으며, 그 배경 담론 속에서도 큰 차이가 없었음을 밝히고자 한다.
 종교라는 개념이 들어오기 전까지 우리가 흔히 종교로 분류하는 여러 존재들이 있었다. 이 가운데 유교(儒敎, confucianism)라는 글자를 풀이

하면, 유(儒)는 기본적으로 관직에 진출하지 않았지만, 유교적 소양을 배우고 공부하고 있는 사람을 뜻한다. 특히 사람인변을 뺀 수(需)라는 글자는 '쓰이다'라는 뜻인데, 이것은 사람인변과 합쳐져서 당대의 가치관과 체제 유지에 필요한 사람이라는 뜻으로 쓰이는 것으로 보인다. 또한 유교(儒敎)라고 말할 때의 '유(儒)'란 '젖어든다'는 뜻으로, 과거 어진 이가 가르친 도(道)를 배우고 익혀서 자기 몸에 젖게 한다는 뜻으로 풀이 할 수 있다. 또한 유교의 영어 번역인 confucianism의 경우, 말 그대로 공자의 가르침을 따르는 사람들이라는 뜻이다. 글자의 풀이를 종합하면, 유교는 당대의 가치관과 체제를 유지하기 위해 사람들이 배우는 가르침인데, 그 대표적인 것이 공자의 가르침이라고 말할 수 있다. 이것은 유교의 지향점이 단순히 공부하는 것뿐만 아니라 수양(修養)과 의례(儀禮)를 통해 몸에도 그 정신을 익히는 것이라는 것을 의미한다.

이와 같은 유교의 성격은 예교의 개념과 연결된다. 또한 이러한 유교의 성격을 염두에 두고 "예교문화"가 조선사회를 구성한다[1]고 주장하는 연구자도 있다. 예교의 사전적 정의는 "예의에 관한 가르침"이다. 그런데 예교의 정의를 사전적 정의 차원에서 조금 확산하면 그 내용은 사뭇 종교적인 모습을 띤다는 주장도 있다. 장기근은 "예교(禮敎)는 만물의 근원이며 생성발전(生成發展)의 주재자(主宰者)인 천(天)의 절대 진리·절대선을 본성으로 좇아 행하고, 또한 남들도 천도(天道)를 따르고 행하게끔 교도(敎導)하는 것이다."[2]라고 주장하였다. 이러한 주장은 상당 부분 특정 종교 중심적인 종교의 정의를 전제로 한 것으로 보인다

---

[1] 박종천, 「조선 후기 예교적 시선의 변주와 변화」, 『태동고전연구』 제35집, 한림대학교 태동고전연구소, 2015, 288쪽.

[2] 장기근, 「예(禮)와 예교(禮敎)의 본질(本質)」, 『동아문화』 제9집, 1970, 77쪽.

는 한계가 있다. 또한 김지영은 정치보다 향음주례와 같은 예제를 더 중요하게 여긴 것에 주목하면서 예교를 "민간의 풍속을 자연스럽게 바꾸어[矯俗] 공존적 조화를 목표로 한 덕의 질서를 구현하는 것"으로 정의하였다.3) 김지영의 예교에 대한 정의는 장기근의 주장의 한계를 상당 부분 보완한 개념이라고 생각한다.

예교는 구별을 통해 질서를 형성하고 규율을 통해 그 질서를 유지하는 시스템이다. 특히 유교적 질서의 기준으로 문화적 경계를 설정하고, 그 경계를 중심으로 인간과 짐승, 문명과 야만을 구분하는 매커니즘이다.4) 즉 예(禮)는 적절함과 적절하지 않음이 그 핵심이라는 의미이다. 예를 들어서 특정한 자리에서 특정한 행동을 하는 것의 옳고 그름의 여부나 특정한 지위에 있는 존재가 특정한 행동을 하는 것이 이치에 맞는지의 여부가 예에서 중요하게 여겨지는 것이다. 이러한 기준을 근대화의 맥락 속에서 생각한다면, 오랑캐로 간주했던 세력인 서구 열강과 일본이 무너지고, 내심 오랑캐로 생각했지만 상국(上國)의 지위에 있었던 청(淸)이 몰락하는 등의 다양한 맥락이 존재했다.

종교의 경우 독일어 렐리지온(religion)을 일본어로 번역히는 과정에서 생긴 말인데, 번역 과정에서의 다양한 맥락이 거의 그대로 조선에 들어 왔다. 이것은 대한제국 이전에 있었던 종교와 비슷한 다양한 존재들을 종교로 부르기 시작했다는 것을 의미하고, 이전에 있었던 것을 '종교'로 뭉뚱그려서 일컬어 왔다는 것을 의미한다. 그리고 이것은 기존에 있었던 것들을 종교로 적용하는 과정에서 다양한 현상들이 있었다는 것을

---

3) 김지영,「조선시대 국가 향례위주(鄕禮儀註)의 예교론(禮敎論) 검토」,『조선시대사학보』제87호, 조선시대사학회, 2018, 171쪽.
4) 박종천, 앞의 글, 289쪽.

뜻한다. 이것은 근대(近代)라는 맥락과 그 궤적을 같이 한다.

　이러한 예교와 종교의 정의를 전제로, 예교에서 종교로의 변모가 일어난 시기가 바로 대한제국기이다. 사전적 정의로 대한제국은 1897년 10월 12일부터 1910년 8월 29일까지의 조선의 국명 혹은 조선왕조의 국가이다. "조선의 국명"이라는 말과 "조선왕조의 국가"가 혼재하는 것은 조선왕조의 왕이었던 고종(高宗)이 대한제국의 황제로 등극했기 때문인 것으로 보인다. 이로 인해 대한제국기가 조선의 연장선상에 있다는 판단에서 학계의 연대기 분류에서 빠지는 경우도 있다. 그러나 대한제국기는 스스로가 제국을 선포한 시기인 동시에 다른 한 편으로는 근대와 서구 열강을 비롯한 일본의 침략을 받는 상황에서 국체를 지키고 생존하기 위해 노력한 시기이다. 조선 말에 종교라는 개념이 들어오기 시작했고, 대한제국기의 정책에서 종교라는 개념이 본격적으로 정책에 반영되었다는 점에서 대한제국기 종교정책을 검토하는 것은 예교에서 종교로 지형이 변하는 과정을 검토하기 위한 유용한 방법이 될 것이다. 아울러 대한제국기 종교정책을 둘러싼 담론들을 검토하는 것은 종교정책의 사상적 배경과, 당시 종교와 관련된 다양한 맥락과 경향을 확인할 수 있다는 의의를 가지고 있다.

　본고에서 대한제국기의 종교정책은 특히 구본신참(舊本新參), 즉 옛 것은 바탕으로 삼고, 새로운 것은 참고한다는 개념 속에서 검토될 것이다. 구본신참은 대한제국 건국 주체와 지배층의 근대와 서구 문물을 바라보는 시각으로, 종교정책의 상당 부분에서 이러한 모습을 확인할 수 있다. 그리고 구본신참이라는 인식의 틀은 종교를 둘러싼 담론들 사이에서도 발견된다. 이에 본 연구에서는 대한제국기 종교정책을 "구본 중심의 종교정책"과 "신참 중심의 종교정책으로 구분하여 서술하고

자 한다.

　기존의 선행연구들은 주로 대한제국기의 개별 종교 정책 검토에 집중[5]하거나, 종교 개념의 유입과 그에 다른 종교지형의 변화[6]를 검토하는 것들이 주를 이루었다. 그리고 종교 개념 도입에 따른 당시 종교지형 변화와 개별종교의 대응 양상을 총체적으로 집대성한 연구사례도 존재한다.[7] 아울러 개화기 당시 지식인들이었던 위정척사파와 개화파 모두 당시 유입된 개념인 "종교=기독교"라는 인식을 가지고 있었고, 도덕과 교화, 즉 국민교화와 단결을 위해 유교를 종교화시키거나 기독교를 적극 받아들여야 된다는 인식을 가지고 있었다는 연구[8]도 존재한다. 추가로 일제강점기 종교정책과 당대 종교지형을 검토하면서, 일본의 "교(敎)" 개념을 바탕으로 한 종교정책이 일제강점기 종교정책의 근간이 되었고, 근대 동아시아 갈등의 종교적 배경이 되었다[9]는 주장도 존재한다. 그러나 기존의 연구 방식에서 주로 사용했던 개별 종교의 틀에서 벗어나서 종교정책 전반을 염두에 두고 그 변화 양상을 검토하는 것은 종교정책이 당시 종교 현실을 반영하고, 그 종교정책이 종교지형에 영향을 끼친다는 점[10]을 고려할 때 또 다른 의미가 있을 것이다.

---

[5] 이종우, 「한국 근현대 종교정책연구-대한제국기의 불교정책과 그 대응을 중심으로」, 『숭실사학』 제32집, 숭실사학회, 2014.
[6] 장석만, 「개항기 한국사회의 "종교" 개념 형성에 관한 연구」, 서울대학교 대학원 종교학과 박사학위논문, 1992; 장석만, 『한국 근대종교란 무엇인가?』, 서울: 모시는 사람들, 2017.
[7] 한국학중앙연구원 종교문화연구소에서 한국연구재단의 기초학문육성지원사업의 결과물로 『근대성의 형성과 종교지형 변동』이라는 제목의 두 권의 총서가 그 대표적인 예다.
[8] 최경숙, 「한국 개화기의 종교관」, 『한중인문학연구』 제37집, 한중인문학회, 2012.
[9] 박광수·조성환, 「근대 일본의 '종교'개념과 종교의 도구화」, 『신종교연구』 34, 한국신종교학회, 2016, 208~212쪽.
[10] 류성민, 「한·중·일 삼국의 종교정책 비교」, 『종교연구』 제46집, 한국종교학회,

Ⅱ. 구본(舊本) 중심의 종교정책

1. 유교의 국교화

종교라는 개념이 들어오면서 기존에 존재했던 성리학은 대한제국 지배층과 지식인에 의해서 유교로 변모되었고, 국교화가 시도되었다. 종교라는 개념은 대한제국 수립 이전부터 도입되었다. 강화도조약 체결 이후 서구 열강과 수호통상조약을 체결하는 과정에서 종교라는 단어가 쓰이기 시작한 것이다. 이러한 상황에서 조선의 지배층과 성리학자들은 기존의 사상적 배경인 성리학의 정체성을 다시 고민할 필요가 있었다.

한국에 종교 개념이 들어오면서, 일반적으로 이와 대응하는 개념이라고 생각되는 '교(敎)', '도(道)', '학(學)'과는 전혀 다른 방식으로 작동하였다. 이것은 문명화를 이룩하기 위해 서구의 부국강병을 모방해야 된다는 것, 조선이라는 집단 정체성 유지를 위한 것이었다. 이러한 현상은 종교-문명화-집단정체성과 관련하여 다양한 담론을 만들어낸다. 그 결과 종교는 문명화와는 양립 가능하지만 집단 정체성 유지와는 관련이 없다는 것, 종교는 문명화와 상관없어서 쓸모가 없다는 것, 종교가 문명화와 집단 정체성에 모두 도움이 된다는 것, 종교가 문명화보다는 집단정체성의 유지와 관련 있다는 것과 연결되었다. 특히 마지막 담론은 유교를 국교로 삼아 서양 세력과 대항하고, 종교가 국민 통치의 유용한 수단이 된다는 것으로 구체화된다.[11] 이러한 모습은 성리학자들의 유교 개혁 운동에서 잘 드러난다. 유교 개혁 운동을 벌였던 박은식,

2007, 35쪽.
[11] 장석만, 앞의 책, 2017, 73쪽.

이승희, 이병헌 등은 서양 세력과 개신교에 대항하기 위해 유교를 부흥시키고자 했지만, 자신들도 모르게 개신교를 모델로 유교를 개혁하여 개신교에 대항하고자 하였다.12)

또한 같은 모습이 개화파로 분류되는 사람들에게서도 나타난다. 그 대표적인 예로 유길준은 『서유견문(西遊見聞)』에서 종교에 대하여 다음과 같은 견해를 밝혔다.

> 夫宗教는 宗尚ᄒᆞᄂᆞᆫ 敎를 謂홈이니 天地間에 何國이든지 各其服從ᄒᆞᄂᆞᆫ 宗敎의 有홈이 我邦이 孔孟의 道를 尊崇ᄒᆞᄂᆞᆫ 事와 同ᄒᆞ지라.13)

여기서 유길준은 종교를 종상(宗尚)하는 교라고 규정하였다. 여기서 종상은 으뜸으로 숭상하는 것이라는 의미로 쓴 것으로 보인다. 그런데 주목할 만한 것은 각각의 나라들이 복종하고 따른 종교가 있다고 밝히면서 공맹의 도, 즉 기존에 따르던 성리학을 같은 수준으로 보았다는 점이다. 이러한 유길준의 주장은 서구의 종교 개념이 도입된 이후 자신들이 믿고 따르던 것을 종교라고 인식한 사례로 볼 수 있다.

> 夫宗敎者는 何오 欲以教全國之民而使篤信其道하여 一其志以團其體者也라 故로 有國則必有敎하니 儒敎佛敎道敎神敎基督等이 是也라. -(중략)- 儒敎國之民은 知有先聖先師之敎而不知所以宗之之義 故宗敎二字를 史不能書之하고 人不能名者 久矣라.14)

---

12) 위의 책, 283쪽.
13) 유길준, 「泰西宗敎의 來歷」, 『西遊見聞』.
14) 김성희, 「敎育宗旨續說」, 『大韓自強月報』 12호, 광무 11년(1907) 6월.

위의 글에서 주목되는 것은 유교, 불교, 도교, 신도, 기독교 등이 병치되고 있다는 것이다. 이러한 사례 역시 적어도 1907년경에는 유교가 서구의 종교와 비슷한 수준으로 인식되고 있었다는 것을 보여준다. 특히 서구에서 유입된 종교라는 개념에 포함되는 종류 중 하나로 인식되고 있는 것을 보여주는 것이기도 하다. 아울러 유교 국가의 백성이 성현과 스승의 가르침을 그 종지로 삼고 있었지만, 종교라는 개념을 알지 못했기 때문에 오랫동안 유교가 종교라는 것을 알지 못했다고 주장하고 있다는 점도 주목할 만하다.

이러한 과정에서 당대 성리학자와 개화론자들이 종교에 대하여 가진 시각을 확인할 수 있다. 이러한 지식인들의 주장이 구체적으로 가시화 되어서 종교나 사회라는 용어의 개념이 오늘날과 거의 비슷하게 정립된 것은 1900년대 초다. 이러한 가운데 종교는 오늘날과 유사한 수준의 정의를 가진 개인, 사회, 국가를 부패시키지 않고, 응결(凝結)시키며, 환산시키지 않고 서로 주합(注合)시키는 역할을 한다는 의식이 있었다. 그리고 이것은 곧 '도덕심의 배양'을 의미하는데, 기존 종교인 유교는 그 역할을 하지 못하고 있다는 지적도 등장했다.[15] 그 대표적인 예가 박은식의 종교에 대한 관점이다.

> 공자의 가르침을 국가 안에 진작시켜 사람들의 마음을 적셔준다면 국가의 튼튼한 기초가 융성하게 성립할 것이다. −(중략)− 종교란 도덕의 학문이다. 제과(諸科)의 학교는 경제(經濟)의 기술이다. 두 가지는 본디 병행해야 하지만 국가는 도덕의 교육에 더욱 정성을 기울여 힘을 써야만 한다.[16]

---

15) 김종준, 「대한제국기 언론의 '종교사회' 인식」, 『역사교육』 제114호, 역사교육연구회, 2010, 436쪽.
16) 박은식, 「종교설」, 『백암 박은식전집』Ⅲ, 서울: 동방미디어, 2002, 368~370쪽.

박은식은 종교를 도덕의 학문으로, 그 외의 학교는 세상의 물산(物産)과 관련된 경제의 기술을 가르치는 곳으로 보았다. 여기에서 박은식이 가지고 있던 종교와 그 외의 분야와의 분리의 의도를 확인할 수 있다. 그러나 박은식 역시 종교를 도덕이라고 규정짓고, 여러 분야 가운데 종교 쪽에 좀 더 비중을 두고 있었다. 이것은 실용적인 측면을 조금 염두에 두고 있을 뿐이고, 기존의 수구적인 도학자가 가지고 있던 관점에서 크게 벗어나지 못한 수준으로 해석될 수 있다.

종교 개념의 도입, 성리학자들의 유교 개혁의 움직임은 실제 대한제국의 신료들에게도 확인된다. 그 예로 다음과 같은 기록을 들 수 있다.

> 이 세상의 여러 나라에는 모두 이른바 종교라는 것이 있는데, 신(臣)은 어떤 종교인지는 모르지만 각기 그 교리를 가르치면서 서로 침해하거나 금지하지 않아도 자주 자강(自主自强)하는 일에 해롭지 않습니다. 그런데 어찌 유독 우리나라만이 유교(儒敎)가 기본이라는 것을 아랑곳하지 않고 일체 무용지물로 여긴 후에야 부강해지는 방도를 배울 수 있겠습니까?[17]

위의 인용문은 종교라는 말에 대한 당시 신료의 인식을 드러내는 첫 기록이다. 여기에서 신료들 역시 세계 종교에 대한 인식을 가지고 있었고, 이것을 바탕으로 유교를 조선의 국교를 만들어 내야 국체를 지킬 수 있다는 의지가 엿보인다. 그리고 고종은 다음과 같이 선언한다.

> 세계 만국에서 종교를 높이고 숭상하여 힘을 다하지 않는 것이 없으니, 그것은 모두 사람들의 마음을 깨끗하게 하고 정사를 잘 다스리는 방도가 나

---

[17] 『고종실록』 33권, 고종 32년(1895) 6월 10일 기묘, 1번째 기사.
http://sillok.history.go.kr/id/kza_13206010_001

오기 때문이다. 그런데 우리나라에서 종교는 어째서 존중되지 않고 그 실속이 없는가? 우리나라의 종교는 우리 공부자(孔夫子)의 도가 아닌가?[18]

위의 내용은 고종 1899년에 선포한 『존성윤음(尊聖綸音)』이다. 여기에서 고종은 대한제국의 종교를 공자의 도라고 밝혔다. 이것은 근대식 학제 도입 등으로 성균관의 위상이 낮아진 상황에서 반발하는 유림을 달래기 위한 조치였다. 무엇보다도 고종은 여기에서 종교=도(道)의 등식을 밝혔다.[19]

여기에서 일본의 국가 신토[神道]에서 유사한 모습이 나타난다는 점은 흥미롭다. 일본에서 불교와 신토는 기독교와 대면하면서 한편으로는 기독교를 모방하고, 다른 한편으로는 일본의 집단적 정체성을 지켜야 한다는 두 가지 과제에 동시에 직면했다. 일본은 불교와 기독교 등의 '종교'와 신토를 구분하기 위해 '신토'라는 용어를 종교를 넘어서는 것으로 차등화하려고 노력했다. 일본도 서구의 기독교와 유사하면서도 서구 기독교에 대항할 수 있는 강력한 정신적 기반을 가질 필요성을 상정했고, 신토가 천황제를 뒷받침할 수 있는 힘을 가지고 있었다고 보았다.[20]

이러한 모습이 대한제국기 유교를 국교화하는 과정과 비슷하다는 주장이 있다. 임부연의 주장이 대표적인 예인데, 임부연은 "조선왕조를 벗어나 근대적인 민족국가를 지향한 대한제국시기에도 국가의 예절·

---

[18] 『고종실록』39권, 고종 36년(1899) 4월 27일 양력, 2번째 기사.
http://sillok.history.go.kr/id/kza_13604027_002
[19] 임부연, 「근대 유교지식인의 '종교' 담론」, 『근대 한국 종교문화의 재구성』, 경기: 한국학중앙연구원 종교문화연구소, 2006, 59쪽.
[20] 장석만, 앞의 책, 58~60쪽.

음악·형벌·정치 등 문물과 제도는 여전히 유교를 기본 요소로 구성되어 있었다. 이러한 현실 때문에 사적인 개인이 절대자와 맺는 초이성적인 관계가 중심인 근대 서양종교와 달리 유교는 철저히 국가의 공적인 제도와 문물의 차원에서 자기 정체성을 찾으며, 결국 유교가 국민의 정신을 통합하는 국민 교육 차원에서 가장 중요한 의미를 갖는 국교였다."21)고 했다.

그런데 위의 『존성윤음』 부분 뒤에서 고종은 종교가 밝지 않아 다양한 화(禍)가 일어남을 탄식하면서 자신을 '종주(宗主)'로 표현하였다. 이것은 고종이 말하는 '종교'가 근대적 의미보다는 한자 그 자체로 문자적으로 이해하고, 으뜸가는 가르침으로서의 유교를 가리키는 것으로 볼 수도 있다. 일본에서 국가신토를 분리한 모습과는 다른, 매우 전근대적인 모습을 드러내는 것으로도 보인다.

일제가 국권을 강점 한 이후 유교는 조선총독부에게도 여전히 같은 맥락으로 인식된 것으로 보인다. 조선총독부가 성균관을 경학원(經學院)으로 개편해서 총독부 산하의 교화기관으로 전환시킨 것은 국권 상실 이후에도 유교가 여전히 종교로 인식되었다는 것을 보여준다22)는 주장도 존재한다. 이러한 사실은 유림들 중 일부가 일본의 국권침탈에 협조했다는 것을 보여주는 것 이외에도 실제 침략 주체인 조선총독부 역시 당시까지 존재했던 성균관을 비롯한 유력 유림으로 대표되는 유교를 종교로 인식했다는 것과 아울러 일제에 협력했던 유림들 역시 이것에 동조했다는 것도 보여준다. 이 과정에서 기존에 유림들이 자신의 정체성을 종교 개념 유입 이전의 것으로 보았다가 종교 개념 유입으로

---

21) 임부연, 앞의 책, 67~68쪽.
22) 위의 책, 73쪽.

바뀐 것인지 아니면 일제의 침략에 협조하는 과정에서 자신들의 정체성을 서구의 종교 개념에 맞춘 것인지는 좀 더 검증이 필요하다. 그러나 유교의 여러 덕목이 도덕 교육의 역할을 자임하고 황민화 논리를 정당화히고 부응하는 노습을 보여준 것을 고려했을 때 정교가 유착하는 또 다른 모습을 확인할 수 있다.

이러한 일련의 모습을 현대의 관점에서 '유교 국교화의 시도'라고 설명할 수 있을 것이다. 종교라는 개념이 유입되면서 당대 지식인들이 기존의 성리학을 종교로 간주할지, 혹은 서구의 종교와 유사한 모습으로 탈바꿈할지, 종교가 사회 유지에 어떻게 기여할지 여부에 대한 많은 주장들이 존재했다. 또한 종교 개념과 기존의 성리학에 대한 변화 논의는 신료들 사이에서도 이어진다. 그러나 실제 고종의 『존성윤음』에서는 종교의 개념에 대한 이해가 부족한 상황에서 유교를 국교화 하고, 자신이 종교화 된 유교의 지도자가 되려는 모습이 보인다. 이것은 종교 개념에 대한 부족한 이해를 전제로 과거의 성리학을 기본으로 해서 종교의 모습을 갖추려는 구본신참의 모습이 확인된다.

2. 중화에서의 탈피

대한제국은 스스로 제국임을 선포함으로서 기존의 중화의 세계관에서 벗어나려는 의지를 표명했다. 한영우는 대한제국의 건국 취지 중 '조선유일중화(朝鮮唯一中華)' 사상과 '조선정통론(朝鮮正統論)'에 주목하였다. 그래서 "이 두 가지는 도덕적으로 서로 상부상조하던 동양문화의 전통이 청(淸)의 등장으로 깨지고, 명나라의 도덕문화를 계승한 조선이 명의 정통을 잇게 되었다는 자부심을 말한다. 그래서 대한제국이 도입한 명나라 황제의 격식을 모델로 하여 각종 국가의례를 재정비하였다. 일본이 강요한 양력의 전적인 사용을 억제하고 음력을 병행한 것도 전통적인 제사와 명절을 그대로 유지하여 황실의 역사적 정체성과 정통성을 계승하려는 뜻이 담겨 있었다."23)라고 주장하였다.

조선시대 예교적 시선은 본래 문명과 야만, 문화의 중심과 주변이라는 이분법적 구도에 따라 중화와 오랑캐의 구분을 정당화했다. 조선은 예교문화의 관점에서 중국을 문화적으로 주변화함으로써 정치적으로는 저변이지만, 문화적으로는 중심의 위상을 가졌다는 소중화(小中華)의 문화적 자부심을 드러내는 것이었다. 또한, 중화의식을 내면화하여 중국의 북방과 강남의 문화적 차이를 규정하고 평사하던 중화의 문명과 오랑캐의 야만이라는 이분법적 경계를 설정하고, 조선의 영역 내부에도 적용하여 북쪽의 만주와 북관(北關) 지역을 한반도 남쪽과 대비시켜서 유교문명이 실현되는 문화적 중심과 그렇지 못한 문화적 주변의 위상 차이를 합리화했다.24) 장석만 역시 중국의 종교 개념 도입 과정을 검토하면서 "장빙린은 만주족을 타도하고 한족의 문화를 다시 세우려는 주장을 시도하였다. 이와 함께 그것은 문명이라는 이름으로 서양의 문화가 한족 문화의 주체성을 파괴하지 못하도록 저항하는 것이었다." 라고 주장하였다.25)

실제로 중화 계승의 주체는 민족적으로는 한족(漢族)이 핵심이었다. 이것은 한족 이외의 민족이 중원 대륙을 차지하고 있는 것을 오랑캐가 중화를 침범한 것으로 생각했다는 것을 의미한다. 조선이 개국했을 때

---

23) 한영우, 「대한제국을 어떻게 볼 것인가」, 『대한제국은 근대국가인가』, 강원: 한림대학교 한국학연구소, 2006.
24) 박종천, 앞의 책, 320~321쪽.
25) 장석만, 앞의 책, 65쪽.

비슷한 시기에 명(明)이 이민족인 몽골 민족의 국가였던 원(元)을 멸망시키고 개국했기 때문에 중화는 명이었다. 그런데 그 명이 또 다른 이민족인 만주족이 세운 국가인 청에 의해 멸망했기 때문에 명을 상국으로 섬겼던 조선에게 청은 중화를 침범한 오랑캐였다. 그러나 병자호란에서 굴욕적 강화를 맺은 조선은 청을 상국으로 섬겼고, 결국 청은 명을 멸망시켰다. 병자호란 이후에도 외교적으로는 조선은 청을 상국으로 섬겼지만, 내부적으로는 "조선이 소중화"라는 의식을 가지고 있었다.

이러한 모습은 대한제국 직전의 성리학자들의 인식에서도 드러난다. 의병장이자 전통 도학자였던 유인석은 그의 말년에 자신의 사상과 세계관을 단적으로 정리한 『우주문답(宇宙問答)』(1913)에서 종교 개념을 성현종교로 표현하였다. 그는 성현종교가 공자의 가르침을 기초로 하며, 중국이 중화가 될 수 있는 근거이자 근간으로 보았다. 또한 그 가르침을 숭상하지 않으면 중화 문명도 될 수 없고, 인간다운 인간인 성현도 될 수 없다고 밝혔다. 또한 서구에서 유입된 자유와 평등이라는 이념을 유교적 방식으로 재해석해서, 유교의 성인이 될 수 있는 본성 차원의 평등을 말하고, 인(仁)과 덕(德)을 자임(自任)하는 도덕적 실천 차원의 자유를 논의했다. 이러한 유인석의 주장은 서구를 오랑캐로 배척하는 화이(華夷)의 논리를 계승하였다.[26] 즉 유인석은 중화를 침범한 한족 주변의 이민족의 자리에 서구 열강 세력을 대체한 것이다. 나아가 이러한 모습은 공자의 가르침을 계승하는 것이 조선이며, 이것이 대한제국으로까지 이어졌다는 것을 의미한다.

소중화라는 사상적 배경은 실제 대한제국의 중화에서의 탈피를 위

---

[26] 임부연, 앞의 책, 59~63쪽.

한 노력이었고, 이것은 국가의례에서 구체화된다. 의례는 예교에서 핵심 중 하나였다. 예를 들어 제사는 주로 인간이 신이라는 특수한 대상과 관계를 맺기 위해 거행되는 의식이고, 예속은 인간의 현실적인 삶 또는 인간과 인간의 관계를 형성하기 위한 일체의 규범체제를 가리킨다. 즉, 제사와 예속은 각각 초월적 정신세계와 보편적 삶의 방식이라는 서로 다른 차원의 예의 의미를 구현하는 것으로 삶의 전반에 걸쳐 인간의 사고와 행위에 가장 직접적이고 강력한 영향력을 행사했다고 볼 수 있다.[27] 그리고 의례는 종교의 우주관을 보여주고, 그것을 구체적으로 몸으로 실천하는 행위였다. 즉 유교를 몸으로 구체적으로 실천하는 것이 바로 의례였다. 이것을 염두에 둔다면, 대한제국기 의례의 변화 양상의 검토는 매우 중요하다.

대한제국 성립 이후 대한제국 지배층은 천자의 격에 맞는 의례의 정비와 더불어 황실의 권위를 높이기 위하여 원구단을 건립하고 제천의례를 복원했다. 이 두 가지 변화는 남단, 사직, 산천단 등 다른 의례의 변화를 가져오면서 황제국(皇帝國)에 맞는 사전의 정비를 가져왔다. 이러한 일련의 작업은 왕실을 국가의 중심 상징으로 삼아 독립과 근대화를 추진하기 위한 것이었다.[28]

그런데 황실의 권위를 높이기 위한 의례 정비는 그 성격이 애매하다. 예교에서 핵심 중 하나는 소위 '위격에 맞음'이었다. 천자, 제후, 지방관, 평민이 할 수 있는 의례가 모두 달랐던 것이다. 대한제국 선포

---

[27] 장정호, 「유가 예교의 기원 - 제사와 예속」, 『교육사학연구』 제14호, 교육사학회, 2004, 37~38쪽.
[28] 이욱, 「근대 국가의 모색과 국가의례의 변화 - 1894년부터 1908년까지 국가 제사의 변화를 중심으로」, 『근대성의 형성과 종교지형의 변동』 I , 경기: 한국학중앙연구원 종교문화연구소, 2005, 11쪽.

이후 조선이 제국의 지위에 오른 것은 기존의 중화(中華)의 지위를 벗어난 것으로 자주성의 선포였다. 그러나 실제 황제의 격에 맞는 의례, 즉 원구단 의례를 설행한 것은 결국 기존의 격에 맞는 의례를 추구한 것으로 예교의 모습에서 벗어니지 못한 측면이다.

개항 이후 조선 말과 대한제국에 이르는 시기 동안 국가의 제사를 전면적으로 부정하는 모습은 찾을 수 없었다. 그런데 아관파천 이후 갑오개혁 때의 개혁이 원상복구 된 적이 있었다가, 일제의 침략이 구체화되던 통감부 시기는 국가 제례의 전반적인 폐지와 축소를 향해 나아갔다.29) 이러한 모습은 갑오개혁 때의 개혁이 당대의 수구보수화였다면, 통감부 시기의 모습은 국권 침탈이었다고 정리할 수 있다.

대한제국이 중화의 세계관에서 벗어나고자 했던 모습은 역법(曆法)의 변화에서도 확인할 수 있다. 역법과 시간을 아는 것은 하늘의 움직임을 알고 그것을 백성들에게 알리며 그것에 따라 백성들의 삶을 통치하는 행위였다. 하늘의 움직임을 알 수 있는 권리는 천자(天子), 즉 하늘의 아들인 중국 황제에게만 있었다. 이러한 이유로 조선조 지배층은 중국이 정한 역법을 도입할 수밖에 없었다. 그러나 대한제국의 개창과 함께 스스로가 제국임을 선포하면서 대한제국은 나름의 역법을 가져야 된다는 필요가 생겼다.

역법의 변화는 조선 말부터 나타난다. 1894년 갑오개혁의 제반 조치 가운데 하나였던 개국기원(開國紀元)의 사용과 1895년 태양력의 채택은 시간의 질서와 긴밀한 관련성을 지닌 제도의 변혁이지만, 여기에는 조선이 전통적인 중화적 세계질서에서 벗어나 명실 공히 독립국이라고

---

29) 위의 책, 49~50쪽.

하는 사실을 선언하는 상징적 의미를 담고 있다.30) 이것은 조선이 외국과 맺은 조약에서 모두 개국기원을 표시하고 있었다는 것에서도 드러났는데, 이것은 조선정부의 적극적 의지가 반영된 것이 아니라 근대적 국제 질서에 편입되는 과정에서 불가피하게 선택할 수밖에 없었던 것이었다.31)

갑오개혁의 개혁 조치에 이어 을미사변 직후 기존 11월 17일을 양력 1월 1일로 변경하는 조치와 함께 태양력을 전면적으로 시행했다. 그러나 대한제국정부의 역법 정책은 앞에서 언급한 제반 계획을 완전히 번복하는 것이었다. 이어서 1896년 『대조선 개국 오백오년 세차 병신 시헌력』을 발행했는데, 이것은 조선조 공식적 역법이었던 시헌력의 연장이었다. 그러나 조선의 전통적인 시헌력 체제를 그대로 따르면서, 역서의 상단과 맨 하단에 왕실의 제반 제사와 양력 일자를 기록했다. 이러한 모습은 이전에 볼 수 없었던 현상으로, 왕실만 알면 되었던 왕실의 각종 의례를 백성 모두가 동참할 수 있는 의례로 탈바꿈해서 독립을 위해 조선을 새로운 공동체로 바꿔야 된다는 의지에서 비롯되었다. 이후 음력 날짜를 표기하고 양력 날짜를 부기하는 방식은 1908년까지 매년 발행된 역서에서 공통적으로 나타났다. 특히 대한제국 정부의 역법 정책은 전통적인 음력의 지위를 강화하고 태양력 적용 범위를 일정한 정도에 그치게 하려는 의도가 드러난 것이다. 특히 역법을 비롯한 일련의 개혁 조치를 취했던 개화파를 역신(逆臣)으로 비난한 것에 주목할 필요가 있다. 개화파의 개혁 조치가 잇따라 국가적인 변란만 초래했다

---

30) 임현수, 「한국 근대 초기 음양 이중력의 형성과 의미 - 대한제국기 명시력(明時曆)을 중심으로」, 『근대성의 형성과 종교지형의 변동』Ⅰ, 경기: 한국학중앙연구원 종교문화연구소, 2005, 57쪽.
31) 위의 책, 57~59쪽.

는 점을 들어가면서 수구 세력이 개혁을 반대한 것이다. 그런데 이것은 단순히 반동으로만 볼 수 없다. 대한제국이 열강에게 위협을 받고 있는 상황에서 음력을 주로 하는 역법을 사용한 것은 대한제국의 자주성과 국가 위상을 한 단계 올리려는 시도였나. 그 근거로 대한제국을 소중화로 언급하는 것,『만국공법(萬國公法)』을 참조하여 자주권을 가진 나라가 스스로의 존호를 정하고 백성들로 하여금 추대하게 할 수 있지만, 다른 나라가 승인할 권리는 없다고 밝힌 것 등을 꼽을 수 있다. 그러나 그 내용은 실질적으로 기존의 명시력에서 크게 벗어나지 않았다.[32]

1896년『대조선 개국 오백오년 세차 병신 시헌력』의 발행 의도가 백성들까지 왕실의 의례를 알 수 있게 한 것은 일면 기존의 예교의 개념과 일치한다. 전반적으로 구본신참 가운데 구본 중심의 종교정책의 대표적 사례다. 특히 임현수는 "음양 이중력에는 대한제국 정부가 근대적 의미의 국민국가와는 성격이 다른 공동체를 지향했다."[33]고 언급했는데, 이것이 그 근거이다.

하늘에 대한 의례의 공간을 만들고 실제 의례를 설행(設行)한 것, 대한제국이 음양력을 병행한 새로운 역법을 시행한 것 등은 모두 대한제국이 중화의 세계관에서 벗어난 자주국가임을 구체적으로 실천한 사례였다. 그러나 기존의 화이(華夷)의 관점에서 화(華)가 조선으로 옮긴 것에 불과하다는 점, 음양력의 병행에서 음력이 중심이 된 것은 대한제

---

[32] 위의 책, 61~70쪽. 임현수는 자주성의 근거로 임금의 칭호를 가져야 된다는 상소문을 꼽았는데, 그 내용에서 황제로 칭하는 나라"들"이라고 언급한 것을 봤을 때 당시 황제, 즉 "empire"의 개념이 들어왔고, 황제라고 칭하는 것에 대한 부담감을 더는 계기가 되었을 수도 있다고 본다.
[33] 위의 책, 76쪽.

국이 기존의 전통을 고수하려고 노력했거나, 기존의 세계관에서 크게 벗어나지 못한 상태에서 새로운 것을 참조한 구본신참의 대표적인 사례였다.

Ⅲ. 신참(新參) 중심의 종교정책

1. 정교의 분리

근대 이전의 예교는 정교합일(政敎合一)을 기본으로 하는데, 이것은 결국 참다운 정(正), 진리를 국민에게 깨우쳐줌으로써 스스로 올바르게 다스려지게 하자는 것이다.[34] 실제 한국의 전통시대 역시도 정교 분리라는 개념이 없었다. 삼국시대에 불교가 들어온 이후 불교는 고려 왕조 때까지 지배층 차원에서 숭상 받고 보호되었다. 그 이후 왕조인 조선시대에는 성리학이 국가의 사상적 근간으로 여겨졌고, 성리학의 확산을 위해 교육을 이용하고 지방과 가정의 의례에까지 성리학을 근간으로 한 의례를 보급했다. 즉 국가 차원에서 성리학이 보급되고 확산된 것이다. 또한 지배층은 성리학에서 벗어나는 사상에 대해서는 이단이나 사문난적(斯文亂賊)으로 규정해서 탄압하는 일도 있었는데, 그 대표적인 것이 동학(東學)과 천주교였다.

정교분리 담론은 개신교의 조선 진출 과정에서 두드러졌다. 조선 지배층과 갈등을 빚었던 천주교와 달리 개신교 선교사들은 정치에 직접 개입하지 않고, 의료와 교육 등을 통한 간접적인 선교 방식을 채택했

---
[34] 장기근, 앞의 논문, 82쪽.

고, 이러한 과정에서 개신교 선교사들은 개신교가 문명의 종교임을 강조했다. 그 결과 개신교는 조선 지배층으로 하여금 정치에 개입하지 않는 종교라는 이미지를 심어주었고, 개신교 교세의 확장 과정에서 이러한 이미지는 더욱 고착되었다. 그리고 그 결과 가톨릭과 개신교의 교세는 1905년을 기점으로 역전되는 양상을 보였다.[35]

실제 정교분리가 정책에서 시작된 것은 갑오개혁 전후였다. 갑오개혁기 의정부와 궁내부의 구분에 따라 정무(政務)와 제사(祭祀)의 구분이 나타나기 시작한 것이다. 또한 국가제례에서 기상과 관련된 자연신과 왕실 관련 속제, 그리고 중국 관련 제사 등을 배제하여 근대 독립 국가의 의례로 개혁하려는 시기였다. 이 과정에서 제사는 국가의 공적인 일이라기보다 황실의 일로 간주되었는데, 특히 대한제국기에는 이러한 구분의 경계가 드러나지 않다가 통감부 시기에 이르러 다시 정무와 제사의 분리가 있었다.[36]

앞에서 언급한데로 과거 예교의 관점에서 제사는 성리학의 정신을 몸을 써서 구체적으로 실천하는 예교의 핵심적인 사항 중 하나였다. 기존에 지배층의 기관 안에 있는 예조가 국가의 주요 의례를 담당했다. 그러나 갑오개혁 이후 국가 의례를 담당하는 궁내부가 만들어졌고, 이것은 근대 국가의 두드러진 특징인 정교분리가 구체적으로 실천된 사례이다.

이러한 모습은 다른 종교에 대한 정책에서도 나타난다. 기존에 이단(異端)이자 고려왕조 멸망과 백성을 도탄에 몰아넣은 주요 원인으로 규

---

[35] 장석만, 앞의 책, 113쪽. 이러한 주장은 이진구의 연구에서도 확인된다. 이진구, 「근대 한국사회의 종교자유 담론 – 양심의 자유와 종교집단의 자유」, 『종교문화비평』 제1집, 한국종교문화연구소, 2002.
[36] 이욱, 앞의 책, 48~50쪽.

정된 불교는 승려의 도성출입 통과, 불교 자체의 종교 개념의 도입 등의 과정을 거치면서 근대적 교단의 모습이 엿보인다. 김용태는 "대한제국 시기에 교단 관리 정책이 추진되었는데, 이것은 일본의 국가주의적 종교정책에서 영향을 받은 것으로 보인다. 이러한 모습은 근대 한국에서 개인보다 공동체와 국가를 중시했고, 정교일치와 정치적 종속을 탈피하지 못했다. 이에 대해서 한국과 일본 모두 불교계 일각에서 정교분리적 지향과 근대적 종교성에 대한 인식이 표출되었다."37)고 밝혔다. 이어서 김용태는 "대한제국기에 불교에 대한 교단 관리가 시도되었고, 이것은 일본 메이지 정부의 국가주의적 종교정책의 영향"38)이라고 주장했다.

이러한 모습은 근대성에 대한 논의에서 나타나는 정교 분리와는 또 다른 측면이었다. 특히 정치가 종교에 대하여 일체 간섭하지 않는 것과 다른 모습으로 국가 차원에서 불교를 관리하고, 국가의 이데올로기를 충실하게 수행하는 종교의 모습과 국가가 종교를 통제하는 모습이 확인된다.

정교분리에 대한 대한제국의 독특한 면은 종교를 통해 황제에 대한 충성심을 불러일으켜야 한다는 주장들이었다. 아울러 당시 국가에 대한 충성은 도덕성의 핵심 중 하나였다. 그런데 이 충성심은 현재 국가에 대한 충성과는 다른, 황제에 대한 충성심이었다. 즉 당시는 '국가=황제'라는 도식이 성립되는 사회였다는 의미이다.

이러한 모습은 여러 언론에서의 다른 종교에 대한 시각에서 드러난

---

37) 김용태, 「근대 한・일 불교의 정교분리 문제와 종교성 인식」, 『불교학연구』 제29호, 불교학 연구회, 2011, 256~259쪽.
38) 위의 논문, 288쪽.

다. 예를 들어 1904년 이전에 『독립신문』에서는 종교를 나라의 문명과 부강을 돕는 역할을 하는 것이라고 인식하고 있었다. 따라서 그러한 역할을 하지 못하는 불교와 공자교에 대해서는 부정적 시각을 보였다. 이에 비해 개신교인들에 관해서는 개신교인들의 황제에 대한 충성심과 애국심을 부각시키려고 노력했고, 기독교 측의 여러 작태들에 대한 사람들의 비판에 대해서는 무지한 하층민이라는 이유로 불신하였고, 개신교 선교사가 외국인이고, 형제간의 도리라는 이유, 그리고 무지한 하층민을 진압하기 위해서는 외국군사가 들어와도 된다는 이유로 신뢰를 보였다.[39]

『독립신문』에서 드러나는 개신교에 대한 인식 역시 문명의 상징이었다. 또한 문명화 되지 못한 기존에 있었던 것들 중 종교로 포함시킬 수 있다고 간주되는 것들이나, 개신교 선교사나 외국인에게 저항하는 민중들에게는 "무지한 하층민"이라고 간주하였다. 『독립신문』에서 이러한 입장을 취한 것은 『독립신문』의 필진들 상당수가 개신교 교인이거나 개화파 인물이라는 것이 작용한 것으로 보인다.

개신교의 경우 원래부터 천주교의 교안(敎案)[40]을 의식하여 교인의

---

[39] 위의 논문, 464쪽.
[40] 교안이란 천주교로 말미암아 야기되는 모든 정교간의 분쟁와 외교적 절충을 의미한다. 이원순, 「朝鮮末期社會의 對西敎問題 硏究-敎案을 중심으로」, 『역사교육』 제15호, 역사교육학회, 1973, 73쪽.
또한 한불조약(1886) 이후 선교사의 선교활동이 사실상 묵인되면서, 천주교 입교자들이 천주교 선교사의 치외법권을 이용해서 행패를 부리는 양대인 자세(洋大人 藉勢) 현상도 주목할 필요가 있다. 양대인 자세의 결과 지방관리, 민중, 개신교인 등과 충돌하는 교안(敎案)이 빈번하게 발생하였다. 특히 제주도에서 천주교인과 민중 사이의 교안을 해결하기 위해 『교민화의약정(敎民和議約定)』(1901)이 체결되었다. 여기에서 천주교인들이 전도를 위한 책자 강제 배포를 하는 것이 불법임이 지적되었고, 이에 대한 처벌 가능성도 명시되었다. 이후 대한제국과 프랑스 정부 사이에 체결된 『선교조약』(1904)에서도 선교사에 의한 신앙의 강요에 대하여 경계하

단속과 정교분리에 주의하였다.41) 이러한 모습은 천주교 전래 초기 조선 지배층에 의해 교난(敎難)으로 규정받고 박해를 당했던 것도 영향을 끼쳤다. 실제 개신교는 전래 초기부터 교육, 의료 등 종교 이외의 부분에서 역할을 담당했고, 이를 통해 고종을 비롯한 황실과 관계를 맺을 수 있었다.

『대한매일신보』는 1905년에는 개신교 입교자의 증가 현상에 주목하다가, 1906년에는 사회의 작폐를 규탄한다. 특히 개신교 입교자들을 그 성분이나 지적 수준 등을 가리지 않고 받아들이는 것,42) 외국인에게는 비굴하고 내국인에게는 함부로 대하여 사람들의 비난을 받고 있다는 점43)을 꼽았다. 그리고 1908년 이후에는 종교계에 국가주의를 강조하고 친일매국 문제를 집중적으로 성토하였다. 특히 현재의 여러 종교들은 사적 이익에 빠져서 민족과 공익을 저버리고 있고, 민족과 국익, 즉 '국체'에 종속되어야 한다고 주장하였다.44)

『대한매일신보』의 기사에서 개신교 측의 개신교 입교자에 대한 무분별한 수용을 비판한 것은 당시까지 개신교에 대하여 잘 모르는 상태였거나, 알더라도 그러한 모습을 자신들의 입장에서 봤을 때는 받아들일 수 없었던 것이라고 예상된다. 또한 1908년 이후 국가주의를 강조하는 것은 통감부 설치 등 국가의 존망이 달린 상황에서 나온 것으로, 이것 역시 기존의 황제를 중심으로 한 국체의 유지에서 기반 한 것이라

는 내용이 담겨있다. 그런데 여기에서 선교사의 행정에 대한 불간섭과 행정관의 선교에 대한 불간섭이 나와서 정교분리에 대한 인식이 시작되고 있음을 확인할 수 있다. 이진구, 앞의 논문, 60~61쪽.
41) 김종준, 앞의 논문, 449쪽.
42) 〈會亦有弊〉,「雜報」,『大韓每日申報』, 1906년 2월 17일.
43) 〈告自强會發記諸君子〉,「論說」,『大韓每日申報』, 1906년 4월 1일.
44) 김종준, 앞의 논문, 450~457쪽.

고 보인다.

그 예가 1909년 6월 『대한매일신보』에서는 국교 형성에서 종교계가 어떤 역할을 해야 되는지가 문제가 된다고 보았다.[45] 김종준은 이러한 주장에 대하여 "宗敎의 일본화는 애국정신, 자유사상의 소멸과과 관련되고, 한국의 상위층이 모두 유교도인 상황에서 일제에 협력하는 유교 단체가 만들어지면 상위층이 전부 일본의 대한제국 침략에 부응하는 세력이 되므로 일본의 지원을 받는 것은 의로운 일이 아니라는 논리가 세워졌다."[46]고 밝혔다. 이후에도 『대한매일신보』는 유림의 식민지 세력에 부응하는 모습에 대하여 민감하게 반응했다.

1904년 이전 언론은 민중이 정치적 이유로 입교하는 것에 대하여 우려와 공감을 동시에 표했다. 그런데 1907년 이후 언론은 종교에 대하여 엄격한 국가주의를 요구하였다. 반면 통감부는 종교에 의한 작폐나 정치 활동을 모두 막기 위해서 종교와 정치의 분리를 추구하였다. 언론이 종교에 대하여 국가주의를 요구하는 것은 종교의 친일활동을 비난하는 맥락에서 나온 결과였다. 이에 대하여 통감부는 종교계가 사회에서 물의를 일으키는 것을 경계하는 동시에 민족종교들이 일본에 저항하는 여론을 만들어내는 것을 막으려는 의도가 있었다. 그러나 언론과 통감부 양측 모두 종교계의 정치세력화를 견제하려는 의도가 있었다.[47]

정교분리는 대한제국 지배층에게는 기존에 없었던 완전히 새로운 개념이었다. 그런데 이 과정에서 성리학이 유교라는 이름으로 바뀌면

---

[45] 노기숭, 〈大乎韓國宗敎界偉人〉, 「寄書」, 『大韓每日申報』, 1909년 6월 8일.
[46] 김종준, 앞의 논문, 455쪽.
[47] 위의 논문, 466~467쪽.

서 국가의 사상적 기반으로 작용한 것은 기존과 비슷한 구본의 모습이었다. 여기에 서구의 정교분리라는 개념이 도입된 것이다. 정교분리는 성리학 이외의 종교들이 통치에 일체 개입하지 못하게 만드는 중요한 논리가 되었다. 이러한 과정에서 불교 등 기존에 이단으로 분류되었던 것들이나, 서구에서 유입된 종교들을 어떻게 간주해야 될지가 중요한 문제였다. 아울러 종교 개념으로 변화하는 과정에서 새로운 논의가 생길 수밖에 없었는데, 그것은 바로 신앙의 자유였다.

2. 신앙의 자유

근대 서구사회의 종교자유 담론은 개인의 양심의 자유와 '교회의 자유'라는 두 가지 축을 기본으로 성립하였다. 여기에서 교회의 자유는 정교분리의 담론과 맞물리면서 교회만의 영역 확보에 기여하였고, 개인의 신앙과 양심의 자유는 인권 담론과의 상호작용 속에서 그 범위가 확대되었다.[48] 여기에서 서구 사회에서 신앙의 자유는 정교분리 문제와 맞물리고 있으며, 개의 인권 문제와 그 궤적을 함께하고 있음을 알 수 있다. 실제로 처음 신앙의 자유에 대한 문제가 제기되었을 때는 성의 영주가 천주교와 개신교 사이에서 선택하는 정도의 자유에 불과했다. 그런데 인권과 평등 개념의 등장, 봉건제도의 붕괴가 이어지면서 개인 신앙의 자유로까지 그 내용이 확대된 것이다.

신앙의 자유라는 담론은 1876년 일본과 근대적 불평등 조약을 맺은 이후 서구 열강과 수호통상조약을 맺으면서 구체화되었다. 서구 열강은 비서구 지역에 들어오면서 신앙의 자유를 가장 먼저 요구했고, 조선

---

[48] 이진구, 앞의 논문, 56~57쪽.

지배층은 서구적 권력의 통로인 서양 종교가 내정에 간섭하지 않도록 주의를 기울였다. 이러한 과정에서 신앙의 자유는 정교 분리와 함께 서구 문명의 보편적 지표로 여겨졌다. '신앙의 자유'라는 개념이 수용되기 위해서는 우선 '종교의 영역'이 상정될 필요가 있었다. 조선에서 '종교'라는 용어가 19세기에 새롭게 등장한 것은 이러한 필요 때문이었다.[49]

이러한 상황은 일본에서도 비슷한 모습이 보인다. 처음에 일본에 릴리젼(religion)이라는 말이 들어온 것은 1895년 미일수호통상조약의 신앙의 자유를 다룬 조항에서였는데, 이때 사용한 용어는 종법(宗法)이었다. 이전에 일본에서는 1869년 독일 북부연방과 일본과의 조약 체결에서 독일어 'religion'이라는 말의 번역어로 종교가 처음 사용되었다. 그런데 일본에서 종교라는 단어나 '종교의 자유'라는 개념이 쓰인 것은 국가 단위의 차원에서였다.[50]

신앙의 자유라는 개념은 필연적으로 "다른 종교"라는 개념도 유입시켰다. 이전에 사교(邪敎) 혹은 이단(異端)으로 간주되는 것들이 종교의 하나라고 인식되기 시작한 것이다.

"다른 종교"라는 개념과 관련해서 주목할 만한 것은 한국종교사에서 '종교'라고 묶이는 것들은 현재 세계종교로 묶이는 것들을 바라보는 기준을 그대로 적용하는 경우가 많다는 것이다. 세계종교 패러다임은 종교의 영역이 한 무리의 거대한 종교로 이루어져 있다고 보고, 각 종교 단위를 고정화하여 창시자가 시작했을 때부터 현재까지의 과정을 추적한다. 예컨대 '세계종교'에는 기독교·불교·이슬람교가 반드시 포함

---

[49] 장석만, 앞의 책, 112쪽.
[50] 위의 책, 56~57쪽.

되며, 그 밖에도 유대교·힌두교·유교·도교 등의 전통이 거론된다. 그리고 각 종교 전통이 그 역사적 배경과 발전과정에서 다를 수밖에 없다는 것을 인정하면서도, 그 기저에는 공통점이 있다는 것을 강조한다. 그리고 이것은 종교 다원주의로 쉽게 연결된다.[51]

신앙의 자유라는 개념이 유입한 것은 "다른 종교"라는 개념만이 아니었다. 종교학이라는 새로운 학문도 들어온다. "종교학"이라는 단어는 1895년에 발간된 유길준의 『서유견문』에서 처음 발견되는데, 여기에서 쓰인 종교학은 신학과 큰 차이가 없었다. 이후 대한제국기인 1904년 이후 종교학이 전설적 요소가 없어야 된다는 전제 아래 철학으로 분류되는 모습들이 확인된다.[52] 즉 종교학이라는 학문 분과 혹은 개념은 적어도 1895년, 즉 조선 말 이전에 들어왔고, 신학에서 분리된 종교학의 개념은 적어도 1904년, 즉 대한제국기에 자리 잡았다는 의미이다.

"신앙의 자유"라는 개념이 유입되면서 함께 유입된 "다른 종교", "종교학"이라는 개념과 학문 분과는 "종교 간의 비교"라는 연구방법도 등장시켰다. 그 대표적인 예가 한국종교학의 시조로 평가되는 이능화의 연구였다. 그의 저작인 『백교회통』은 송교의 상령을 기준으로 종교 간의 비교를 시도했다. 이것은 교(教)와 도(道)의 전통에서는 이런 생각을 할 필요가 없었던 것으로, 당시 종교의 모델이 되는 개신교의 모방이나 개신교의 다른 종교에 대한 비방에 대하여 대응하기 위한 그 필요가 요구되었다. 『백교회통』은 이러한 배경에서 저술되었다.[53] 흥미로운 것은 『백교회통』에서 비교의 기준이 되는 것은 불교라는 점인데, 이것

---

51) 위의 책, 13~14쪽.
52) 장석만, 앞의 논문, 66~67쪽.
53) 장석만, 앞의 책, 194~195쪽.

은 이능화의 신앙적 배경에서 비롯된 것으로 보인다.

이러한 배경 속에서 대한제국 역시 신앙의 자유라는 개념이 공식적으로 사용되기 시작했다. 대한제국기에 실제 신앙의 자유가 공인된 첫 기록은 다음과 같다.

> 신앙과 종교의 자유는 여러 문명국가들이 모두 인정하는 바이다. 각자 숭배하는 교지(敎旨)에 의지하여 안심입명(安心立命)의 터전을 구함은 비록 그 하는 바이나 종파가 다름으로 하여 함부로 분쟁을 일삼으며 또 신앙 종교에 이름을 올려 정치를 묻고 의논하며 모반을 기도함은 곧 선량한 풍속을 더럽혀서 안녕을 방해하는 자로 인정하여 마땅히 법에 따라 처단하지 아니할 수 없다. 그러나 유불제교(儒佛諸敎)와 기독교를 불문하고 그 본 취지는 필경 인심세태(人心世態)를 개선함에 있으므로 진실로 정무를 시행하는 목적과 배치되지 않을 뿐만 아니라 도리어 가히 이를 도울 것을 의심하지 않으니, 이 때문에 각종 종교를 대함에 친소(親疎)한 생각을 조금도 갖지 않음은 물론 그 포교 전도에 대하여 적당한 보호와 편의를 부여함이 인색하지 않을 것이다.[54]

위의 기록은 경술국치 직전 발표된 일본 통감부 자작(子爵)인 데라우치 마사타케[寺內正毅]의 포고문이다. 이것은 신앙의 자유에 대한 논의가 대한제국 집권층에 의해서가 아닌 일본 통감부에 의해 공인되었다는 것을 의미한다. 일본 제국주의에게 신앙의 자유 문제는 정교분리와 연결되어서 비중 있게 다루어졌다. 그러나 그 안에서 국가 이데올로기에 부합하는 소위 '종교다운 종교'의 모습이 요구되었다. 그 근거로 수신, 제가 등 유교적 덕목이 교육의 요체로 규정된 것을 들 수 있다. 또한

---

[54] 『순종실록부록』 1권, 순종 3년 8월 29일 양력 2번째 기사.
http://sillok.history.go.kr/id/kzc_10308029_002

신앙의 자유가 문명국가들이 모두 인정하는 것이라는 이유로 인정하지만, 종교의 차이 때문에 분쟁을 일삼거나 정치에 개입하는 것은 엄격히 금지했다. 특히 종교의 자유가 각 개인이 자기 종교의 종지에 의존하여 마음의 평화를 찾고 입명(立命)하는 것에만 한정했다.[55]

신앙의 자유 개념의 도입으로 인해 대한제국에서는 소위 '다른 종교'라는 개념 역시 생겼다. 아울러 신앙의 자유는 정교 분리처럼 완전히 새로운 개념이었지만, 국권의 수호, 통감부의 침략 등 현실적인 맥락 속에서 당시의 맥락으로 다른 방식으로 구체화 되었다. 그리고 그 상당 부분은 유교라는 과거의 것을 기준으로 한 것이었다.

Ⅳ. 맺음말

대한제국기 종교정책은 근대, 서양의 문명과 함께 종교라는 개념의 유입에 일정부분 영향을 받았다. 특히 기존의 예교라는 개념이 종교로 대체되면서, 기존에 있던 것들, 특히 성리학을 종교라는 틀에 맞출 필요가 있었다. 이러한 과정에서 대한제국의 개국의 취지인 '구본신참'이 종교정책에도 적용되었다.

그래서 기존에 있던 것 가운데 생긴 것과 변화한 것이 있었는데, 그 대표적인 예가 원구단에서의 하늘에 대한 의례와 역법의 변화였다. 원구단에서의 하늘에 대한 의례와 역법의 변화 속에서 조선에서 대한제국으로의 변화와 탈중화의 모습을 확인할 수 있었다. 그러나 이러한 모습은 조선이 대한"제국"이 된 것일 뿐, "중화"라는 과거의 프레임에서

---

[55] 임부연, 앞의 책, 71쪽.

벗어나지 못한 모습이었다.

또한 종교 개념의 유입과 함께 정교분리, 신앙의 자유 등 외부에서 들어온 것도 있었다. 조선 말과 대한제국기의 지식인을 중심으로 이것에 대한 논의가 활발히 있었는데, 특히 소위 "다른 종교"라는 개념, 그리고 "종교학"이라는 학문 분과가 들어온 것에 주목하였다. 그러나 정교분리의 기반에는 황제가 곧 국가라는 전제 아래, 종교가 국가의 유지에 기여할 수 있는 방식으로 고안되었고, 신앙의 자유는 대한제국 지배층이 아닌 통감부에 의해서 공인 되었다.

마지막으로 향후 연구에 대한 제안으로 글을 마무리 짓겠다. 번역어인 '종교'라는 단어와 그 개념이 들어오고, 이것이 문화적 범주로 자리 잡은 상태에서 향후 현상들을 관찰할 때 '종교'라는 범주를 단일하고 견고한 것으로 보려는 경향이 은연중에 자리 잡고 있다. 이를 위해서는 종교나 종교적 개념들의 역사에 대하여 좀 더 확장할 필요가 있다. 또한 "종교"라는 단일한 덩어리를 언급하는 것 외에 '종교적인 것', '종교화'라는 개념도 고찰할 필요가 있다.[56] 즉 예교가 종교로 한 번에 변화했는지의 여부, 그리고 그 과정에서 기존에 있던 것을 종교라는 개념으로 쉽게 일반화 할 수 있을지의 여부는 향후 추가로 연구될 필요가 있다는 의미이다.

아울러 다른 종교, 특히 이단에 대한 개념의 변화를 고찰할 필요가 있음을 제안한다. 기존 성리학에서 이단(異端)은 "이단을 공부하면 해로울 뿐이다."라고 풀이된다.[57] 그런데 근대 이후 이항로 등에 의해 이단

---

[56] 조현범, 「종교와 근대성」 연구의 성과와 과제」, 『근대 한국 종교문화의 재구성』, 경기: 한국학중앙연구원 종교문화연구소, 2006, 39~42쪽.
[57] 「爲政」, 『論語』. 攻乎異端, 斯害也已.

이라는 용어는 서양의 이단, 즉 heresy의 번역어로 사용된 것이 아닌, 성리학의 관점에 그 기반을 두어서 사용되었을 것이다.[58] 이후 일제강점기 총독부의 조선 통치에서 다른 종교를 규정할 때 유사종교를 비롯한 다양한 개념도 등장했다. 다른 종교에 대한 정책과 규정에 대한 과정 속에서 도입된 여러 개념 가운데 특히 이단이라는 단어의 개념사에 대한 검토도 필요하다.

---

[58] 임부연, 앞의 책, 58~59쪽.

경전(經傳)에서 텍스트로

20세기 초 『詩經』에 대한 근대 시인들의 인식 변화

정기인

경전(經傳)에서 텍스트로
−20세기 초 『詩經』에 대한 근대 시인들의 인식 변화

Ⅰ. 근대시인들의 『시경』 인식 고찰의 의미

성리학을 '국교'로 여기던 조선의 패망 후, 전통적 한학을 학습한 지식인들은 점차 영향력을 상실하게 된다. 반면 일제 강점하에서 주로 일본을 매개한 근대 지식을 받아들이며 조선의 민중들을 계몽하고자 했던 지식인들이 주목받는다. 그러나 이 '신식' 지식인들 또한 한학과 완전히 무관하지는 않았다. 이들 대부분이 유년기에 서당에서 학습을 시작했다. 이 글이 초점을 맞추려는 시인들의 경우도 마찬가지였다. 그들이 처음으로 읽고 감동했던 '시'는 한시였고, 서구 시를 학습하면서도 여가에는 한시를 읽었고, 지인들에게는 한시를 써서 주는 문화관습을 지속하고 있었다. 또 그들의 국문 시에는 한시의 영향이 때로는 노

골적으로, 때로는 은밀하게 스며져 있었다.[1]

그렇다면, 이들에게『시경』은 무엇이었을까? 주지하듯,『시경』은 전통 한문 문화권에서 시에 대한 유일무이한 경전이었다. 여기서 경전이라는 것이 의미는,『시경』을 시의 "典範"으로 여기고 보편적인 진리를 담고 있다고 여겼다는 것이다.[2] 따라서 시를 알기 위해서는『시경』을 읽고 암송해야만 했고, 시는『시경』을 근거로 권위를 획득할 수 있었다.[3] 이렇게 시의 '경전'이었던 시경에 대한 태도는 20세기 초 근대 시에 대한 논의가 전개되면서 어떻게 변화되는가? 한국어로 시를 썼던 '근대시인'들은 다양한 전통과 힘들이 경합하는 식민지라는 복잡한 문

---

[1] 정기인,「한국 근대 시 형성과 한문맥」, 서울대학교 박사학위논문, 2017 참조. 이 글은 최남선, 이광수, 김억, 김소월의 국문 시, 한시, 한시 번역, 시론에서의 한문맥의 영향 등을 종합적으로 다루었다. 본 논문은 박사논문의 문제의식의 연장선에서, 근대시인들의 "시경"에 대한 인식을 서술했다. 그러나 박사논문의 초점이 근대시 성립과 한문맥의 영향이라면, 본 논문은『시경』에 대한 인식 변화 자체에 집중하였고, 박사논문에서 다루지 않은 텍스트들과 맥락들을 바탕으로 새롭게 분석했다는 점에서 차별성을 지닌다.

[2] 물론 이는 공자 이래 전근대 유학자들이『시경』에 대한 인식이 같다는 것을 의미하는 결코 아니다. 경학의 역사는 유학자들이 경전의 "의의, 중요성, 연구방법"에 대해서 치열하게 논쟁했던 것을 보여준다. 그러나 조선 시대까지 주류적인 유학자들이『시경』을 "경전"으로서 인정하고 존숭했다는 것을 부인할 수는 없다. 18세기 말에 들어서는 이러한 인식과 거리를 보이는 인식들이 나타나기 시작한다. 이는 이옥(李鈺, 1760~1815), 박지원(朴趾源, 1737~1805) 등의 인식에서 잘 드러난다. 김흥규,『조선 후기의 시경론과 시 의식』, 고려대학교 민족문화연구원, 1988, 2~4쪽, 182~190쪽 참조.
또 조선 시대에『시경』이 시의 초월적 이상이자 경전의 지위였다면, 당시(唐詩)는 시의 현실적 이상으로 전범으로 작용했다. 이 글에서는『시경』에 대한 인식만을 다루지만, 당시에 대한 인식의 변화도 함께 고찰되면 '한시'의 초월적 이상과 현실적 이상에 대해서 어떠한 인식의 변화가 있었는지를 종합적으로 고찰할 수 있을 것이다. 이는 추후의 과제로 진행될 것이다.

[3] 한시는 물론 시조도『시경』의 권위를 이용하여 의의를 높이려고 했다. 조선의『청구영언』이나『가곡원류』의 서문은 이를 잘 보여준다. 서철원,「시조사의 편성 과정과 최남선의 시가 인식」,『민족문학사연구』49, 민족문학사학회·민족문학사연구소, 2012.8, 44~47쪽 참조.

화지형 속에서 어떻게 『시경』을 활용하였는가를 이 글은 묻고자 한다.4) 이러한 질문을 통해서 한국의 '근대'를 선험적이고 추상적으로 그 이전 시기와 단절된 시기로 파악하는 것이 아니라, 어떠한 점에서 '근대'라는 새로운 특성을 보이고, 또 이 시기 시인들이 어떻게 지난 시기의 유산들을 매개로 새로운 담론들을 만들어냈는지를 파악할 수 있을 것이다.

그러나 『시경』에 대한 근대시인들의 인식이 어떻게 변화하는가에 관한 선행연구는 매우 부족하다. 김억의 『시경』 번역의 특성을 살펴본 연구5)와 정지용 시에 드러나는 『시경』의 영향을 정리하는 논의6)만을 찾아볼 수 있다. 이 논문들은 본격적으로 근대시인들의 『시경』에 대한 인식을 살펴보았다고는 할 수 없지만, 간접적으로 김억과 정지용의 『시경』에 대한 인식을 보여준다는 점에서 중요한 참조가 된다.

전근대에 시에 대한 가장 중요한 경전인 『시경』을 근대시인들이 어떻게 인식했느냐는 중요한 질문에 대해서 이렇게까지 연구가 되지 않은 근본적 이유는 지금까지 한국 근대 시 연구가 '조선어' 전통이나 주로 일본을 매개한 서구 지식의 넝향으로 인힌 '새로운' 변화들에 주되

---

4) 이러한 근대시인들과는 별도로 유사한 시기 전통 한문학을 계승했던 한학자들의 『시경』 인식에 대한 논의도 진행되고 있다. 조금 앞선 시기이지만 이정직(李定稷, 1841~1910)의 시경론에 대한 연구가 있다. 심경호, 「석정 이정직과 『시경』」, 『국제어문』 43, 국제어문학회, 2008 참조. 근대 초기 한학자들의 『시경』 인식에 대해서는 별도의 고찰이 필요할 것이다.
5) 신두환, 「김억의 『詩經』 번역에 대한 일고찰」, 『한국언어문화』 24, 한국언어문화학회, 2003.
6) 이석우, 「정지용 시의 연구」, 청주대 박사학위논문, 2000; 박명옥, 「정지용의 「장수산 1」과 한시의 비교연구-『詩經』의 「伐木」과 두보의 「題張氏隱居」를 중심으로」, 『한국문학이론과 비평』 27, 한국문학이론과 비평학회, 2005; 김미연, 「정지용의 전통 지향과 모더니티 지향 연구」, 『한국문학과 사상』 87, 한국사상문화학회, 2017.

초점을 두었던 것이 일차적 원인으로 보인다. 이는 한국 근대문학의 성립을 한문과 한시의 배척을 기반으로 한다고 보는 시각과도 연관된다.[7] 이러한 인식은 한국 근대 시사를 바라보는 일반적 관점이라 할 수 있다. 특정 시기의 특정 글들에서 근대시인들이 한문을 부정하는 면모가 나타나는 것은 부정할 수 없다. 그러나 표면적으로 부정했다고 해서, 이들에게 한문과 한시의 영향력이 전혀 없었던 것은 결코 아니다. 최남선, 이광수, 김억은 한시를 쓰고 번역도 했다. 이들은 한문에서 나오는 개념을 바탕으로 자신의 문학관을 주장하기도 했고, 한시에 영향을 받은 국문시를 썼다.[8] 이들은 특정 시기 표면적으로는 한문과 한시를 부정했을지 모르나, 분명히 한시와 이와 연관된 한문맥의 문화에서 영향을 받았다.

이러한 영향을 부정할 수 없음에도, 한문맥과 근대시의 관계가 조명되지 않은 근본적인 원인은 '근대시'를 특정한 이념형을 전제하고 이에 부합하는 것만을 조명하거나, 성급하게 오늘날 문학의 '기원'을 근대에서 찾으려는 시각에서 기인한다.[9] 이 글은 그러한 관점을 지양한다. 이 글은 '근대성'을 이념형으로 파악하기를 거부하고, 근대라는 시기의 복합적 특성을 의미하는 개념으로 사용해서, 당대의 중층적인 맥락과

---

[7] 대표적으로 권영민은 "한국의 근대문학은 국어와 국문이라는 단일한 언어 문자의 기반 위에서 성립"된다고 보았으며, 한문을 타자화하고 국문을 중심에 놓는 것이 문학의 근대적 기반임을 강조하고 있다. 권영민, 『한국현대문학사 1』, 민음사, 2002, 16~19쪽. 또 차승기는 이광수, 김억, 주요한 등이 기존 유교적 문화, 제도, 도덕을 중국적인 것으로 타자화하고, 중국 한시를 부정하는 것을 통해서 조선적인 근대문학을 추구했다고 보았다(차승기, 「근대문학에서의 전통 형식 재생의 문제-1920년대 시조부흥론을 중심으로」, 『상허학보』 17, 상허학회, 2006, 9~12쪽 참조).
[8] 이에 대해서는 정기인, 앞의 글 참조.
[9] 한문맥은 근대문학의 '기원'(origin)이 아니라 '원천'(Ursprung)으로 파악해야 한다. 이에 대해서는 정기인, 위의 글, 8쪽 참조.

시 현상들을 바탕으로 귀납적으로 도출해내야 하는 것으로, 여전히 과정 중에 있는 대상으로 파악한다. 이러한 중층적인 교섭과정을 조명하는 것을 통해서, 단선적, 결정론적, 환원적인 '근대'가 아니라 복합적인 가능성으로서의 '근대'를 새롭게 바라볼 수 있다. 또 이를 오늘날 문학현상의 '기원'으로 성급하게 연결하기보다는, 그러한 풍요롭고 새로운 근대를 조명하는 것 자체가 오늘날의 담론장에 수행적 실천으로 작용한다고 본다.10) 이 논문은 이러한 관점에서 『시경』과 이를 둘러싼 담론들을 어떻게 근대시인들이 활용하여 새로운 시와 이에 대한 논의가 가능했는지를 밝히고자 한다.

『시경』에 대한 인식 변화가 논의되지 못한 두 번째 이유는 근대시인들이 『시경』에 대해서 명시적으로 본격적인 독립된 논의를 펼친 것이 아니라, 『시경』에 대한 인식이 이들의 다양한 글 속에 파편적으로 흩어져 있기 때문이다. 따라서 이 글은 『시경』 자체에 대한 언급이나 번역은 물론, 『시경』에 대한 『논어(論語)』에 게재된 공자의 언급에 대한 시인들의 인식을 살펴보고자 한다. 주지하듯, 조선 시대 『시경』이 경전으로서 기능할 수 있었던 까닭은 그것이 공자라는 성인이 편찬한 것이기 때문이고 이에 대한 높은 평가가 『논어』라는 유교의 근본 문헌이자 성

---

10) 수행성(performativity)은 오스틴(John S. Austin)의 수행적 발화(performative utterance)에서 비롯한 개념으로, 직접 현실에 작용하는 발화를 의미한다(오스틴, 김영진 옮김, 『말과 행위-오스틴의 언어 철학, 의미론, 화용론』, 서광사, 2005, 27쪽). 이를 바탕으로 스키너(Quentin Skinner)는 텍스트를 파악하기 위해서는, 화자가 텍스트를 통해서 행하는 것, 즉 텍스트의 '수행성'을 분석해야 한다고 주장했다(퀜틴 스키너, 황정아·김용수 옮김, 『역사를 읽는 방법-텍스트를 어떻게 읽고 해석할 것인가』, 돌베개, 2012, 149~165쪽). 이런 관점에서 이 글은 '근대적' 문학 현상에 대한 객관적인 진술에 그치는 것이 아니라, 이 글 자체가 수행적 실천으로서 한문맥이라는 근대문학의 한 '원천'에 대한 관심을 촉구하여, '지금-여기'를 구성하는 '근대성'에 대한 새로운 시각을 통해 '지금-여기'에 대한 새로운 인식을 요청한다.

전(聖典)에 실려 있기 때문이다. 따라서 『시경』과 이에 대한 『논어』의 언급들에 대해서 근대시인들의 평가가 어떻게 변화되었는가를 바탕으로 『시경』에 대한 인식의 변화를 추적할 수 있을 것이다.

이 글은 특히 근대시인 중 긴밀한 관계를 맺고 있는 최남선, 이광수, 김억, 김동환, 김소월을 중심으로 이들의 『시경』에 대한 태도 변화를 추적해보기로 한다.[11] 주지하듯 최남선은 이광수와 함께 1910년대 문단을 이끈 장본인이며 최남선 주도로 『소년』과 『청춘』이라는 당대 대표적인 종합잡지를 게재했고 이에 이광수는 참여했다. 이광수가 오산학교에서 가르치던 시절 김억은 그에게 배웠고, 소월은 또 김억에게 배워서 사제관계이다. 또 김억의 『시경』 번역을 잡지에 게재한 김동환 또한 김억이 시를 등단시켰고 그의 시집 서문을 김억이 써주었던 만큼 일종의 문학적 사제관계라 할 수 있을 것이다. 이러한 일군의 긴밀한 영향 관계에 있는 이들의 『시경』에 대한 태도 변화를 살피는 것을 통해 20세기 초반 한국 근대시인들의 『시경』에 대한 인식 변화를 추적해볼 것이다.

---

[11] 분량과 연구범위의 한계 때문에 20세기 근대시인들의 『시경』 인식 전반을 총체적으로 다루지는 못했다. 이는 더 많은 자료의 수집이 전제되어야 한다. 한용운, 정지용, 조지훈, 신석정, 양주동 등의 시문에서도 『시경』에 대한 인식이 단편적으로 드러나고 이외에도 많은 시인의 시에서 이를 추적할 수 있을 것이다. 결국에는 최대한 많은 자료를 수집해서, 모든 시인의 『시경』에 대한 인식 계보가 종합적으로 고찰될 필요가 있다. 단 이 논문에서는 최남선에서부터 김소월에 이르는 근대시인의 계보가 긴밀한 관계를 맺고 있으면서도 동시에 『시경』에 대한 인식이 세대별로 뚜렷한 차이를 보여준다는 점에서 주목했다.

Ⅱ. 경전에서 권위로 : 최남선의 경우

조선 시대까지『시경』은『書經』,『周易』과 함께 삼경 중의 하나로 시에 있어서 독보적인 권위를 지닌 유일한 경전이었다. 이는 공자가 편찬했다는 사실과, 이에 대한 공자의 평가가 유교의 성전인『논어』에 실렸기 때문에 절대적 권위를 지녔다. 따라서『시경』의 권위는, 곧 공자의 권위이기도 하며, 더 나아가 유교의 권위를 보여주는 것이다. 이러한 권위는 일제 강점과 근대화와 함께 하루아침에 사라지지는 않았다. 근대시인들도『시경』의 권위를 이용해서 시에 관한 주장을 폈다. 그러나『시경』의 독보적인 헤게모니는 해체되고, 그 자리에는 다양한 권위들이 경합을 벌이게 된다. 이러한 면모를 잘 보여주는 것이 한국 근대시의 선구자인 최남선의 글이다.

최남선은 7~8세부터 6여 년간 서당에서 한학을 배웠고,[12] 그가 감명 깊게 읽은 최초의 시는 도연명의 시였다.[13] 그가 한문으로 쓴 서발문과 한시 39수가 남아있고[14] 그는 조선광문회라는 학술기관을 통해서 고전을 보존하고 전파하기 위해『동국통감』,『삼국사기』,『삼국유사』,『택리지』,『훈몽자회』,『열하일기』,『율곡전서』등을 간행하고 신문관이라는 출판기구를 통해 이를 대중에게 전파하려 했다.[15]

---

12) 이영화,『최남선의 역사학』, 경인문화사, 2003, 19쪽.
13) 최남선,「十年」,『청춘』14, 1918.7, 4쪽.
14) 최남선의 한시에 대해서는 정기인·채송화,「『청춘』소재 한시 연구」,『한국한시연구』25, 2017 참조.
15) 조선광문회의 설립목적, 출판 활동, 참여 인물 등에 대해서는 장병극,「조선광문회 연구」, 성균관대 석사학위논문, 2012 참조. 조선광문회는 일종의 학술기관이었고, 신문관은 출판기구로 광문회의 서적을 신문관을 매개로 대중에게 소개하는 역할을 했다. 권두연,『신문관의 출판 기획과 문화운동』, 고려대학교 민족문화연구원, 2016, 제3부 2장 "자국학운동과 조선광문회" 참조.

이러한 작업이 보여주듯, 그는 한문에 대해서 긍정적으로 생각하고 있었다. 『소년』 창간호부터 「少年漢文教室」을 연재했고, 여기서 한문은 과거의 중요한 사상과 사건을 알기 위한 도구이자 미래에 인문에 공헌할 사명을 지닌 언어로 강조되었다. 또 한문을 "우리나라"의 "제2의 국어" 또는 "귀화한 문자"로 표현하며, "신문화"도 여기에 손을 빌릴 지점이 많다고 주장했다. 이러한 관점에서 '소년'들에게 한문을 가르치고자 했다.16)

최남선은 이러한 관점의 연장선에서 『시경』을 긍정하고 있었다. 그는 『시경』에 대해서 본격적인 논의를 펼치지는 않았지만, 『시경』을 이용하여 자신의 주장을 종종 펼쳤다. 그는 일관되게 문학은 그 자체보다는 전달하고자 하는 효과가 중요하다고 주장한다. 이러한 견해는 『논어』를 발췌 역하며 주를 달아 해당 구절의 의미를 설명한 「少年論語」에서도 잘 드러나 있다.

> 詩經이 三百篇이나 되되 一言以蔽之하면 늙난 사람으로 하야곰 생각에 邪慝함이 업게 하려함이오.
> (註) 性이고 情이고 그 바른것만 가젓스면 詩三百이 아모 必要업단 말삼.
> (「소년논어」, 『소년』 2-8, 1909.9, 26면)

위 대목은 『논어』 「爲政」의 "子曰詩三百一言以蔽之曰思無邪"을 옮긴

---

16) 漢文은 泰東文化를 産出한 重要한 思想과 事件을 記錄한것이오 또 將來에도 多大히 人文에 貢獻할 司命을 가딘것인데 더욱 우리나라와는 密接한 關繫가잇서 可히 第二의國語라도할만하고 또 可히 歸化한文字락도할것이니 我國의 新文化도 또한 此에 假手할者ㅣ多한디라 此ㅣ 本誌의 小幅을 割하야 漢文教室을 特設한所以라(『소년』 1-1, 1908.11, 39쪽). 이 글의 저자를 특정할 수는 없지만, 최남선이 주재하던 『소년』에 게재된 글이기 때문에 최남선도 이 글의 방향성에 대해서는 동의하고 있다고 볼 수 있다.

것이다. "사무사" 해석을 시 삼백 편에 사악함이 없는 것이 아니라, 그 시가 읽는 사람에게 사특함이 없게 한다고 해석했다.[17] 주는 이러한 해석을 더 밀어붙여서 성이나 정이 바르다면 시삼백(詩三百)이 필요 없다고 해석하고 있다. 이는 극단적으로 도(道)를 중심에 놓고 문(文)을 그 하위에 놓는 문학관이다.[18] 이 관점에서는 도가 전해졌다면 문은 쓸데없는 것이 된다.[19] 여기에서 최남선은 시 자체보다는 그것의 교훈적 의미를 중시했다는 점이 분명하게 드러난다.[20]

최남선에게 『시경』의 영향은 그가 시조를 '국풍(國風)'이라 명명한 것에서도 엿볼 수 있다. 최남선은 1907년 『대한유학생회학보』 3월 창간호에 '국풍' 4수를 발표하고, 1909년 9월에 『소년』에도 '국풍'이라는 제목 아래 시조를 발표한다. 이 시조들은 형식상으로 평시조나 사설시조라고 할 수 있고, 주제는 세월의 야속함, 고향을 그리워하는 마음에서

---

[17] 시경에 대한 공자의 "사무사"라는 평가는 오랜 기간 논쟁의 대상이 되어왔다. 크게 보면 두 가지 방향으로 시경 시 삼백 편에 사악함이 없다고 하는 해석과 두 번째는 시경이 읽는 사람에게 효용론적으로 사악함이 없게 한다는 해석이다. 후자는 주자의 해석이기도 하다. 조선 시대에 논란의 여지는 있었지만, 주자의 해석이 주류를 이루었다고 할 수 있다. 김흥규, 앞의 책 참조.
[18] 문이재도론에서 도와 문의 관계는 본말의 관계이다. 이에 대해서 한쪽 극단의 해석은 문을 도보다 가치가 없는 것이며 문장 또는 문학을 부정하는 견해에까지 이르게 된다. 이의 대표적인 논자는 郭紹虞이다. 이와 관련된 설명과 비판은 정요일, 「文以載道論의 理解」, 『한문학비평론』, 인하대학교 출판부, 1990 참조.
[19] 기본적으로 조선 시대 성리학자들이 시문을 바라보는 관점은 문이재도적 입장이다. 이황은 "시는 배우는 자에게 가장 긴절하지는 않다" "문예에 공교한 것은 선비가 아니다"라고 했으며, 정약용은 "시는 요긴한 일이 아니다"라고 했다(송재소, 『다산시 연구』(개정증보판), 창비, 2014, 25쪽). 그러나 시가 마음을 수양하는데 좋은 수단이라고 생각했다. 예를 들어 이황은 한편으로는 "문학을 어찌 소홀히 할 수 있겠는가? 글을 배우는 것 또한 마음을 바르게 하기 위함이다." "시가 심학에 긴요하지 않다고 여겨서 이를 읽지 않고자 한다면 큰 잘못이다."라고 했다(김흥규, 앞의 책, 39쪽).
[20] 이 단락은 정기인, 앞의 글, 63~64쪽을 수정 보완했다.

부터, 영웅이 되도록 노력하자는 주장이나 우주의 광대함까지 다양한 주제를 담고 있다. 그는 이러한 시조를 '국풍'이라고 명명했다. 이것의 유래는 일단 『시경』'국풍'을 떠올릴 수 있고, 또 근대계몽기에 이것이 민족 특유의 "품성과 취향"을 일컫는 의미였다는 것을 고려해야 한다.21) 『시경』의 '국풍'은 제후국의 노래라는 뜻이다.22) 최남선이 '국풍'이라는 개념을 사용하면서, 또 당대 독자들이 이를 읽으면서 『시경』의 국풍을 떠오르지 않을 수 없었다. 특히 최남선이 『시경』을 염두에 두었다고 생각할 수밖에 없는 이유는 이후 시조에 대한 글에서 반복적으로 『시경』의 권위에 기대어 시조를 옹호하고, 시조의 편찬 기준도 앞서 '사무사'의 기준에 따르고 있기 때문이다.

최남선은 1913년 가집 『가곡선』을 내면서는 가창 되던 시조의 특성을 강조하여 '가곡'을 내세운다.23) 여기서도 「예언」을 보면 『시경』을 의식하고 있다는 것을 알 수 있다.

    무릇 一國 一代의 風謠를 收集하매 그 廣博하기만 務할 것이요, 道德上 標準으로써 準繩함이 진실로 不可하니와, 此書는 特히 靑年 士人의 日常 誦讀에 供하려함인 故로 美感 涵養과 德性 修練에 障礙될 者는 一幷割愛하였으니 此 選이라 名한 所以니라. (「歌曲選 例言」, 『歌曲選』, 신문관, 1913; 고려대학교 아세아문제연구소 육당전집편찬위원회 편, 『육당최남선전집』 13,

---

21) 윤영실, 「최남선의 근대 '문학'관념 형성과 고전 '문학'의 수립」, 『국어국문학』 150호, 국어국문학회, 2008, 468~469쪽.
22) 국은 제후들을 봉한 지역이요, 풍은 민속의 가요의 시이다(國者는 諸侯所封之域이요 而風者는 民俗歌謠之詩也라. 성백효 역주, 『시경집전』, 전통문화연구회, 2010, 24쪽).
23) 『가곡선』의 제목이나 구성방식과 고시조의 음악적 향유 방식인 '가곡'의 연관은 윤설희, 「최남선의 고시조 수용작업과 근대전환기의 문학인식」, 성균관대 박사학위논문, 2014 중 II.2.2 「노래의 발견과 『가곡선』의 전범성의 미학」 부분 참조.

현암사, 1978, 128면)

여기서 직접 공자나 『시경』이 언급되고 있지는 않으나, 시조 수집한 것을 "一國 一代의 風謠를 收集"했다는 표현에 주목할 수 있다. "풍"은 『毛詩』 「大序」에서 시에 관해서 설명하면서 가장 중요하게 언급한 개념이다. 이는 위에서 아래를 풍화하고, 아래에서 위를 풍자한다는 의미로 사용된다.[24] 최남선은 여기서 후자의 의미를 사용했다. 또 『시경』은 나라와 시대의 노래를 수집한 책이고, 이를 공자가 편찬한 책이라고 알려져 있다. 최남선은 이를 의식하면서, 일국 일대의 풍요를 수집할 때는 드넓음만을 힘써야 하고 도덕상 표준으로 준승하면 안 되지만, 미감 함양과 덕성 수련에 장애 될 것은 삭제했기 때문에 '선'이라고 했다. 실제 『가곡선』 편찬 기준을 살펴보면, 최남선은 음란하고 저속한 작품들을 배제하고 교체했다.[25] 이 글을 4년 전 '사무사'에 대한 효용론적 해석과 겹쳐서 읽으면, 이 글의 배면에도 『시경』과 이를 편찬한 공자가 일종의 전범으로서 작용하고 있었을 것으로 추정할 수 있다. 즉 공자가 『시경』을 편찬하며 "사무사"라고 하여 읽는 사람이 사특함이 없도록 했듯이, 자신도 『가곡선』을 편찬하면서 "미감 함양과 덕성 수량에 장애 될 자"는 배제했다는 것이다. 자신을 노골적으로 공자에 감히 견줄 수는 없었겠지만, 근본정신은 같고, 이를 최남선 자신도 인식하고 있었을 것이다.

이 '풍요'라는 개념은 『시경』의 '국풍'에서 발원했지만, 이후에 민요를 의미하는 개념으로 사용되고 조선 후기에는 위항인 시를 의미했고

---

[24] 上以風化下 下以風刺上 主文而譎諫 言之者無罪 聞之者足以戒 故曰風
[25] 윤설희, 앞의 논문 중 II.2.2 「노래의 발견과 『가곡선』의 전범성의 미학」 부분 참조.

위항인들의 많은 시선집이 '풍요'라는 이름으로 간행되었다.26) 조선 시대 문집을 수집하고 발간하는데 힘썼던 최남선은 분명 이를 인식하고 있었을 것이다. 그러나 분명 『가곡선』은 비사대부 시선집이 아니었고, 최남선도 이를 분명히 인식하여 "此書는 朝鮮 古來로 君王 公卿 賢相 名將 哲人 達士 才子佳人의 名作 時調 六百章을 選拔ᄒ야 類編 校刊혼 것"27)이라고 광고하고 있었다. 따라서 최남선이 『가곡선』을 '풍요'라고 하는 까닭은, 이것이 '민'이나 비사대부의 노래이기 때문이 아니다. 오히려 조선 시대 위항인들이 자신들의 시를 『시경』 '국풍'에 근거해서 옹호하며 '풍요'라고 지칭한 것과 같은 맥락에서, 『시경』의 권위에 기대어 이를 '풍요'라고 일컫고 있는 것으로 보는 것이 더 적절할 것이다. 특히 이 「예언」의 바로 앞에 「서문」에서 "노래는 마음에서 느끼고 정에서 발해서, 그 말을 길게 읊조려서, 모든 품은 것을 기탁하는 것"(夫歌者 觸於心發於情 야 永其言而寓諸懷者也)이라고 쓴 것은 『서경』, 「舜典」의 "시는 뜻을 말하는 것이고, 노래는 말을 길게 읊조리는 것이다"(詩言志歌永言)에서 비롯한 것이니만큼, 「예언」 또한 한문맥의 자장 속에서 위의 서술을 하고 있었다고 할 수 있다. 적어도, 당대 독자들은 「서문」을 읽으면서 『서경』을 떠올렸을 것이고, 바로 뒤이어 「예언」을 읽으면서는 바로 『시경』을 떠올렸을 것이다. 최남선은 분명 이를 의식하면서 자신의 시조집의 배후에 『시경』이라는 권위의 그림자를 드리워 놓았다.

이로부터 10여 년 후의 1920년대에 시조에 그의 글들도 『시경』과 밀

---

26) 이는 민요의 '풍'의 개념이 확장되어, 비사대부인 위항인의 시를 일컫는 개념으로 변화했다. 이들 또한 자신들의 시를 『시경』의 '국풍'과 관련지어 논하여 자신들 시를 옹호하는 근거로 삼고 있다. 임유경, 「18세기 위항시집에 나타난 중인층의 문학세계」, 『태동고전연구』 1, 한림대학교 태동고전연구소, 1984 참조.
27) 윤설희, 앞의 논문, 71쪽에서 재인용.

접한 관련을 지닌다. 그는 「조선 국민 문학으로서의 시조」28)에서 "터질 듯한 마음은 먼저 '말'에게 하소연을 하고, 말은 그 주체하지 못하는 울결을 음절의 조리로 건지고자 하니, 시의 이치는 여기에서 발흥하였다"라고 썼다. 이는 『시경집전』에 주자가 쓴 서의 말을 자신의 말로 옮긴 것이다.29) 즉, 시는 사물에 감응한 심정을 말로 다 하지 못하여, 음향과 가락과 함께 발흥하게 된다는 설명은 『시경집전』에서 주자가 설명하는 시와 같다. 이처럼 최남선에게 있어 『시경』과 이와 연관된 한문맥적 시에 대한 관념은 시를 설명할 수 있는 보편적 기준이었다.30)

그러나 이제 그 권위는 유일한 것이 아니라 다른 세계문학들과 경합하는 여러 권위 중의 하나로 취급된다. 최남선은 『가곡선』을 편집하면서 「靑丘永言」, 「大東樂府」, 「歌曲源流」, 「南薰太平歌」, 「女唱類聚」 등

---

28) 『조선문단』, 1926.5.
29) 혹자가 나에게 "시는 어찌해서 짓습니까?"라고 물었다. 나는 다음과 같이 답하였다. "사람이 태어나서 고요함은 하늘의 성품이요 사물에 감응하여 움직임이 있으면 본성의 욕구가 나온다. 이미 욕구가 있으면 생각이 없을 수 없고, 이미 생각이 있으면 말이 없을 수 없고, 이미 말이 있으면 말로써 다할 수 없어서 탄식하고 감탄한 끝에 발현되는 것이 반드시 자연스러운 음향과 가닥이 있이 그칠 수 없으니, 이것이 시를 짓는 이유이다."(或有問於予曰 詩何爲而作也 予應之曰 人生而靜 天之性也 感於物而動 性之欲也 夫旣有欲矣 則不能無思 旣有思矣 則不能無言 旣有言矣 則言之所不能盡 而發於咨嗟咏歎之餘者 必有自然之音響節族而不能已焉하니 此詩之所以作也 성백효, 앞의 책, 21쪽). 여기서 흥미로운 것은 주자가 시는 "탄식하고 감탄한 끝(咨嗟咏歎之餘)"에 발현되는 것이라고 한 것을 최남선은 "울결"(鬱結)로 표현한 것이다. 이는 맥락상은 유사한 의미라고 할 수 있으나, '울결'은 "가슴이 답답하게 막힘"(국립국어원 『표준국어대사전』, http://stdweb2.korean.go.kr/search/List_dic.jsp 2019년 1월 29일 검색)의 의미나 한의학에서 쓰는 용어로 명나라 때의 『醫學入門』에서 "기혈이 한 곳에 몰려서 풀리지 못하는 것"의 의미로 사용되어, 의식적이었는지는 알 수 없으나 당대 사회에 대한 울분을 표현한 것으로도 읽을 수 있다(한의학대사전 편찬위원회, 『한의학대사전』, 정담, 2001, '울결' 항목). 최남선 가문이 한의학과 밀접했던 것을 고려해본다면, 여기서 '울결'이라는 단어는 당대 사회에 대한 최남선의 (무)의식적 감정이 반영되었을 수 있다.
30) 이 문단은 정기인, 앞의 글, 67쪽에서 재편집했다.

을 참조했다고 밝혔다. 『청구영언』이나 『가곡원류』가 『시경』의 권위에 의존해서 시조의 원류를 주장하고자 했다면, 최남선의 「조선국민문학으로서의 시조」나 「시조태반으로서의 조선민성과 민속」[31]은 시조를 『시경』의 권위에 의존해서 설명하기보다는, 이를 단군 이래의 고유문화의 지속으로 보았다.[32] 그러나 이는 앞서 살폈듯이 『시경』의 권위를 일방적으로 부정한 것이 아니라, 여전히 『시경』을 둘러싼 한문맥적 시에 대한 관념을 전제하고 시를 서술하고 있었다. 그러나 이제 『시경』이 시에 대한 유일한 '경전'으로서의 지위가 아니라 여러 권위 중의 하나로, 또 노골적으로 그 권위를 내세우며 주장하기보다는 은밀하게 배면에 깔린 권위로 작용하게 되었다. 이는 한편으로는 한문이나 한자를 인정하면서도, 다른 한편으로는 '조선적'인 특성을 강조하려는 욕망과 밀접히 연결되어 있을 것이다. 이러한 면모는 최남선의 후배인 이광수나 제자인 김억에게서 더욱 노골적으로 나타난다.

Ⅲ. 권위에서 번역되어야 할 타자로
   : 이광수, 김억, 김동환의 경우

최남선에게 한자는 "귀화한 문자"이며 "제2의 국어"로, 이의 연장선 위에서 『시경』은 시를 설명할 수 있는 보편적 권위였지만 이를 노골적

---

[31] 『조선문단』, 1926.6.
[32] 서철원, 앞의 글, 53쪽. 서철원은 이 글에서 최남선의 「시조태반으로서의 조선민성과 민속」이나 「조선국민문학으로서의 시조」는 『시경』의 권위 대신에 단군 이래의 고유문화의 지속으로 보았다는 것을 강조하여, 이것이 『시경』을 통해 권위를 인정받고자 했던 『청구영언』과 『가곡원류』의 부정으로 보았다.

으로 강조할 수는 없는 권위로 작용했다면, 최남선과 함께 1910년대 한국문단을 이끈 이광수에게 한자는 분명히 남의 것이었다. 이광수에게 조선 문학은 조선어로 쓴 문학을 의미해서, 기존의 한자로 쓴 문학은 그것이 퇴계나 다산이 쓴 것이라도 모두 남의 것에 불과했고, 한문 자체가 문학의 발달을 저해한 중요한 요인으로 지목되어 신문학 발달을 위해서는 타파해야 할 대상에 불과했다.33) 이광수는 유교 또한 악습의 근원이라 보았으니,34) 그의 『시경』에 대한 태도는 마냥 부정적이었을 것으로 예상하기 쉽다. 그러나 사정은 이와는 거리가 있다.

이광수는 유교를 "도덕적 권선징악"이라고 규정하며, 이를 비판하는 견해를 밝힌다. 그러한 관점의 연장선 위에서 이광수는 「문학이란 하오」에서 『시경』은 중국 문학의 일종이라 단언하며, 이를 도덕적 권선징악적 의미로만 읽으니 시를 읽는 본의가 틀렸다고 비판한다.35) 그러나 뒤이어 "재미있는 文學은 즉 大文學이라. 希臘人 호메로스의 '일리아드'는 適例니, 此는 距今 三千餘年 前의 作이로되, 其 味는 如新하며, 詩經 중의 幾部分도 如新하니라."36)라고 썼다. 이광수는 이 글에서 문학은 "정의 만족"37)이라 하며 『시경』을 도덕석으로 읽는 것에 대해서는 반대했지만, 서구 『일리아드』에 대비하여 '대문학'으로서 『시경』의 "幾部分"38)을 꼽은 것이다. 즉 서구의 대표적인 대문학으로 『일리아드』와

---

33) 「문학이란 하오」, 『이광수전집』 1, 삼중당, 1976, 547~555쪽.
34) 그는 「신생활론」에서 유교를 조선 패망의 원인으로 지목한다. 「신생활론」, 『매일신보』, 1918.09.06.~10.19. 이러한 유교 비판은 동아시아에서 공통으로 발생한 현상으로 '근대화'를 위한 필수조건이라 여겨졌다. 중국, 일본, 조선의 맥락에 대해서는 신용철, 「춘원 이광수의 유교관 시론」, 『춘원연구학보』 4, 춘원연구학회, 2011, 39~53쪽 참조.
35) 「문학이란 하오」, 549쪽.
36) 위의 글, 554쪽.
37) 위의 글, 550쪽.

동양의 대표적인 대문학으로 『시경』을 꼽은 것은, 여전히 동양 문학의 대표로 『시경』이 권위를 지니고 있었음을 보여준다. 그러나 이제 『시경』은 분명 '남의 것'이었으며, 계승해야 할 유교의 경전이 아니라 "정의 만족"을 주는 "재미있는 문학"의 대표로서의 권위만을 지닌 것으로 제시된다.

이광수의 오산학교 제자였던 김억은 『시경』과 더욱 깊은 관련을 지니고 있다. 한국 근대 시사에서 김억은 최남선, 이광수와는 다른 세대로 여겨진다. 최남선은 1890년생이고, 이광수는 1892년생이고 김억은 1896년생이라 출생은 불과 각기 6년, 4년 차이이고 최남선은 1907년에 『소년』의 편집인으로 본격적으로 문필활동을 시작하고, 이광수 또한 1910년에 『소년』에 시를 발표하며, 김억은 1915년경부터 시를 발표하기 시작하여 각기 8년, 5년 정도밖에 차이가 나지 않지만, 최남선, 이광수와 김억은 한국 시사에서는 다른 세대로 여겨진다.

이들이 다른 세대로 여겨지는 핵심적인 이유는, 그들 사이에는 '文', 그리고 그 일부인 '시'에 대해 인식의 큰 차이를 보이기 때문이다. 애초에 최남선에게 문학은 계몽의 도구였고, 그러한 인식의 근저에는 전통적인 "문"에 대한 인식이 계승되어 있었다. 주지하듯, 조선에서 "문"은 정치와 불가분한 관계에 있었다. 이를 잘 보여주는 것이 『시경』이다. 『시경』은 조선 시대까지 단지 자율적인 '예술'에 그치는 것이 아니라 백성을 교화하고 풍속을 고치거나 아니면 위정자를 풍자하는 것으로 받아들여졌다.[39] 최남선이 시를 계몽의 수단으로 여겼던 사실은 이러

---

[38] "기부분"이라 한정한 것이 흥미롭다. 『소년』, 『청춘』 등에 주요 필자 중의 하나였던 춘원은 분명 육당의 효용론적 문학관과 『시경』에 대한 태도를 잘 알고 있었을 것이다. 따라서 『시경』 전부를 인정할 수는 없지만 그중 일부분은 "재미있는", 즉 "정의 만족"을 주는 문학으로 인정한 것으로 보인다.

한 『시경』에 대한 관점과 멀지 않다. 이처럼 최남선은 문이재도론을 바탕으로 계몽을 주창했다면, 김억은 서구 시를 번역하면서 시의 '음조'에 가장 주의를 기울였다.40) 이들의 태도는 『시경』에 대한 태도, 특히 '사무사'에 대한 해석의 차이에서도 잘 드러난다.41)

孔夫子께서는 詩를 '思無邪'라고 評을 하셨거니와, 이 女流詩人들의 詩를 보면 士大夫집 아낙네들의 노래에는 어쩨 그런지 일부러 感情을 눌러버리고 점잔은체 꾸민感이 있습니다. 그리고 小室과 詩妓의 것에는 조금도 感情을 거즛한 흔적이 없으니, 만일 '思無邪'가 옳은 말슴이라면 이點에서 아낙네들의 노래는 落第외다. 그리고 小室이니 詩妓니 하는이들의 것이 되려 及第니 대단이 자미있는 對照라 하지 안을 수 없습니다. (.. 중략...) 저 소위 士大夫집 아낙네들의 詩란 거의 古典에서 이런句節 저런事典 같은 것을 가저다가 노래라고 얽어놓지 아니하면 對句같은 것이나 얌전이하야塞責을한 觀이 있어, 정말로 자기의 性情을 그대로 如實하게 쏟아놓은 것은 적은상하외다. 게다가 무슨 原因인지는 알수없으나 그들의 詩는 極이 적으니 이것은 아마 남의 웃음이나 사지아니할까 하는 생각에서가 보외다. (「권두사」, 『꽃다발』, 박문사, 1944)

김억은 윗글에서 공자의 '사무사(思無邪)'를 기준으로 내세우면서, 사대부 집 아낙네들과 소실과 시기의 시를 대조한다. 사대부 집 아낙네들은 감정을 거짓으로 꾸미고, 전고(典故)만 가져다 쓰고 대구에만 신경

---

39) 『시경』에 대한 가장 큰 논점 중의 하나가 바로 "上以風化下 下以風刺上"의 문제이고 주자가 전자를 다산이 후자를 강조한 바 있다(김홍규, 앞의 책, 17쪽). 그러나 이 두 관점 모두 시를 개인적인 정취를 고양하는 '예술'의 영역을 넘어서 시와 정치를 적극적으로 연관시키고 있다.
40) 정기인, 앞의 글, IV장 3.3절 참조.
41) 이상 김억 '사무사'에 대한 해석은 정기인, 위의 글, 139~143쪽을 재편집하였다.

을 쓰는 등, '성정'을 그대로 표출하고 있지 않다고 비판한다. 이에 반해 소실과 시기는 감정을 진실로 표출하고 있다는 점에서 고평한다. 이는 '사무사(思無邪)'에서 '사(邪)'를 감정을 거짓으로 꾸밈으로 해석하고 있다는 것이다. 그렇다면 김억이 의미하는 '사무사'란 감정에 꾸밈이 없이 성정을 있는 그대로 표출한다는 것을 뜻한다.

이러한 '사무사'의 해석은 조선 시대 주류적인 해석이나 이것이 기반을 두고 있는 한나라 이후 유학의 해석과는 다르다. 한나라 이후 유학에서 사무사는 봉건적 예교질서를 옹호하는 준거로서, "發乎情, 止乎禮義"[42]로 집약된다. 즉 정에서 출발하지만, 예의에서 멈춘 것이 바로 '사무사'라는 논리이다. 조선 시대의 주류적인 '사무사' 인식도 결국에는 효용론적 관점에서 벗어나지 않아 문이재도라는 수양론과 연결되어 있다.[43] 즉 도=성=리(道=性=理)라는 측면에서 보았을 때, 이 '사무사'라는 평가도 개인의 자연스러운 성정의 표출이 아니라, 오히려 이것이 어떻게 인류의 보편적인 성(性) 또는 이를 표현할 수 있는 예의(禮義)와 연관되고 있는가를 파악한 것이다.

김억의 사무사에 대한 관점은 조선 중기 허균이나 주자의 해석에 반한 해석을 주장하기 시작하는 조선 후기의 흐름과 맞닿아있다. 이들은 하늘이 내려준 천성이나 꾸밈없는 "정"을 강조했다. 예를 들어 박세당은 "삼백 편의 말에 비록 선과 악이 섞여 있으나, 그 모두가 한결같이 정의 발로에서 나왔고 꾸밈과 허위가 없는 까닭에 사무사라 한 것"[44]

---

[42] 김수경, 「조선 시대 학자들의 "사무사" 인식」, 『중국어문논집』 58, 중국어문연구회, 2013, 235쪽.
[43] 위의 논문, 239~241쪽 참조.
[44] 논어사변록, 『사계전서』 蓋三百篇之言 雖有善惡之雜 無修辭虛僞之辭 김흥규, 앞의 책, 63쪽에서 재인용.

이라고 보고 있는 것이나, 『청구영언』에서 "자연의 진기"를 강조해서 "일체의 인위적인 장식이나 조작이 가해지지 않은" "본원적인 심성-성정"을 강조한 것과 일치한다.45) 이는 조선 후기의 "천기론"의 개념과 연결된다. 조선 후기 천기론은 '정의 긍정'과 '개성의 발견'이라는 관점에서 주목되어 왔고, 특히 비사대부 문인들의 문학과 관련하여 자주 사용되는 개념이었다.46) 그런 점에서 김억의 논의는 이러한 시각과 연속선에 있다고 할 수 있다.47)

김억이 이들의 논의에서 영향을 받은 것인지, 아니면 이와 연관된 일본의 담론과의 연관48) 속에서 살피는 것이 옳은지에 대한 판단을 하기에는 아직 실증적인 증거가 부족하다. 이에 대해서는 더 많은 증거를 수집한 후에 정확한 판단을 할 수 있을 것이다. 다만 20세기 초반 『시경』에 대한 근대시인들의 인식 변화를 살피는 이 글에서 지적하고 싶은 지점은, 1910~20년대 최남선의 『시경』에 대한 효용론적 인식을 김억은 잘 알고 있었고 이와 거리를 두면서 자신의 시론을 펼쳤다는 것이다. 최남선의 '사무사'가 자신의 효용론적 문학관을 뒷받침하기 위한 것이었다면, 김억의 '사무사'는 소실과 시기의 한시를 옹호하기 위한 근거였다. 또, 최남선이 '시'에 대한 보편적 인식을 『시경』을 전제로 서술

---

45) 김홍규, 위의 책, 161쪽.
46) 이상진, 「조선후기 여항문학의 전개과정과 문예의식: 천기론을 중심으로」, 성균관대 박사학위논문, 1991; 안영길, 「조선 위항 문학론 연구」, 『양명학』 10, 한국양명학회, 2003 참조.
47) 조선후기 천기론이 과연 성정론이나 천리론과 대비되어 독자적인 시론으로 정립될 만큼의 차별성이 있는지는 의문이 제기되어 왔다. 정길수, 「'천기론'의 문제」, 『한국문화』 37, 서울대 규장각 한국학연구원, 2006 참조.
48) 예를 들어 일본 국학의 아버지라 불리는 모토오리 노리나가(本居宣長, 1730~1801)도 『시경』이나 이와 관련된 공자의 평가를 인용하며 인위적인 수사를 비판하며 꾸밈없는 정서를 옹호했다. 정기인, 앞의 글, 141~143쪽 참조.

하고 있었다면, 김억이 '사무사'를 기준으로 내세운 것은 자신의 한시 번역 시 선택을 설명하면서였다는 것도 주목해야 한다. 이제 '사무사'는 '시'에 대한 보편적인 기준이라기보다는, '한시'에 한해서 떠올릴 수 있는 중요한 언술로 바뀐 셈이다.

이러한 시각은 김억이 『시경』을 번역한 것과도 연결된다. 김억은 한문전통의 권위는 전유하고 있지만, 이를 분명히 "남의 것"[49]이라 인식하고 있었다. 앞서 최남선의 『소년』에서는 "제2의 국어" 또는 "귀화한 문자"라고 파악한 것과는 분명히 차이가 있고[50] 앞서 서술한 이광수의 한문에 대한 인식과 연속선에 있다. "남의 것"이니까 번역이 필요하고, 이러한 관점에서 『시경』을 번역하게 된다. 물론 한반도의 『시경』 번역은 훨씬 오래전으로 거슬러 올라간다. 구결과 석의를 포함한다면 신라시대부터 『시경』에 대한 번역이 있었던 것으로 추정되지만, 현재는 조선 전기 퇴계의 『詩釋義』가 남아있고, 조선 중기 선조 시기에 언해 하여 광해군 때에 간행된 『詩經諺解』가 최초의 완전한 형태의 번역서로 여겨지고 있다.[51] 그러나 이러한 언해는 "남의 것"을 '우리 말'로 번역하려는 의도가 아니었다. 국가적 사업으로 시경을 언해한 이유는 경전을 연구하고 이에 대한 지식을 국가가 공인하는 표준화된 체계로 만들고자 한 의도에서 비롯한 것이다.

이렇게 존숭받는 '경전'을 더 잘 이해하고 그 속에 담긴 '도'를 배우려는 태도에서 벗어나, 주체적으로 『시경』을 "남의 것"이라 표명하며 『시경』을 단지 '시'로 여겨서 조선어로 번역한 것은 김억이 최초라 할 수

---

[49] 「詩經 2－두번 다시 詩經譯에 對하야」, 『삼천리』 제8권 제6호, 1936.6, 262쪽.
[50] 『소년』 1-1, 1908.11, 39쪽.
[51] 김수경, 「한국 시경학 연구 개황과 과제 약술」, 『한자한문연구』 8, 고려대 한자한문연구소, 2012.12, 63쪽.

있다. 그렇다면 이러한 "남의 것"을 왜 번역했는지, 그리고 어떻게 번역했는지를 살피면, 김억의 『시경』에 대한 인식을 살필 수 있을 것이다. 이와 함께 고려해볼 것은, 『시경』 번역을 어디에 왜 게재했는가이다. 『시경』을 개인적으로 흥미를 갖고 번역을 하는 것과, 이를 특정 매체에 게재하는 것은 다른 의미를 지닌다. 이것을 파악하는 것을 통해 당대 『시경』에 대한 인식을 더욱 폭넓게 파악할 수 있을 것이다.

김억은 자신이 『시경』을 읽으면서 문구의 어려움은 있어도 번역하기에 어려울 것 같지 않다고 파인 김동환(金東煥, 1901~?)에게 말을 했더니, 김동환이 그럼 번역을 하라고 한 것이 『시경』 번역의 계기라고 밝히고 있다.[52] 실제 김억의 번역은 김동환이 주재하고 있는 『三千里』에 게재되었으니, 우선 김동환은 왜 김억의 『시경』 번역을 『삼천리』에 게재하려고 했던 것인지를 추정해볼 필요가 있다.

김억과 김동환은 긴밀한 관계로, 김억은 김동환의 시의 스승이라 할 수 있다. 김억의 추천으로 김동환은 1920년에 『학생계』에 시로 등단했고, 그의 대표작인 『국경의 밤』(한성도서주식회사, 1925)의 서문도 김억이 써 주었다. 이 시집의 편집 겸 발행자도 김억이었니. 『동아일보』에도 김동환이 1924~25년 근무할 때 함께 근무했다. 비록 둘은 여섯 살 밖에 차이가 나지 않지만, 김동환보다 한 살 아래인 김소월(金素月, 1902~1934)이 평생 김억을 스승으로 모신 것을 염두에 둔다면 둘의 관계를 짐작할 수 있다.

김동환은 1929년에 『삼천리』를 홀로 창간하고 주재한다. 창간호의 「사고」[53]는 다음과 같다.

---

52) 「시경 1-詩經譯에 대하야」, 『삼천리』 제8권 제4호, 1936.4, 338쪽.
53) 「社告」, 『삼천리』 창간호, 1929.6, 19쪽.

1. 훨신 갑이 싼 잡지를 만들자
2. 누구든지 볼 수 있고 또 버릴 기사라고 업는 잡지를 만들자
3. 민중에게 이익되는 조흔 잡지를 만들자
이 세 가지는 『삼천리』 잡지의 편집상 근본 방침이외다.

이「사고」가 잘 보여주듯이, 『삼천리』는 대중적 종합잡지로, 잡지명 '삼천리'가 나타내듯 민족주의적 지향을 지니고 있었다. 『삼천리』는 경제적 문화적 실력양성 운동의 연장선에서 민족적 지식을 대중으로 확산하는 역할을 담당하고 있었던 것으로 평가되고 있다.[54] 김억의 『시경』 번역이 처음 실린 1936년 4월 호에도 주요 기사가 「民立大學創建經綸」, 「安昌浩氏에게 엇든 舞臺를 맛기고 십흔가」, 「檀君陵」 등으로 민립대학 창건 운동의 지향점, 실력양성론의 대표자인 안창호에 관한 기사, 단군릉에 대한 기행문들은 이러한 『삼천리』의 성격을 잘 보여준다.

특히 이 잡지에 『시경』 번역과 함께 게재되고 있는 '세계 문학'과 '조선 문학'에 대한 글, 실제 창작 시와 소설에 대해서 살펴보면 이들이 펼쳐내고 있는 '문학'이란 무엇인지 짐작할 수 있다. 『시경』 번역이 연재되는 호에 「세계문호강좌」에서는 월탄 박종화(朴鍾和, 1901~1981)가 「시성 백낙천(白居易, 772~846)」의 생애와 시에 관해서 서술하고 있고 뒤이어 「시조강좌」는 이병기(李秉岐, 1891~1968)가 '시조감상과 작법'에 대해서 글을 쓰고 있다. 이후 「조선문학의 세계적 수준관」에 대해서 이광수, 박영희, 유진오, 김억, 박종화, 박팔양, 이무영, 김광섭, 심훈, 송영, 임화

---

[54] 김동환과 『삼천리』의 문화민족주의와 대중문화의 결합 양상에 대해서는 천정환, 「초기 『삼천리』의 지향과 1930년대 문화민족주의」, 『민족문학사연구』 36, 민족문학사학회, 2008 참조.

등 당대 문단의 좌우를 막론한 저명한 시인, 소설가, 비평가들에게 설문하고 있다. 여기서 이광수는 "조선문학의 역사"는 20년이라고 하며, 역사가 짧으므로 외국 문학보다 많이 뒤져있다고 판단하고 있다. 여기서 외국 문학은 톨스토이(Lev Nikolayevich Tolstoy, 1828~1910), 토마스 하디(Thomas Hardy, 1840~1928), 버나드 쇼(George Bernard Shaw, 1856~1950)를 예를 들고 있다. 여기서 흥미로운 것은 응답자가 대다수가 '세계 문학'을 유럽으로 상정하고[55] 이와 조선 문학을 비교하고 있다는 것이다. 아직 비교할 수준이 못 된다는 응답과 어느 정도 수준에 이르렀다는 응답 등으로 견해는 차이가 있지만, 공통으로 조선의 한문학 전통은 배제하고 대답하고 있다는 것에 주목할 수 있다. 앞서 이광수가 조선문학의 역사를 20년이라고 판단하거나, 민병휘(閔丙徽, ?~?)가 30년이라고 판단하며 "몇천 년 몇백 년의 나이를 먹은 외국"[56]과 비교할 수 없다고 한 것, 김광섭(金珖燮, 1905~1977)도 "신문학운동" "30년"을 기준으로 답하고, 임화(林和, 1908~1953)도 "우리 문학은 아즉 유년기"[57]라 판단하는 것과 마찬가지이다. 특히 "中國, 혹은 印度 기타의 後進諸國에 비하야 우리 문학에 수준이 그리 떠러지지 안는다고 해야 만족할 것이 무엇이겟슴니까."[58]라고 대답해서, 임화 또한 철저히 한문학을 배제하고 있음을 짐작할 수 있다.

반면에 같은 호의 「근대의 우리 문호」에서 현상윤(玄相允, 1893~?)은 "이조 문학"은 연암(燕巖 朴趾源, 1737~1805)과 농암(農巖 金昌協, 1651~1708)이 최고

---

[55] 洪曉民만은 예외로, 여기서 "세계"란 무엇을 의미하는가에 대해서 의문을 제시하고 있다. 「조선문학의 세계적 수준관」, 『삼천리』 제8권 제4호, 1936.4, 312~316쪽.
[56] 위의 글, 320쪽.
[57] 위의 글, 325쪽.
[58] 위의 글, 326쪽.

라고 주장하며, 농암의 생애와 그의 한시를 소개하며, 안재홍(安在鴻, 1891~1965)은 다산(茶山 丁若鏞, 1762~1836)의 사상과 문장을 소개하고 유광열(柳光烈, 1899~1981)은 이인직의 작품을 소개하고 있다. 이러한 김농암에 대해서 글 바로 뒤에 김억의 『시경』 번역이 게재되고 이후에 이기영, 송영의 국문소설과 한용운, 윤극영, 신불출의 국문 시가 게재된다. 그 앞에는 윤익선(尹益善, 1871~?), 양근환(梁槿煥, 1894~1950), 김능인(金陵人, 1910~1937)의 한시가 게재되고 있다.

이를 정리해보자면, 『삼천리』 1936년 4월호 현재 창작으로는 한시와 국문 시, 국문소설이 게재되고 있으며, '세계문호'로는 당나라 시인인 백거이가 소개되며, '근대의 우리 문호'로는 조선 시대 박지원, 김창협, 정약용, 이인직이 소개된다. 그러나 동시에 당대 문단의 문인들을 대상으로 이루어진 설문조사에서는 '세계 문학'은 유럽을 중심으로 사유 되고 있으며 '조선 문학'의 역사는 20~30여 년으로 인식되어, 한문학은 철저히 배제되고 있다. 이러한 글이 모두 같은 잡지의 같은 호에 동시적으로 펼쳐져 있다. 이는 당대의 세계/조선, 과거/현재, 한문/국문에 대한 복잡한 견해차를 보여준다. 세계–과거–한문으로서의 백거이는 긍정되고, 조선–과거–한문으로서의 김창협, 박지원, 정약용도 긍정된다. 그러나 세계–현재–한문은 부정되어, 지향해야 할 세계–현재는 서구 유럽을 의미한다. 마찬가지로 조선–현재–한문도 설문에서는 부정되지만, 편집상에서 조선–현재–한문인 당대 조선인들이 쓴 한시는 게재되고 있으니 한편으로는 긍정되고 있다고 볼 수 있다. 이러한 복잡한 입장 차를 『삼천리』라는 하나의 장 속에서 살펴보자면 세계–과거–한문이나 조선–과거–한문이 긍정된다면, 왜 조선–현재–한문은 부정되는지, 부정되면서도 왜 조선–현재–한문은 끊임없이 생산되고 동지면에 게재되고 있는지는 설명되지 않는다.

또 『삼천리』가 김억의 『시경』 번역을 기점으로 더는 창작 한시를 게재하지 않게 된다는 것도 의미심장하다. 『삼천리』는 창간호부터 창작 한시를 게재한다. 한용운의 한시 7수 바로 뒤에, 이광수, 이은상, 박팔양, 심훈의 국문 시가 6편 게재되어 있다. 『삼천리』에서는 창간된 1929년부터 1934년까지는 4~5호의 1번씩 정도로 한시를 게재하다가, 1935년 6월호부터 『시경』 번역이 게재되는 1936년 4월까지는 빠짐없이 매호 한시를 게재한다.59) 『삼천리』에 국문 시가 2~3호 중 1번씩 정도 게재된다는 것을 염두에 둔다면 1929~1934년까지 한시의 비중은 국문 시에 비교해서 그렇게 낮지 않고, 특히 1935년 6월호부터는 매호 창작 한시가 게재된다는 것은 매우 주목할 만하다. 그런데 김억의 『시경』 번역을 기점으로써 1936년 4월호 이후의 『삼천리』에는 창작 한시는 전혀 게재되지 않는다.60)

이렇게 한시가 종종 게재되다가, 1935년부터 매호 게재되고, 김억의 『시경』 번역을 기점으로 갑자기 창작 한시가 전혀 게재되지 않는 내막은 정확히 알 수는 없다. 다만, 드러난 현상들을 통해서 김동환의 의두를 추정 가능할 뿐이다. 앞에서 설명했듯이, 『삼천리』라는 장 속에서는 한문과 국문, 세계와 조선에 대한 복잡하고 상호 모순되는 담론과 문학

---

59) 한시가 게재된 『삼천리』 호수는 다음과 같다. 5호, 8호, 10호, 3권 11호, 4권 9호, 4권 10호, 5권 1호, 5권 4호, 5권 9호, 6권 5호, 6권 7호, 7권 6호, 7권 7호, 7권 8호, 7권 9호, 7권 10호, 7권 11호, 8권 1호, 8권 2호, 8권 4호.
60) 고전 한시는 게재된다. 1938년 10월호에 이백의 「娥眉山月」이 게재된다. 그 이후에 한시 번역 등도 게재된다. 1939년 6월에 주희의 「九曲歌」가 번역 게재되고, 양주동에 의해 『시경』이 1940년 7월에 다시 번역된다. 심지어 1940년 6월에 당대 중국 시도 「新支那文學」이라는 이름으로 번역되고, 41년 이후에는 일본어 창작시도 게재되지만, 창작 한시는 그 이후로 단 한 편도 찾아볼 수 없다.

적 실천이 혼재했다. 특히 문제가 되었던 부분은, 근대 문인들은 국문 문학만을 근대문학이라 주장하고 있는 바로 그 지면 옆에 창작 한시도 동시에 게재되고 있었던 점이다. 『삼천리』를 주재하던 김동환은 자신이 문학적 스승이자 서구 시 번역과 한국 근대시의 선두 주자인 김억의 『시경』 번역을 배치한다. 그리고 김억에게 『시경』 번역은 세계-과거-한문 문학인 『시경』을 조선-현대-국문으로 바꾸는 일이었다.

김동환이 김억의 『시경』 번역을 『삼천리』에게 게재하기로 한 배경에는, 이처럼 조선의 옛 한문을 긍정하지만 이제 '조선 문학'은 국문으로 쓴 것만을 대상으로 한다는 인식에 편집자로서 김동환이 동의했기 때문이 아닐까? 한시의 경전인 『시경』 번역을 계기로 더는 창작 한시는 게재되지 않는다는 것은, 이제 한시에서 국문 시로의 변환을 선포하는 의미가 있었을지도 모른다. 적어도 『삼천리』에 게재되는 시의 현황을 보았을 때 『시경』이 국문 시로 번역되는 것을 계기로 '근대 시'에서 한시는 배제되고 국문 시만이 게재된다.

이상으로 『삼천리』 잡지에 『시경』 번역이 게재되는 의미를 살펴보았다. 이제 김억의 『시경』 번역에 대해서 살펴보자. 김억은 여러 차례 번역에 대한 자기 생각을 밝혀왔는데,[61] 『시경』 번역은 또 다른 도전이었던 것으로 보인다. 실제 김억이 자신의 『시경』 번역 방식에 대해서 밝히는 대목을 살펴보자.

---

[61] 김억, 「역자의 인사 한마디」, 『오뇌의 무도』, 광익서관, 1921; 김억, 「이식에 관한 관견」, 『동아일보』, 1927.6.28; 김억, 「변언 몇 마디」, 『야광주』, 조선출판사, 1944. 이들에서 계속 김억은 "창작적 무드" "의역" 등의 불가피함을 주장했다. 김억의 번역론을 검토한 논자에 따르면, 김억의 번역론은 "문학 작품의 특수성"을 중시하고 "시를 시로" 번역한다는 특성이 있다. 조재룡, 「김억 '번역론'의 현대성과 현재성」, 『동악어문학』 71, 동악어문학회, 2017 참조.

(가) 古詩이기 때문에 비록 그 뜻은 單純하다 하여도 如干만 알기 어려운 것이 아니외다. 그리하야 나는 原文의 큰 뜻만을 따라 가장 자유로운 移植을 시작하엿습니다. 이것이 올흔지, 낡분지는 몰으나, 나는 如何間 이러한 方式으로 詩의 번역을 지금까지 하여 왓습니다. 이러한 것이라고 한마듸 내 자신의 告白이 필요할상 십허서 일부러 한마듸 하는 所以거니와 그러기에 나의 이 詩譯에는 상당히 대담한 자유가 잇을 것이외다.[62]

(나) 이미 남의 것을 가저오는 以上에는 그것을 고대로 옴겨와야 할 것이외다. 그러케 해야 비로소 그것을 完全이 옴겨왓다고 할 수 잇는 것이외다. 그러나 그럿케 되지 못하니 엇지 할 수 업시 그 精神이라 할만한 作者의 意圖만을 가저다가 만들지 아니할 수가 업게 되는 것이 普通이외다.

저 時代色이라든가 風土味라든가 하는 것을 엿보기 위하야는 그 用語라든가 特殊性 가튼 것을 고대로 가저와야 할 것인 줄 압니다. 그러나 그것도 역시 實感을 준다는 点에서는 의미가 업는 것이기 때문에 用語도 古語를 쓰지 아니하엿고 名詞가튼 것도 그대로의 그것을 避하엿으니 例를 들자면 「卷耳」에 잇는 金罍이나 兕觥가튼 것이 그것이외다. 註를 보면 「罍, 器刻爲雲雷之象, 以黃金飾之」라 하엿으니 이것은 分明이 그 때의 술甁이외다. 그럿타고 飜譯할 때에 金罍이라고 할 수는 업는 것이 조곰도 實感이 잇을 수 업기 때문이외다. 그런지라 그보다는 차라리 술산이라든가 진이라든가 하면서 固有名詞가 업스면 普通名詞라도 쓰는 것이 조흘 것이외다. 그리고 兕觥을 註에 「兕, 野午, 一角, 靑色, 重千斤, 觥, 爵也, 以兕角爲爵也」라 하엿으니 구태여 색이자면 들쇠뿔잔이라거나 쇠뿔잔이라거나 또는 뿔잔이라든가 할 것이외다. 그러나 나는 취하지 아니하고 그저 단순이 잔이라고 하엿습니다. 뿔잔이라고 하지 못할 것은 아니나마 詩歌의 音調를 重要視하는 意味로 이미 原詩의 그것을 가저오지 못하는 以上에는 響이나 조키 위하야 잔이라든가 술잔이라든가 하엿습니다.[63]

---

[62] 「시경 1-詩經譯에 대하야」, 『삼천리』 제8권 제4호, 1936.4, 339쪽.
[63] 「시경 2-詩經譯에 대하야」, 『삼천리』 제8권 제6호, 1936.6, 262~263쪽.

(다) 그리고 詩經을 옴기면서 註가튼 것을 일일이 들어다보면 이 詩는 엇지하야 지은 것이라고 親切하게 解說을 하엿습니다, 만은 나는 그것을 取치 아니아고 누구가 보든지 詩의 뜻을 알 수 잇도록 그 出處와 由來가튼 것을 取치 아니하엿습니다. 하기야 原詩의 그것을 忠實하게 옴겨놋고 그 大詳한 点은 註解로써 알려주는 것이 譯者로서의 가장 친절한 일이외다. 그러나 詩에 대한 나의 態度는 그러치 아니하외다. 詩는 누구가 보아도 알 수 잇는 것으로 각각 그 自身의 境遇와 事情대로 解釋할 것이요, 그 때의 그것으로만 알닐 必要가 업다는 것이 詩에 대한 나의 主張이외다.

그런지라 나는 이 詩經譯에서 그런 것은 모다 내여버렷습니다. 다시 말하면 될 수 잇는대로 註解가튼 것을 하지 아니하고 詩譯 그것에서 詩意를 알아 볼 수 잇도록 노력하엿습니다. 이러한 自由롭고 대담한 것을 비웃는 이가 잇다 하여도 그것은 나의 알 바가 아니외다. 그 기에 이 詩譯에서 나는 어듸까지든지 詩意自明을 目標한 것이외다.(64)

김억에게 『시경』은 성인의 도를 담은 경전이 아니다. (가)에서 잘 나타나듯이, 이제 이는 뜻이 단순한 "고시"에 지나지 않는다. 따라서 "대담한 자유"를 바탕으로 시를 번역할 수 있다. 조선 시대 경학자들이 경전이라고 전제하고 주자의 주에 따라 의미를 파악하려는 태도(65)와는 천지 차이라고 할 수 있다. 이제 김억에게『시경』은 "남의 것"이고, 남의 것을 옮기려면 그대로 옮겨야 하는데, 시대와 언어의 차이로 인해서 이는 불가하니, 시의 "정신"인 "작자의 의도"를 가져다가 "만들어"야 하는 것이다. 그렇다면 시경 시의 "정신"이나 "의도"는 무엇인가? 여기서 김억은 공자를 전혀 언급하지 않는다. 『시경』은 고시이고, 그 시의 "정신"은 유학의 도와 무관하게, 시가 주는 "실감"일 뿐이다. 여기서 "실감"

---

(64) 위의 글, 263~264쪽.
(65) 김흥규, 앞의 책 참조.

은 당대 독자들에게 생생한 감각을 부여하는 것이다. 따라서 (나)에서 나타나듯 "金罍"은 그대로 金罍으로 번역하면 당대 독자들에게 의미가 없고, "兕觥"도 "뿔잔"으로 해도 원시의 실감을 주지 못하니, 그냥 술잔으로 하는 것이 역시의 "음조"를 좋게 하므로 이를 선택했다고 설명한다.

『시경』을 바라보는 태도는 (다)에서도 잘 나타난다. 공자 사후 수천년 동안의 경학자들이 훈고와 논쟁을 하며『시경』에 주를 달았지만, 김억에게 이는 "이 詩는 엇지하야 지은 것이라고 親切하게 解說"한 것에 지나지 않는다. 김억에게 "詩는 누구가 보아도 알 수 잇는 것으로 각각 그 自身의 境遇와 事情대로 解釋할 것"이기 때문이다. 김억이 생각한 "누구가 보아도 알 수 잇는 것"의 의미는 다음과 같은 시 번역에서 잘 나타난다.

    關雎(물새)
    가유가유 물새는 쌍지어 돌며 (關關雎鳩)
    네라내라 집섬서 노래를 하고 (在河之洲)
    아름다운 사람은 짝을 차자서 (窈窕淑女)
    아름다운 사람과 즐기는 것을. (君子好逑)[66]

김억은 앞서 밝힌 자신의 주장대로, 이 시에 아무런 주석도 붙이지 않는다. 김억이『詩傳原本』의 주석을 보았다고 밝혔는데, 이는 주자의『詩經集傳』을 의미하는 것으로 보인다.『시경집전』에는 여기서 군자가 문왕이고, 숙녀가 태사라고 설명하며, 특히 "요조숙녀 군자호구"의

---

[66] 「시경 1-詩經譯에 대하야」,『삼천리』제8권 제4호, 1936.4, 339~340쪽.

의미를 정숙함이 지극하고 지조가 변하지 않고, 정욕의 느낌이 용의에 개입함이 없고, 연사의 뜻이 정동에 나타나지 않은 이후에야 군주에 짝하여 종묘의 주인이 될 수 있다는 내용으로 풀고 있다.[67] 그러나 김억은 이러한 주석들을 모두 부시하고, 이를 단지 보편적인 사랑 노래로 번역했다. 김억의 견해에 따르면, 기존의 주석들은 시를 보고서는 알 수 없는 것들이다. 시의 문자 자체에는 이것이 주나라 문왕(文王)과 태사(太姒)의 노래라는 증거를 찾을 수 없고, 이 시가 함축하는 도덕적 교훈을 파악하기 어렵다. 따라서 김억은 이를 "아름다운 사람"이 "짝을 차자서" "즐기는", 즉 "누구가 보아도 알 수 잇는" 노래로 번역하게 된다.

앞서 최남선에게는 『시경』은 시를 설명할 수 있는 보편적 기준이었다. 이제 이광수에게 와서는 분명 이는 "남의 문학"이며 몇몇 부분이 재미있는 동양 문학의 대표 정도로 인식되고, 김억에게도 『시경』은 번역되어야 할 "남의 것"인 "고시"에 지나지 않는다. 그래도 이를 번역하려고 했던 것은 중요하다. 김억은 자신이 조선 문학에 무지함을 밝히고, 한시 번역을 시작하고 이를 토대로 자신이 생각하는 '조선적 근대시형'인 "격조시형"을 창안하기에 이른다.[68] 『시경』 또한 이러한 7.5조 '격조시형'으로 번역한다. 즉 적극적으로 "남의 것"을 자기화하려 했던 것이고, 이후 김억이 수많은 한시를 격조시형으로 번역하게 되는 이유는 한시가 그에게는 가장 친숙했던 시이고, 또 이것이 훌륭한 문학이라고 인식하고 있었기 때문일 것이다. 김동환도 대중잡지를 주재하며 근대 문인들의 담론 상에서는 당대 한시는 부정되고 있었지만, 실제 한시는 국

---

[67] 성백효, 『시경집전』 상, 전통문화연구회, 2010, 27쪽.
[68] 정기인, 「김억의 한시 번역과 "조선적 근대시"의 구상」, 『민족문학사연구』 59, 민족문학사학회, 2015 참조.

문 시와 더불어 왕성히 창작되고 동지면에 게재되고 있는 모순된 현실 속에서『시경』번역을 의뢰한다. 김억의『시경』번역 게재를 계기로 『삼천리』에서 창작 한시는 사라지고 국문 시만이 게재되게 되는 변화를 염두에 둘 때, 결국 김동환도『시경』번역 게재를 계기로 이제는 한시는 그대로 향유될 수 있는 것이 아니라 번역되어야만 하는 과거의, '남의' 것이라고 인식했다고 할 수 있다.

Ⅳ. 번역해야 할 타자에서 반면교사로 : 김소월의 경우[69]

김소월은 파격적인 시인이자 시론가였다. 스승인 김억이 '천리'나 '사무사'와 같이 한문맥에서 중시되는 개념을 전유해서 자신의 시론을 전개했다면, 그의 제자 김소월은 한문맥에서 부정적으로 사용되는 개념을 오히려 옹호하면서 자신의 시론을 펼친다.『소월 시초』에 실린「팔벼개 노래調」앞에는 김소월 작품에서는 이례적으로[70] 시서(詩序)의 형식으로 '팔벼개 노래'를 기생 채란에게 듣게 된 경위와 그에 대한 소월의 생각이 적혀있다. 이에 따르면 소월은 갑자년(1924) 가을에 영변읍에서 진주(晋州) 출생의 스물 한 살 된 기생 채란이의 청원처절(淸怨悽絶)한 노래와 그녀가 청루(靑樓)의 기생으로 팔려오기까지의 사연을 듣게 된다. 이후 어떻게 이 시를 쓰게 되었는지를 밝히면서, 이 노래는 "정성위

---

[69] 이 절은 정기인,「한국 근대시 형성과 한문맥」의 Ⅴ장 1절을 수정 보완한 것이다.
[70] 『삼천리』제7권 9호, 1935.10. 여기에는 시만 실리고, 나중에 김억이 편집한『소월 시초』(박문출판사, 1939, 84-88쪽)에는 이 글이 실려 있다.『소월 시초』가 김억의 편집과정을 거쳤으며, 이전 김소월 작품에도 김억의 가필이 있었다는 점을 염두에 두면서(정한모,「소월 시의 정착과정 연구」,『현대시연구』, 정음문화사, 1984, 294쪽) 이 사설을 살펴볼 필요가 있다.

음(鄭聲衛音)"이지만, 이 노래를 발표하는 것에 대한 어떠한 비난도 감수하겠다고 한다.71)

청원처절한 정성위음은, 유학에서 배척하는 바이다. 공자가 시경에 대해 평힌 가장 유명한 말은 '사무사'와 함께, "樂而不淫 哀而不傷"72)이다. 공자는 시경 「關雎」편을 즐거워하되 음란하지 않고, 슬퍼하되 상하지는 않는다고 평가했다. 이는 마땅히 시는 절제가 있으며 중용을 지켜야 한다는 의미이다. 이러한 낙(樂)은 늘 인(仁)과 밀접한 관련 속에서 논의되었고,73) 인의 완성은 음악을 통해서 가장 잘 이루어질 수 있다고 믿었다.74) 이러한 맥락 속에서 공자는 "정성(鄭聲)"을 미워하며 이는 음(淫)이라고 주장했다.75) 정나라 음악은 내용과 형식이 새롭고 음이 높고, 선율의 변화가 많으며, 템포도 빠르다고 한다.76) 또 무엇보다도, 정성은 음악의 표현을 중시하여, 생활 정감을 충분히 표현하는데 노력했으며, 망국의 노래이며, 슬퍼서 시름에 찬 음악이 많으며 여자가 남자를 유혹하는 내용이 많다.77) 이는 위음(衛音)도 마찬가지로, 일반적으로

---

71) 이 팔벼개노래調는 채란이가 부르던 노래니 내가 寧邊을 떠날 臨時하여 빌어 그의 親手로써 記錄하여 가지고 돌아왔음이라. 무슨 내가 이 노래를 가져 敢히 諸大方家의 詩的 眼目을 辱되게 하고저 함도 아닐진댄 하물며 이 맛 鄭聲衛音의 현란스러움으로써 藝術의 神嚴한 宮殿에야 하마 그 門前에 첫발걸음을 건들여 놓아보고저 하는 僭濫한 意思를 어찌 바늘끝만큼인들 念頭에 둘 理 있으리오마는 亦是 이 노래 野卑한 世俗의 浮輕한 一端을 稱道함에 지내지 못한다는 非難에 마출지라도 나 또한 구태여 그에 대한 遁辭도 하지 아니 하려니와, 그 以上 무엇이든지 사양없이 받으려 하나니. 『소월 시초』, 87~88쪽.
72) 「八佾」, 『논어』 關雎 樂而不淫 哀而不傷.
73) 仁近于樂, 義近于禮. 故聖人作樂以應天, 制樂以配地. 『禮記, 樂記』 人而不仁, 如禮何, 人而不仁, 如樂何.
74) 박은옥, 「공자의 음악사상에 대한 고찰-"正樂"의 提唱과 "惡鄭聲"을 중심으로」, 『한국음악연구』 30, 2001, 192쪽.
75) 「衛靈公」, 『논어』 樂則韶舞, 放鄭聲, 遠佞人. 鄭聲淫, 佞人殆.
76) 박은옥, 앞의 글, 200쪽.

정성위음은 '정성'으로 압축되어 표현되기도 한다.

이러한 관점에서 소월이 "팔벼개 노래"를 정성위음이라 표현한 것은, 적확하게 그 개념을 사용한 것이다. 소월은 채란이의 노래를 듣고 이것이 청원처절하였고, 그 곡조는 고저와 끊고 이어짐이 많아서 마치 구멍이 많은 산길을 허둥지둥 오르는 듯 급박하고도, 새롭고 듣는 이를 눈물짓게 하는 노래였다고 적었다.[78] 이는 앞서 정성위음이 새롭고 선율의 변화가 많으며 템포가 빠르고, 시름에 찬 음악이 많다는 것과 일치한다. 또 내용상 여자가 남자를 유혹하는 면이 있는 노래라는 점에서도 정성위음의 특성을 보인다.

여기에서 중요한 것은, 소월이 이를 옹호하고 있다는 것이다.[79] 그는 이러한 기생의 정성위음을 내세우면 뭇 사람들의 비난을 얻게 될 것을 알고 있으나 그럼에도 불구하고 어떠한 변명도 없이 비난을 감수하겠다고 한다. 사실 초점은 '정성위음'인 것이 아니라 '기생'의 노래를 "藝術의 神嚴한 宮殿"에 제시했기 때문에 비난을 받을 수 있다는 것이

---

[77] 위의 글, 200~202쪽.
[78] 문득 隔墻에 가만히 부르는 노래노래 淸怨悽絕하여 사뭇 오는 찬 서리 밤빛을 재촉하는 듯, 고요히 귀를 기우리매 그 歌詞됨이 새롭고도 質朴함은 이른 봄의 지새는 새벽 寂寞한 狀頭의 그늘진 花瓶에 芬芬하는 紅梅꽃 한 가지일시 分明하고 律調의 高低와 斷續에 따르는 豐富한 風情은 마치 泉石의 우명구명한 山길을 허방지방 오르나리는 듯한 感이 바이없지 않은지라. 꽤 事情있는 사람으로 하여금 그윽한 눈물에 옷깃 젖음을 깨닫지 못하게 하였을레라.『소월 시초』, 87~88쪽.
[79] 기존 연구들은 오히려 반대로 이러한 정성위음에서 김소월이 거리를 두려고 했다고 해석하는 경우도 있다. 물론 김소월은 채란의 노래가 정성위음이라서 예술의 신성한 궁전에 발을 들일 생각이 없지만, 그러한 비난을 감수하고서라도 채란의 노래를 기록한다는 데에 소월의 이러한 '정성위음'의 옹호를 읽을 수 있다. 소월이 정성위음과 거리를 두었다는 논의 중 대표적인 것은 김윤식,「김소월론」,『한국 현대시론비판』, 일지사, 1975. 그리고 김소월의 근본 사상이 원이불로(怨而不怒), 애이불상(哀而不傷), 낙이불음(樂而不淫) 등의 유교 정신이라는 주장은 노재찬,「소월의 시와 전통의식」,『한국 근대문학논고』, 삼영사, 1981 참조.

다. 그러나 몸을 파는 천한 청루의 기생임을 부각하지 않고, 오히려 '정성위음'이라는 한문맥의 개념어로 이를 가리면서 그 기생의 노래를 옹호하는데 소월의 혁신적 전략이 엿보인다.

이는 앞서 김억이 사대부의 시보다는 기생의 시가 더 '사무사'라고 하며 유교적인 "존천리 멸인욕"의 관점과 반대되는 관점을 취한 것과 상통한다. 다만 전략에 있어 반대이다. 김억이 천리와 사무사라는 한문맥에서 존숭 되는 개념을 전유하여 자신의 주장에 근거로 제시한다면, 김소월은 오히려 이 시는 "정성위음"이지만, 비난을 감수하겠다고 하면서 자신의 주장에 적합한 한문맥적 개념을 제시하고 있다.

이는 김소월의 한문맥적 문화자본과 시론을 보여준다. 중용과 절도, 애이불비(哀而不悲)보다는 오히려 청원처절한 정성위음이야말로 김소월이 생각하는 시였다. 그리고 이는 분명 민요와 그 민요가 담고 있었던 정신과 깊은 관련이 있다.[80] 김억과 김소월이 민요를 중시하는 것과 사대부의 시가보다 기생의 시를 더 좋은 시라고 주장하는 것은 유사한 맥락에서 기인한다. 양반층의 한문맥적 문화보다는 서민층의 국맥의 문화를 주창하고 있다. 그럼에도 『시경』과 이를 둘러싼 논의들에 대한 인식의 변화에 초점을 맞추는 이 논문의 관점에서 중요한 것은, 소월은

---

[80] 유랑하던 기생의 노래에 대한 깊은 관심은 두 차원에서 논의될 수 있다. 하나는 '표랑'에 초점을 맞춘 것이고, 하나는 '기생'이라는 존재자의 특성과 관련된 것이다. 소월은 표랑하는 삶에 대해 깊은 관심이 있었고, 이는 뿌리 뽑힌 식민지인들의 삶의 표상이기도 했다. 표랑하는 삶과 관련된 뿌리 깊은 민요 「산유화」와 소월 시의 연관성에 대해서는 신범순, 「「산유화」의 신성한 기원과 그 계승」, 『노래의 상상계』, 서울대학교출판문화원, 2012에서 자세히 다루었다. 또 한편으로 기생이라는 존재는 최남선, 이능화 등에 의하면 본래 신성한 제의를 주도했던 존재들, 즉 고대의 일종의 샤먼과 같은 존재로, 그들의 노래 속에는 이러한 깊은 전통이 계승되고 있다고 볼 수 있다. 이에 대해서는 신범순에 의해 소월의 시 「무덤」과의 관련성이 논해졌다(신범순, 「무덤 속의 꿈하늘」, 같은 책 참조).

기존의 한문맥에서 부정적으로 사용되던 '정성위음'이라는 개념을 오히려 긍정적으로 사용하여 자신의 주장을 개진한다는 점이다. 이는 "혁신적 이념가"의 면모를 보여주는 것으로, 17~18세기 상업자본주의의 전개과정에서 자본가들이 기독교 어휘들의 화행 가능성을 조작하면서 부정적인 어휘들을 긍정적인 의미로 사용한 것과 매우 흡사한 전략이다.[81]

이러한 전략은 한시 번역에서도 나타난다. 소월은 한시를 번역하면서 '정성위음'적 특질을 강화한다. 지금까지 김소월 한시 번역에 관한 논의들은 주로 한시 번역의 형식에 집중하여 이와 창작시 형식 사이의 연관성을 탐구해왔다.[82] 그러나 소월의 한시 번역을 최초로 본격적으로 탐구한 이규호는 김소월의 번역이 재창작의 측면이 있고, 중국 지명을 조선으로 번안했고, 이미지들을 상징적으로 처리하였음을 지적하고 창작시와 번역 시의 연관성을 폭넓게 지적하고 있다는 점에서 주목할 수 있다.[83] 또 최근의 금지아의 연구에서 김소월이 한시 원시보다 훨씬 강한 분위기와 격정적인 정서로 번역했다는 점이 논의됐다.[84] 본고는 이러한 연구의 연장선 위에서 김소월의 한시 번역이 원본 시의 '정성위음'적 특질을 강화하는 방향으로 이루어지고 있음을 논의할 것이다.

---

[81] 퀜틴 스키너, 앞의 책, 235~242쪽 참조.
[82] 노춘기, 「안서와 소월의 한시 번역과 창작시의 율격」, 『한국시학연구』 13, 한국시학회, 2005; 정소연, 「1910~20년대 시인의 전통 한시 국역 양상과 의미 연구 – 최남선, 김소월, 김억, 이광수를 중심으로」, 『고전문학과 교육』 34, 한국고전문학교육학회, 2017; 손종호, 「소월의 번역한시와 시의식」, 『한국시학연구』 8, 한국시학회, 2003.
[83] 이규호, 「소월의 한시 번역과정」, 이규호 외, 『한국시가의 재조명』, 형설출판사, 1984.
[84] 금지아, 「김소월의 唐詩 번역과 창작시의 관계」, *Comparative Korean Studies* 21권 2호, 국제비교한국학회, 2013.

김소월의 한시 번역은 총 17편이 남아 있다. 이 중 1920년대의 번역과 1930년대의 번역은 형식이나 정조가 많이 달라지기 때문에, 여기에서는 1920년대에 번역한 6편을 대상으로 한다. 유학에서는 절제에서 벗어난 것으로서 '음(淫)'한 것으로 배척당했던 정성위음을 옹호했던 김소월이 최초로 번역한 한시는 백거이의 「寒食野望吟」이다. 원시를 각주로 제시하고, 가능한 직역의 한국어 번역을 제시한 후에 김소월의 번역을 제시한다.

한식날 들판을 바라보며 읊다[85]

성곽 문밖에 무덤 터에서, 한식날 어느 집이 통곡하는가?
바람 불어 빈 들판 지전이 날리고, 오래된 무덤 무더기에 봄풀이 푸르네.
팥배나무 꽃이 백양나무 비추니, 다 죽고 살아남아 이별한 곳이네.
아득한 저승에는 곡소리 들리지 않을 것이니, 쓸쓸히 저녁 비 내리고 사람들은 돌아가네.

성묘하는 한식에 통곡 소리가 들려온다. 지전을 날리고 봄풀만 무심히도 무덤에 나 있다. 그러나 이미 저승과 이승은 건널 수 없으니, 사람들은 죽은 자를 위해, 곡을 하지만 죽은 자는 들을 수 없고, 비가 내리자 산 사람들은 돌아가고 무덤만 남아있다. 원시 자체가 쓸쓸한 정조를 바탕으로 삶과 죽음 사이의 건널 수 없는 단절감을 읊었다. 이를 김소월은 어떻게 번역했는지 살펴보자.

---

[85] 「寒食野望吟」丘墟郭門外, 寒食誰家哭. 風吹曠野紙錢飛, 古墓累累春草綠. 棠梨花映白楊樹, 盡是死生離別處. 冥冥重泉哭不聞, 蕭蕭暮雨人歸去. 『全唐詩』中國基本古籍庫 인용.

寒食[86]

가지가지어웃득한놉흔나무에
가마귀와 까치는울고 지즐째
二月에도 淸明에 寒食날이라
들려 오는哭소리오 오哭소리

거츤벌에는 벌에부는 바람에
조희돈은 흐터져 써다니는곳
무덕이쏘무덕이널닌무덤에
푸릇푸릇봄풀만도다나누나

드믄드믄둘너선白楊나무에
청가싀의흰꼿치줄로달닌곳
아아모두아주간깁흔서름의
참아말로다못할자리일너라

가도 가도 쏘가도사라못가는
黃泉에서 哭소리 어이드르랴
서럽어라 저문날 쑤리는비에
길손들은 제각금 도라갈네라

7·5조로, 한 구를 한 연으로 번역하며 김소월은 원시에 없는 내용을 삽입한다. 특히 원시의 첫 구는 10언으로 다른 구보다 4언이 적어서 소월이 첨가한 내용이 많다. 특히 "哭소리오 오哭소리"라고 영탄하며 "깁흔서름의/참아말로다못할자리"라는 내용을 삽입하고 "서럽어라"와 같

---

[86] 『동아일보』, 1925.2.2.

경전(經傳)에서 텍스트로 • 269

이 직접적인 탄식을 노출하여, 격정적인 감정을 강조한다. 이는 앞서 기생 채란이의 노래를 "청원처절"하였다고 하며 이를 정성위음이라 표현한 정조와 연장선에 있다. 애이불비와 중용이 아니라, 차마 말로 하지 못할 정도의 깊은 설움을 표현하고 있다. 이는 「초혼」의 마지막 대목을 떠올리게 한다.

> 서름에겹도록 부르노라.
> 서름에겹도록 부르노라.
> 부르는소리는 빗겨가지만
> 하눌과쌍사이가 넘우넓구나.
>
> 선채로 이 자리에 돌이되여도
> 부르다가 내가 죽을이름이어!
> 사랑하든 그사람이어!
> 사랑하든 그사람이어! (「초혼」 부분)

화자는 여기에서도 죽은 사람의 이름을 부르는 초혼의식을 진행한다. 이는 일종의 곡(哭)이라고 할 수 있다. 그러나 이 소리는 저승과 이승 사이의 거리에 막혀서 전달되지 못한다. 화자는 처절하게 자신의 슬픈 감정을 영탄조로 토로한다. 이 또한 "청원처절" 즉, "정성위음"의 연장선에 있다.

이러한 관점에서 김소월의 1920년대 번역한시를 살펴보면 죽음을 암시하며 봄이 지는 것에 관한 「춘효」(『동아일보』 1025.4.13), 임과의 이별에 관한 「밤가마귀」(『조선문단』 14, 1926.3 이하 모두 동일), 기녀의 노래에 관한 「진회에배를대고」, 망국에 관한 「봄」, 기녀의 죽음에 관한 「蘇小小무덤」이 망국, 기녀, 죽음, 이별에 대해서 공통으로 노래하여, "정성위음"에 가깝다고 할 수 있다. 특히 정성은 망국지음이라고 하며 슬프고 시름에 차, 그 백성들이 괴롭다고 평가되었다.[87] 소월이 채란이의 노래를 "정성위음"이라 표현했던 것은 망국 백성의 자의식이었을지도 모른다.[88] 이러한 망국의 자의식은 「春望」 번역에서 잘 드러난다.

봄에 바라보네[89]

나라가 부서졌으나 산하는 남아있으니,
성에 봄이 와서 초목이 우거졌네.
시절을 느끼어 꽃을 보고 눈물을 흩뿌리고,
이별을 한하여 새 소리에 마음이 놀라네.
봉화가 석달을 계속하니, 집에서 온 편지는 만금에 이르네.
하얀 머리 긁으니 더 짧아져, 거의 비녀를 감당하지 못하겠네.

「봄」[90]

이나라 나라은 부서젓는데
이산천 엿태산천은남어잇드냐

---

[87] 亡國之音哀以思, 其民困. 『禮記 樂記』
[88] 신범순은 김소월이 망국민으로서, 백제가 망했을 때 백제 유민들의 노래인 「산유화가」의 정조를 이어받았음을 지적한 바 있다. 신범순, 「김소월 시의 여성주의적 이상향과 민요시적 성과 1」, 『관악어문연구』 32, 서울대 국어국문학과, 2007, 248~252쪽 참조. 이에 대해서 신범순은 『노래의 상상계』(서울대학교 출판문화원, 2012)의 6부 「「산유화」의 신성한 기원과 그 계승」에서도 상세히 논했다.
[89] 「春望」 國破山河在, 城春草木深. 感時花濺淚, 恨別鳥驚心. 烽火連三月, 家書抵萬金. 白頭搔更短, 渾欲不勝簪(『杜詩詳註』 4, 中華書局, 1999, 320쪽).
[90] 『조선문단』 14, 1926.3, 35쪽.

봄은 왓다하건만
풀과나무에쏜이어

오! 설업다 이를두고 봄이냐
치어라 꼿닙페도 눈물쏜 훗트며
새무리는 지저귀며 울지만
쉬어라 이두군거리는가슴아

못보느냐 벍핫케 솟구는봉숫불이
씃씃내 그무엇을태우랴함이료
그립어라 내집은
하눌박게잇나니

애닯다 긁어 쥐어쓰드서
다시금 썰어젓다고
다만 이 희굿희굿한머리칼쏜
인저는 빗질할것도 업구나

    여기에서도 앞서 번역 시들과 마찬가지로 영탄조로 "오! 설업다/치어라/애닯다"와 같은 문구를 삽입하여 직접적으로 감정을 표출하고 있다. 이렇게 망국의 설움과 고향에 가지 못하는 심정은 그의 마지막 발표시이자 한시의 차운 형식을 차용한 「三水甲山－次岸曙三水甲山韻」[91]과 연결된다. 3연에서 "그립어라 내집은/하눌박게잇나니"는 원시에 없는 구절로, 소월이 삽입한 문구이다. 고향에 돌아가고 싶어도 망국과 전란의 현실 속에서 돌아가지 못함을 하늘 밖에 있다고 표현한 것은

---

91) 『신인문학』 3, 1934.11, 87~88쪽.

육신을 가진 존재로서는 가닿을 수 없는 곳이라는 것을 의미한다.

이처럼 소월은 망국의 자의식을 바탕으로 "정성위음"을 옹호하고, 이를 한시 번역이나 창작시에 적극적으로 도입했다. 공자가 『관저』를 평가하며 "즐거워하되 음란하지 않고, 슬퍼하되 상하지는 않는다"라고 했지만, 소월은 오히려 적극적으로 『시경』에 대한 공자의 평가를 반면교사로 삼았다. 처절하게 슬퍼하여, "선채로 이 자리에 돌이되여도 부르다가 내가 죽을" 설움을 노골적으로 표현했다.

V. 경전에서 텍스트로

경전은 성인의 저작으로, 후대의 경학자나 시인이 그 '저자'의 의도를 추정하고 떠받드는 작품이다. 조선 시대까지 『시경』은 시에 대한 유일무이한 경전으로 군림했다. 그리고 이에 대한 공자의 말을 기록한 『논어』 또한 『시경』 해석에 중요한 작품으로 여겨졌다.

20세기에 들어, 유학의 권위가 약화되고 근대시인들은 조선어로 새로운 시, 즉 '근대시'를 쓰기 위해 암중모색에 들어갔다. 이때 주로 일본을 거쳐 들어온 서구시나, 조선의 노래나 시조도 중요한 자원이었지만, 다른 한편으로는 한시와 한문도 매우 중요한 참조 대상이었다. 그들은 『시경』과 이를 둘러싼 언어와 담론들에 기대어 '시'에 대해서 사유하고 또 발언하며 자신들의 시론과 시를 만들어갔다. 최남선에게 여전히 『시경』은 동서고금 보편의 '시'를 설명할 수 있는 기준이었으며, 그는 전통적인 문이재도론에 의거해서 시를 파악했고, 이를 중요한 계몽의 도구로 삼았다. 이광수도 마찬가지였다. 이들은 이제 '새로운 문학'을 추구해야 한다고 생각했지만, 그들이 문학을 추구했던 근본 이유에는 과거의 '문의 이념'이 담겨 있었고, 그들은 『시경』을 둘러싼 전통적인 담론들처럼 시를 통해 사람들의 풍속을 교화해야 한다고 믿었다. 하지만 이제 『시경』은 유일무이한 경전이 아니라, 여러 '세계 문학' 중 하나에 불과했다. 최남선은 『시경』이 아니라 단군 이래 유구한 역사를 통해 시조를 정당화하고자 했고, 이광수는 서양의 『일리아드』와 동양의 『시경』을 나란히 놓았다.

    이광수의 제자 김억에게 시는 아름다움과 관련이 있는 것이었다. 그는 음조미에 관심을 기울였고, 이제 한문은 "남의 것"이라 여겼다. 그에게 '사무사'는 보편적인 시를 평가하는 기준이 아니라, 자신의 한시 번역을 뒷받침하기 위한 개념이었다. 『시경』은 남의 것이지만 훌륭한 시였기에 번역되어야 했고, 그때 번역은 자신이 창안한 '조선적 근대시'인 격조시형으로 이루어졌다. 또 김억의 시에 대한 지론상 시는 누가 보아도 알 수 있어야 했기에, 『시경』을 번역할 때도 공자의 말이나 주자의 주들은 모두 무시하고, 어떠한 시적 효과가 있는지만을 고민했다. 김억의 문학적 제자라 할 수 있는 김동환은 『삼천리』를 주재하며, 초기부터 국문 시와 창작 한시를 동시에 지면에 게재한다. 그러나 동시에 근대 문인들이 '조선 문학'은 조선어로 된 문학이라는 주장도 동시에 게재하고 있었다. 이런 와중에 김억에게 『시경』 번역을 청탁한다. 흥미롭게도 김억의 『시경』 번역을 게재하기 전에는 꾸준히 실렸던 창작 한시가, 김억의 『시경』 번역을 기점으로는 완전히 사라진다. 한시의 '경전'인 『시경』을 국문 시로 번역하는 것과 이제 창작 한시는 게재하지 않고 국문 시만을 게재하게 되는 시점이 절묘하게 겹치는 것이 의미심장하다. 이제 삼천리에서 한시는 과거의 것, 번역되어야만 하는 것이고, 현재진행형인 근대문학은 국문 시만이 남게 된다. 『시경』의 주석들을 모두 무시하고, 그저 '시'로 번역한다는 것은 역설적으로 앞선 한시의 전통과의 단절, 그리고 한시를 과거의, 남의 것으로 규정한다는 것을 의미했다.

김억의 제자 김소월은 더욱 과격하게 『시경』의 언어들을 활용했다. 그는 공자가 지양한 "정성위음"을 지향했고, 공자가 지향한 "애이불상"을 지양했다. 주로 죽음이나 망국과 관련된 한시를 선택해서 번역하며, 그 감정을 더욱 처절하게 강조했다. 그의 국문 시는 이 처절한 감정을 더욱 증폭시켰다. 이제 『시경』과 이를 둘러싼 담론은 존숭 되어야 할 성현의 말씀이 아니라, 오히려 반면교사에 불과했다.

최남선, 이광수, 김억, 김동환, 김소월에게 『시경』은 경전이 아니라 하나의 텍스트였다. 물론 이때의 텍스트는 바르트가 말한 포스트 모던식의 기표들의 유희장으로서의 텍스트라고까지는 말할 수는 없다.[92] 그러나 이제 『시경』은 국가가 해석을 통제하는 경전의 지위를 잃은 채,[93] 여러 독자 – 시인들에 따라 다양하게 해석되면서 의미론적으로 다양하게 실현될 수 있는 '텍스트'로 되었다고 할 수 있다.

---

[92] 「작품에서 텍스트로」, 「저자의 죽음」 등에서 바르트는 단일한 의도의 중심인 저자를 상정하고 이를 해독하는 식의 읽기에서, 기호들의 복합체인 텍스트에 대한 무수히 많은 다양한 유희적인 읽기로의 전환을 주장했다. 이 글들은 한국어로 번역되어 있다. 롤랑 바르트, 김희영 옮김, 『텍스트의 즐거움』, 동문선, 1997.

[93] 조선 시대에는 『시경』에 대한 해석 방식에 따라 사문난적으로 몰려서 사형을 당하기도 했다. 윤휴(尹鑴, 1617~1680)가 대표적이다. 이처럼 조선 시대에는 국가가 "경전"의 단일한 해석을 통제하는 물질적 힘으로 기능했다.

해석(解釋)인가, 전유(專有)인가?
20세기 한국의 『노자』이해와 '동양철학'(東洋哲學)

김시천

해석(解釋)인가, 전유(專有)인가?
-20세기 한국의 『노자』 이해와 '동양철학'(東洋哲學)

Ⅰ. 도가(道家), 노가(老家), 도교(道敎)

여기 하나의 텍스트가 있다. 이 텍스트는 한(漢) 이래 몇 가지 판본이 오늘에 이르기까지 통행본(通行本)으로 전해진다.[1] 이에 더해 기원전 300년 무렵에 조성된 무덤에서 발굴된 죽간에서 그 일부 문장이 발견

---

[1] 오늘날 가장 일반적인 통행본은 위(魏)의 왕필본(王弼本)과 이보다 약간 앞서는 후한(後漢)의 하상공본(河上公本)이다. 전자가 위진(魏晉) 시대 현학(玄學)을 배경으로 한다면, 후자는 한대(漢代)의 황로학(黃老學)을 배경으로 한다. 이에 대해서는 학자에 따라 견해의 차이가 있으나 큰 틀에서 양자가 다른 전통에 속한다는 점은 많이 논의되어 왔다. 예컨대 아래와 같은 논의가 있다. Chan, Alan K. L., *Two Visions of the Way—A Study of the Wang Pi and the Ho-shang Kung Commentaries on the Lao-Tzu*, State University of New York Press, 1991; 김시천, 「『노자』의 양생론적 해석과 의리론적 해석」, 숭실대학교 대학원 박사학위논문, 2003.

되었고, 기원전 2세기에 조성된 무덤에서는 비단에 쓰여져 거의 온전한 형태로 출토되었다.2) 이 문헌은 예로부터 『노자』(老子) 혹은 『도덕경』(道德經)이라 알려져 있다. 한국에서 1990년대 이래 널리 읽히는 한 번역본의 저자는 이 책을 다음과 같이 소개한다.

> 우리가 의식하든 그러지 못하든 『도덕경』에 나타난 사상이 우리의 의식 심저(心底)를 움직이고 있고 그것은 중국, 한국, 일본 등 동양 삼국의 종교, 철학, 예술, 정치의 밑바닥을 흐르고 있다. 공자의 윤리적이고 현실주의적인 사상이 우리 생활에서 양(陽)적인 외면 세계에 영향을 주었다면, 노자의 형이상학적이고 신비주의적인 사상은 우리 생활에서 음(陰)적인 내면 세계를 움직였다고 할 수 있다.3)

종교학자인 역자 오강남의 『도덕경』 소개는, 일반적인 독자이든 전문적 소양을 지닌 학자이든 크게 무리 없이 받아들일 수 있는 일반적인 이야기인 듯하다. 지금으로부터 2,000년 이전에 형성된 하나의 텍스트가 아직도 여전히 "우리의 의식 심저를 움직이고", 더 넓게는 "동양 삼국" 문화의 "밑바닥을 흐르고" 있다고 한다. 또한 현실주의적인 공자와 달리 "노자의 형이상학적이고 신비주의적인 사상은 우리 생활에서 음적인 내면 세계"를 움직인다고 한다.

우리는 이 짧은 소개 글에서 그 이면에 자리 잡은 몇 가지 관념을 가정해 볼 수 있다. 첫째로, 『도덕경』은 현대 한국인의 의식을 구성하

---

2) 1993년 꾸어디엔(郭店)에서 발굴된 『곽점초간』(郭店楚簡)과 1973년 마왕뚜이(馬王堆)에서 발굴된 『백서노자』(帛書老子)를 가리킨다. 이 두 자료의 발굴은 20세기 말 『노자』와 '도가'(道家) 및 고대 사상의 지형을 이해하는 데에 커다란 의미를 갖는다.

3) 老子 원전, 오강남 풀이, 『도덕경』, 현암사, 1995, 7~8쪽.

는 요소로 지금껏 영향을 미치고 있다는 생각이다. 둘째로,『도덕경』은 한국은 물론 중국, 일본의 종교, 철학, 예술, 정치를 묶어주는 이른바 '동양'의 '문명'을 구성하는 요소라는 생각이다. 셋째로, 이러한 '동양'의 '문명'은 현실과 윤리를 주도하던 공자, 그리고 세계관과 종교에 커다란 영향을 미친 노자로 구성되는 어떤 '전통'(tradition)이라는 생각이다. 마지막으로 역자 오강남은 종교학자이자 신학자라는 점이다.

이와 같이 2,000여 년을 훌쩍 뛰어넘어『도덕경』은 현대 한국인의 사상과 의식의 저변을 이루는 중요한 그 무엇으로 정위되고 있다. 그런데 지금으로부터 대략 200여 년 전 조선 후기를 살았던 한 유학자의 『도덕경』에 대한 이해를 보면 이와는 사뭇 다르다.

> 세간에서 항상 노씨(老氏)를 도가(道家)라고 함은 잘못된 말이다. 도(道)란 사람이 떳떳하게 행할 바이니, 어찌 노씨가 사적으로 독점할 말인가! 노씨의 도는 염담하고 과욕함을 근본으로 하고, 자애와 근검을 보배로 삼고, 자신을 낮추고 유약함으로써 사람을 이기므로 그 장점을 인정하지 않을 수는 없다. 그러나 그 방사(放肆)함에 미쳐서는 인의(仁義)를 버리고, 예악(禮樂)을 끊어 없애 버리고, 그 임금과 신하, 아버지와 자식간의 인륜을 크게 어지럽힌다.[4]

현대 종교학자 오강남의 소개와 달리 18~19세기 조선의 정통 유학자 연천(淵泉) 홍석주(洪奭周, 1774~1842)에게,『도덕경』은 정치적 처세와 수양에 대한 장점은 일부 인정할 수 있지만, 인의예악을 부정하고 인륜을

---

[4] 『洪氏讀書錄』卷三, 子部, 老家: 世恒以老氏爲道家, 非也. 道者, 人之所常行, 豈老氏之所宜私哉! 老氏之道, 以恬淡寡慾爲本, 以慈儉爲寶, 以卑弱爲勝人, 其長不可誣也. 及其放也, 提棄仁義, 滅絕禮樂, 大亂其君臣父子之倫, 故曰 差之豪釐, 謬以千里 (홍석주 원저, 리상용 역주,『역주 홍씨독서록』, 아세아문화사, 2006, 239쪽).

어지럽히는 이른바 '이단'(異端)일 뿐이다. 즉 『도덕경』은 인의예악으로 대변되는 유교 '문명(文明)의 적(敵)'으로 비판되고 있다. 홍석주가 『도덕경』을 바라보는 시선은 그의 개인적 소견이 아니라 당시 조선 시대를 지배했던 '이단을 물리치려는'(闢異端) 정신의 표현인 것이다.

비록 『도덕경』이 '도'(道)를 말하고 있다 해도 그것은 유가의 도와는 다른 것이다. 홍석주와 동시대인이었던 영남의 유학자 류건휴(柳健休, 1768~1834)가 당(唐)의 한유(韓愈)를 인용하며 말하듯, "노자가 말하는 '도'는 그가 도로 여기는 도이지 우리(朱子學)가 일컫는 도가 아니고, 그가 말하는 '덕'은 그가 덕으로 여기는 덕이지 우리가 일컫는 덕이 아니다"[5] 따라서 홍석주는 한(漢) 이래 불러온 '도가'(道家)라는 명칭도 부정하며 한낱 '노가'(老家)로 낮출 것을 천명한다. '벽이단'의 정신은 조선 시대 내내 지속된 시대정신이었다.

여기서 우리는 해석의 곤경에 처한다. 오늘날 우리가 지닌 상식의 근본이 흔들리기 때문이다. 동양 사상의 고유한 전통은 이른바 삼교(三敎)로서 유·불·선 혹은 유·불·도라 불리는데, 그중에 '선'(仙) 혹은 '도'(道)는 곧 '도가' 혹은 '도교'를 가리킨다. 달리 말해 '도가'이던 '도교'이던 그것은 동양의 사상이나 문화 혹은 종교로서 타문명과 구분되는 고유한 '전통'에 해당하는 것이다. 그러나 18~19세기의 홍석주와 류건휴에게 『노자』는 '이단'이자 '문명'의 적이었다.

오늘날 우리의 상식에서 『노자』는 『장자』(莊子)와 더불어 선진(先秦) 제자백가(諸子百家) 가운데 하나인 '도가'에 속하는 철학 전통이다. 한(漢)

---

[5] 『異學集辨』卷一, 老子莊子列子: 老子之所謂道, 道其所道, 非吾所謂道也. 其所謂德, 德其所德, 非吾所謂德也(인용은, 류건휴 지음, 권진호·이상호·김명균·정의우·김우동·남재주 옮김, 『이학집변: 영남 유학자의 이단 비판 1』, 한국국학진흥원, 2013, 68쪽).

의 사마담(司馬談)의 「논육가요지」(論六家要旨)에서 처음 규정한 이 분류 방식은, 정사(正史) 『사기』(史記)에 기재됨으로써 유가(儒家), 묵가(墨家), 법가(法家) 등과 더불어 고대 중국의 철학사 혹은 사상사 기술의 뼈대를 이룬다. 달리 말해 우리의 고대 동아시아 사상 세계에 대한 이해는 한나라 초기의 이해를 바탕으로 하고 있다.

그러나 조선으로 넘어가면 『노자』는, 맹자(孟子)가 처음 명명한 '양묵'(楊墨)으로부터 비롯되는 이단으로서, 특히 송(宋) 이후 자주 쓰였던 '노불'(老佛), '석노'(釋老)처럼 이단의 대명사로 지칭되었다. 오직 사문(斯文)의 계승자인 유가만이 정통이라면, 불교(佛), 도교(老)는 물론 같은 유학인 양명학조차 불교로 흘렀다고 이단으로 배척하였다. 이를 잘 보여주는 것이, 대한제국이 성립되면서 과거제도가 폐지되기까지 유교를 '정학'(正學)으로 삼았던 조선의 '도통'(道統)이다. 21세기의 지금 우리가 말하는 '전통'과 조선의 '도통'은 이와 같이 확연히 구분되는 다른 것이라 할 수 있다.

이에 더하여 오늘날 일반적으로 사용되는 '도가'와 '도교'라는 구분법에는 과거에 없던 또 하나의 기준이 작동한다. 같은 『노자』 주석서임에도 불구하고 왕필의 『노자』는 '철학적'(philosophical)인 것과 달리 하상공의 『노자』는 '종교적'(religious)이기에 연구의 방법과 내용이 다르다.[6] 물론 21세기에 들어서면서 서구의 용어인 '타오이즘'(Taoism)처럼 철학과 종교를 구분하지 않으려는 시각이 늘어나고 있지만, 아직 상식적 차원에서 '도가'와 '도교'는 철학과 종교로서 다르다고 보는 시각도 많다.

---

[6] '철학 도가'(philosophical Taoism)와 '종교 도교'(religious Taoism)를 처음으로 구분했던 것은 1940년대이며 미국의 중국학자 크릴로부터 비롯된다. Creel, H. G., *What is Taoism? and Other Studies in Chinese Cultural History*, The University of Chicago Press, 1970.

지금까지 살펴본 점들을 염두에 둘 때, 이 글의 처음에 인용했던 오강남의 『노자』에 대한 서술은 이제 예사롭지 않게 보인다. 오강남과 홍석주의 『노자』 이해의 차이에는 넘어설 수 없는 간극이 존재한다. 이 간극을 넘어서기 위해 우리가 주목해야 하는 것이 바로 '노장'(老莊)이며, '동양철학'(東洋哲學)이다.7) 그리고 그 속에서 작동하는 기제는 '해석'(annotation)이라기보다 '전유'(appropriation)라 하는 것이 더 적절해 보인다.8) 해석과 전유는 모두 이해의 방식이지만, 그 방법과 의미는 분명 구분된다. 이어지는 논의에서 나는 이에 관련된 몇 가지 논제들을 차례로 다루어 보고자 한다.

Ⅱ. 노장(老莊), 해석과 전유

우리에게 『노자』는 매우 친숙한 고전이다. 현행의 중등 교과서에 실려 있을 정도로 '노자'라는 인물과 그의 책 『도덕경』은 대중적으로 잘 알려져 있다. 게다가 『노자』는 겨우 5,000여 자 정도의 한자(漢字)로 이루어진 전체 81장의 짧은 경구적 운문(韻文)으로 이루어져 있기에 세계적으로 해석과 번역은 놀라울 정도로 다양하다. 그러나 그러한 다양성은 실제로 원문(原文)의 모호성에서 기인하기도 한다.

아마도 제1장의 첫 번째 구절, "도(道)는 말과 글자로 표현하면 영원

---

7) 나는 이와 관련된 몇 가지 논의를 '철학 만들기'라는 용어로 이미 다음의 책에서 제시한 바 있다. 김시천, 『철학에서 이야기로—우리 시대의 노장 읽기』, 책세상, 2004. 그러나 이 책에서는 이 글에서 다루는 '해석'과 '전유'의 문제로까지 확장하여 다루지는 못하였다.
8) '해석'과 '전유'의 의미에 대해서는 이어지는 제3절에서 자세하게 논의할 것이다.

한 도(道)가 아니요, 이름(名)은 이름 지어 부르면 영원한 이름이 아니다."9) 라는 말은 『노자』를 세계적으로 유명하게 만든 문장일 것이다. 이 문장은 박이문이 『노장사상』에서 지적하듯 '존재'와 '언어'10)에 대한 철학적 진술처럼 읽혀진다. 그런데 가장 일반적인 앞의 번역은 사실 '노장'(老莊) 혹은 현학(玄學)적인 왕필의 해석에서 비롯된다.11) 왕필보다 앞선 이해를 보여주는 하상공의 이해는 이와 전혀 다르다.

(도라고 일컬을 수 있는 도는) 경술(經術)과 정교(政敎)의 도를 말한다. 저절로 그러하게 길이 존재하는 도가 아니다. 영원한 도는 무위(無爲)로 정신을 기르고, 무사(無事)로 백성을 안정시키며, (안으로) 빛을 머금고 광채를 감추며 (밖으로) 자취를 없애고 단서를 감추기에 '도'라고 일컬을 수 없다. (이름 할 수 있는 이름은) 부유함, 귀함, 존엄함, 영화로움과 같이 세상에 높이 드러나는 이름을 가리킨다. 저절로 그러하게 늘 존재하는 이름이 아니다. 영원한 이름은 갓난아이가 아직 말하지 못하고, 계란이 아직 부화되지 않은 것과 같다. 빛나는 구슬이 조개 안에 있고 아름다운 옥이 돌 속에 있을 때는, 안은 비록 찬란하게 빛나고 있지만 겉은 완고하고 우둔한 사람처럼 부막하다.12)

---

9) 『老子』 1章: 道可道, 非常道; 名可名, 非常名.
10) 이에 대해서는 다음을 참조. 박이문, 『노장사상―철학적 해석』, 문학과지성사, 1980 참조. 박이문의 『노장사상』은 함석헌과 더불어 20세기 후반 『노자』와 『장자』 이해의 결정적 틀을 제공했다. 나는 위진 현학의 '노장'이 제1기의 '노장'이라면, 송대(宋代) 임희일(林希逸)에서 조선유학자들에 이르기까지가 제2기, 그리고 제3기는 펑여우란(馮友蘭)의 철학사와 함석헌, 박이문에 이르는 과정이 제3기를 이루며 한국의 '노장사상'의 형태가 갖추어졌다고 생각한다. 함석헌에 대해서는 다음의 책을 참조. 함석헌, 『씨올의 옛글풀이』(함석헌전집 20), 한길사, 1988.
11) 『老子注』: 可道之道, 可名之名, 指事造形, 非其常也. 故不可道, 不可名也.
12) 『老子河上公章句』: 爲經術政敎之道也. 非自然生長之道也. 常道當以無爲養神, 無事安民, 含光藏暉, 滅跡匿端, 不可稱道. 謂富貴尊榮, 高世之名也. 非自然常在之名也. 常名當如嬰兒之未言, 雞子之未分, 明珠在蚌中, 美玉處石間, 內雖昭昭, 外如愚頑(번역는, 이석명 옮김, 『노자도덕경하상공장구』, 소명출판, 2005, 45~46쪽).

하상공은 '경술정교' 즉 텍스트 해석적 실천과 정치, 행정, 교육처럼 문자를 통해 이루어지는 도와, 정신적 양생(養生)과 정치적 처세의 노하우(know-how)처럼 문자로 전할 수 없는 도를 대비시킨다. 이는 형이상학이나 존재론과는 다른 차원의 논의이다. 대다수의 학자들은 『노자하상공장구』의 핵심이 '몸을 다스리고 같은 원리로 나라를 다스리는 도'(治身治國之道)에 있다고 이해한다. 이러한 하상공의 『노자』 이해는 당시 유행하던 '황로'(黃老)에 해당한다.13)

본래 '도가'는 사마담의 「논육가요지」나 『한서』(漢書) 「예문지」(藝文志)에서 문헌 분류의 명칭으로 사용된 말이다. '황로' 또한 리링(李零)에 따르면 '황제'(黃帝) 계열의 문헌과 '노자' 계열의 문헌을 아우르는 말이었다.14) 달리 말해 '황로'가 문헌 분류적 개념이라면 '노장'은 해석학적 개념이라 할 수 있다. 바로 『장자』를 통해 『노자』를 해석하는 문인 사대부 전통을 가리키는 말이다. 위진 시대의 현학(玄學)과 송명의 도학(道學)적 해석이 가장 대표적이다.

이에 더하여 홍석주는 『홍씨독서록』에서 당시 조선에서 가장 유행했던 판본을 『노자』는 왕필이, 그리고 『장자』는 임희일(林希逸)과 박세당(朴世堂)이 성행하였다고 말한다. 그런데 임희일은 송대 도학파(道學派)의 학자로 그의 『노자권재구의』(老子鬳齋句義)와 『장자권재구의』(莊子鬳齋句義)는 조선 세종(世宗) 때에 간행되어 널리 보급되기도 했다. 따라서 조선조에서 가장 일반적으로 읽혔던 『노자』와 『장자』는 임희일의 판본이라 보아도 무방하다.15)

---

13) 『노자』와 황로학의 관계에 대한 포괄적인 논의는 다음을 참조할 수 있다. 이석명, 『老子와 黃老學』, 소와당, 2010.
14) 李零, 「說黃老」, 『道敎文化硏究』 第5輯, 上海古籍出版社, 1994.
15) 홍석주, 『역주 홍씨독서록』, 240~241쪽.

한대의 '황로'가 『노자』와 '황제류'의 문헌을 함께 읽는 전통이라면, 위진 시대에 성립된 현학은 『노자』, 『장자』 그리고 『주역』(周易)이 함께 읽혔던 '삼현학'(三玄學)을 말한다. 즉 위진 사대부(士大夫)들이 『노자』와 『장자』를 통해 현실의 제도(名敎)와 자연과 인간 본성(自然)의 관계를 논했던 학풍이 이른바 현학이다. 왕필에게서 드러나듯이 모호하고 짧은 『노자』의 문장들은 때로 원문 자체를 근거로 혹은 『장자』의 논리를 바탕으로 해석된다는 특징을 보여준다.

그러나 구체적인 사안에 대한 해석에서는 이른바 우리가 '도가적'이라 추측되는 방식이 아닌 문인 사대부의 입장으로 통섭되는 해석을 가하는 것이 '노장' 전통의 특징 가운데 하나라 할 수 있다. 이러한 특징을 잘 보여주는 사례 가운데 하나가 『노자』 3장의 '부상현'(不尙賢)에 대한 이해이다.

> 현자(賢者)를 높이지 않아, 백성들이 다투지 않게 하라. 얻기 어려운 보화를 귀하게 여기지 말아, 백성들이 도둑질하지 않게 하라. 욕심낼 만한 것을 보이지 않아, 사람의 마음을 혼란스럽게 않게 하라.16)

잘 알려진 이 문장은 실상 복잡한 철학적 추론을 통해야 이해될 수 있는 문장이 아니다. 『노자』는 여기서 글자 그대로 현자를 존중하는 정책을 폐기하고, 사치와 방종을 금하라는 구체적인 제언을 하고 있을 뿐이다. 그런데 이 '상현'(尙賢)은 『묵자』(墨子)의 유명한 편명이기도 하며, 묵가는 물론 유가 또한 일관되게 옹호하는 입장이다.

---

16) 『老子』 3章: 不尙賢, 使民不爭; 不貴難得之貨, 使民不爲盜; 不見可欲, 使心不亂.

옛 성왕은 정사를 펼 때 덕 있는 자를 높은 자리에 앉히고 현자를 높였다. 비록 농업이나 상공업에 종사하는 자일지라도 능력만 있으면 과감히 발탁해 높은 작위를 내리고 두터운 녹봉을 주었다. 이 때 정사를 맡기면서 결단해 명령할 권한을 부여했다. 옛 사람은 이같이 말했다. "작위가 높지 않으면 백성이 공경치 않고, 받는 녹봉이 두텁지 않으면 백성이 믿지 않고, 정령이 엄하지 않으면 백성이 두려워하지 않는다."[17]

신분의 귀천과 상관없이 능력에 따라 관직이 주어져야 하며, 높은 작위와 녹봉의 후함은 권위를 부여하여 직무를 수행하는 데에 필수적이라는 주장이다. 그런데 『노자』는 이를 정면으로 반대한다. 하상공의 주석은 『노자』의 주장과 같은 맥락에서, "현인(賢人)이란 세상에서 잘났다고 하는 사람, 즉 말 잘하고 글 잘 쓰는데, 원칙은 무시하고 임기응변에 능하며 바탕은 버리고 꾸미기만 잘 한다."[18]라고 해설한다.

하상공의 설명은 단순하고 명쾌하다. 세상에서 말하는 현인은 단지 말 잘 하고 글 잘 쓰는 사람일 뿐 실무적 능력은 없으면서 번거로운 절차만 따질 뿐이라고 혹평한다. 이는 한초(漢初) 황로학이 성행하면서 예(禮)를 강조하는 유학이 배척되었던 시기의 상황과 정확하게 일치한다. 달리 말해 묵가의 '상현'이나 유가의 '존현'(尊賢)을 폐기하라는 단순한 주장을 하고 있을 뿐이다. 아마도 현실을 잘 반영하는 인식은 『한비

---

17) 『墨子』「尙賢上」第八: 故古者聖王之爲政, 列德而尙賢, 雖在農與工肆之人, 有能則擧之, 高予之爵, 重予之祿, 任之以事, 斷予之令, 曰: "爵位不高則民弗敬, 蓄祿不厚則民不信, 政令不斷則民不畏." 擧三者授之賢者, 非爲賢賜也, 欲其事之成.(번역은, 묵자, 신동준 옮김, 『묵자—겸애와 비공을 통해 이상사회를 추구한 사상가』(수정증보판), 인간사랑, 2018, 195쪽).
18) 『老子道德經河上公章句』安民 第三: 賢謂世俗之賢, 辯口明文, 離道行權, 去質爲文也. 不爭功名, 返自然也. 言人君不御好珍寶, 黃金棄於山, 珠玉捐於淵也. 上化淸靜, 下無貪人. 放鄭聲, 遠佞人. 不邪淫, 不惑亂也.

자』(韓非子)의 주장이 아닐까 싶다.

> 현인이 불초한 사람에게 굴복하는 것은 권세가 가볍고 지위가 낮기 때문이다. 불초하면서도 현자를 복종시키는 것은 권세가 중하고 지위가 높기 때문이다… 이를 통해 보건대 현명과 지혜로는 대중을 복종시킬 수 없고 권세(勢)와 지위(位)는 현자도 굴복시키기에 충분하다.[19]

전국 시대의 사상가 신도(愼到)를 인용하면서 한비자는 현자인가 불초자인가 하는 기준이 아니라, 누구라도 권세와 지위를 준다면 대중을 복종시킬 수 있다고 본다. 따라서 인사의 핵심은 현명함이 기준이 아니라 군주에 대한 충성심(忠)이 기준이 되어야 함을 말하는 문장으로 보인다. 이러한 한비자의 처방은, 권세(勢), 형벌(法), 정치적 술수(術) 세 가지로 요약된다. 이는 중앙집권화된 권력을 구축하는 데에 매우 효과적인 법가의 주장이었다.

아마도 이러한 경향에 정면으로 반박하는 논의를 찾는다면 우리는 『장자』에게서 찾을 수 있을 듯하다. 「천지(天地)」 편에서 문무귀(門無鬼)는 적장만계(赤張滿稽)에게 이렇게 말한다.

> 지덕(至德)의 시대에는 어진 사람을 숭상하지 않았으며 능력 있는 자를 부리지 않았다. 그래서 윗사람은 마치 나뭇가지 끝과 같았고, 백성들은 마치 들판의 사슴과 같아서 단정하게 행동하면서도 그것을 의(義)라 자랑할 줄 몰랐고, 서로 사랑하면서도 그것을 인(仁)이라 자랑할 줄 몰랐으며 진실하게 행동하면서도 그것을 충(忠)이라 자랑할 줄 몰랐으며 마땅하게 행동하

---

[19] 『韓非子』「難勢」第四十: 賢人而詘於不肖者, 則權輕位卑也; 不肖而能服於賢者, 則權重位尊也. (…) 由此觀之, 賢智未足以服衆, 而勢位足以缶賢者也..

면서도 그것을 신(信)이라 자랑할 줄 몰랐으며 벌레처럼 부지런히 움직여 서로 도와주면서도 그것을 베푸는 것이라 여기지 않았다. 이 때문에 행동함에 자취가 없었으며 일을 해도 후세에 전해지지 않았다.[20]

'노장'적인 해석을 기대했던 사람들에게 『장자』가 들려주는 '지극한 덕의 시대'에 관한 이야기는 충분히 공감될 것이다. 윗사람은 단지 나뭇가지의 끝이 위에 있는 것처럼 위에 있을 뿐이며, 백성들은 인의충신(仁義忠信)을 의식하지 않으면서도 이를 행한다. 그 시대에는 어떠한 권위나 간섭도 없는 소박한 삶만 있을 뿐, 어떠한 강제나 권위, 권력도 존재하지 않았다는 것이다.

그런데 이에 대한 왕필의 해석은 다소 복잡한 논리를 동원하면서 『노자』의 제안을 뒤집는다.

'현'(賢)은 '능력'(能)과 같다. '상'(尙)은 이름을 아름답게 하는 것이요, '귀'(貴)는 칭호를 높이는 것이다. 오직 능력 있는 이에게 맡긴다면 그를 칭찬하여 무엇하겠는가? 쓸모 있는 것만을 사용한다면 그것을 존숭하여 무엇하겠는가? 현자를 칭찬하고 명성 있는 이를 드러내면 영예가 그의 맡은 바를 넘어서고, 서로 재능을 비교하여 우승을 다투면 귀히 여기는 재화가 용도를 넘어서고, 탐욕스러운 사람들이 다투어 쫓아 나서고, 벽을 뚫고 담을 타넘으며 상자를 더듬으며, 목숨을 걸고 도적질한다. 그러므로 욕심낼 만한 것을 보이지 아니하면 마음에 어지러울 것이 없으리라.[21]

---

[20] 『莊子』「天地」第十二: 至德之世, 不尙賢, 不使能; 上如標枝, 民如野鹿, 端正而不知以爲義, 相愛而不知以爲仁, 實而不知以爲忠, 當而不知以爲信, 蠢動而相使不以爲賜. 是故行而無迹, 事而無傳(번역은, 안병주·전호근 공역, 『譯註 莊子 2』, 전통문화연구회, 2004, 201쪽).

[21] 『老子注』3章: 賢, 猶能也. 尙者, 嘉之名也. 貴者, 隆之稱也. 唯能是任, 尙也曷爲; 唯用是施, 貴之曷爲. 尙賢顯名, 榮過其任, 下奔而竸, 效能相射; 貴貨過用, 貪者競趣, 穿窬探篋, 沒命而盜. 故可欲不見, 則心無所亂也(번역은, 노자, 이강수 옮김, 『노

왕필에 따르면, 인사와 운용이 공정하고, 그에 대한 보상이 적절하다면 불필요한 경쟁과 혼란이 없을 것이다. 따라서 현자를 높이는 것이 폐기될 이유는 없다. 이와 같은 해석의 기조는 송(宋) 이후 왕필본이 유행하면서 거의 유사한 설명으로 반복된다. 예컨대 송의 개혁 정치가 왕안석(王安石)과 함께 신법당(新法黨)에 참여했던 문인 여혜경(呂惠卿, 1032~1112)은 다음과 같이 해설한다.

> "어진 이를 숭상하지 말라"는 것이 그를 들판에 버려두고 쓰지 말라는 것은 아니다. "얻기 힘든 보화를 귀하게 여기지 말라"는 것이 그것을 땅바닥에 버려진 채로 거두지 않는다는 것은 아니다. 안으로 마음에 담아두지 말고, 밖으로 흔적을 남기지 말라는 것일 따름이다.[22]

여혜경은 왕필의 논리를 이어받으면서도 한 가지 새로운 요소를 첨가한다. 그것은 순선한 마음의 보존이다. 현실의 관리로서 직무를 수행해야 하는 사대부의 존엄과 권위의 상징인 신분적 차별화는 긍정하되, 마음이 물욕(物欲)에 가려지는 병폐만 없다면 사치품을 쓰는 것은 문제될 것이 없다. 여혜경은 묵자가 주장하는 '상현'을 온전하게 긍정하고 있는 것이다. 이러한 이해는 대다수 문인 사대부의 주석에서 비슷하게 반복된다.[23]

자』, 길, 2007, 46쪽 참조).
[22] 呂惠卿, 『道德眞經傳』 3章: 然則不尙賢者, 非遺於野而不用也. 不貴難得之貨者, 非委之地而不收也. 內不以存諸心, 而外不以遺其迹而已矣(번역은, 焦竑弱侯 輯, 이현주 역, 『노자익老子翼』, 두레, 2000).
[23] 초횡(焦竑)의 『노자익』(老子翼), 조선의 박세당, 홍석주 등의 여러 주석은 미묘한 차이는 있어도 '상현'의 긍정에서는 동일하다. 焦竑弱侯 輯, 이현주 역, 위의 책, 21~25쪽; 박세당, 김학목 옮김, 『박세당의 노자—어느 유학자의 노자 읽기』, 예문서원, 1999, 85~87쪽; 홍석주, 김학목 옮김, 『홍석주의 노자—『訂老』, 기호 주자학자의

이와 같이 문인 사대부들이 『노자』를 주해하는 태도는 해석이라기보다 일종의 '전유'(appropriation)에 해당한다. 조선조의 『노자』 이해는 주로 통섭적 전유의 이해 양식을 보여준다. 유가의 입장과 상충하는 문장들은 제거하고, 수용할 수 있는 문장들만 '가려내는'(醇) 이이(李珥)의 『순언』(醇言)24)이나 '교정적'(訂) 시각에서 비판적으로 수용하는 홍석주의 『정노』(訂老)는 '이단'을 비판적으로 '포섭'(攻)하는 '노장' 전통의 핵심이었다. 그것을 우리는 '해석'(annotation)이라기보다 폴 리쾨르(Paul Ricoeur)가 말하는 '전유'(appropriaton)로 이해할 수 있다.

　19세기 말에 이르러 '석로'처럼 이단시되던 '서학'(西學)은 '신학'(新學)으로 불리면서 배워야 할 대상으로 바뀌게 된다.25) 이제 전통적 지식과 학문은 '구학'(舊學)으로서 주도권을 잡게 된 '신학'과 화해하거나 그와 유사한 방식으로 변신하지 않으면 안 되는 상황에 처하자, 기존의 '통섭적'(統攝的) 전유는 '전이적'(轉移的) 전유로 변모하게 된다. 이것이 근대적 『노자』 전유의 특징이라 할 수 있다. 다음 절에서 우리는 그 전유의 과정과 그 결과로 나타나는 20세기 『노자』 이해의 특징을 살필 것이다.

노자 읽기』, 예문서원, 2001, 42쪽.
24) 율곡 이이의 『순언』에 관한 가장 포괄적인 연구는 이종성에 의한 것이다. 이종성, 『율곡과 노자—『순언』에 관한 철학적 모색』, 충남대학교출판문화원, 2016. 이 책에 실린 여러 주제의 논문을 통해 이종성은, "『순언』은 『노자』 안의 난해한 요체를 설명하기 위한 방편으로 저술된 저서가 아니라, 성리학적인 '수기-정가-위정-성현도통'의 철학을 확인하고자 하는 목표에 의하여 새롭게 구성, 편집된 저서라고 할 수 있다."고 한다. 이러한 편집과 해석은 '통섭적 전유'의 전형을 보여준다고 할 수 있다.
25) 물론 '신'(新)과 '구'(舊)에 대한 당시의 태도가 한결같지는 않다. 하지만 대체로 볼 때 '서학'에서 '신학'으로의 용어 변화는 낡은 것과 새로운 것이라는 구도로의 변화를 반영하는 것으로 보아도 무방할 듯하다. 이행훈, 『학문의 고고학—한국 전통지식의 굴절과 근대 학문의 기원』, 소명출판, 2016, 60~66쪽 및 제2장 참조.

Ⅲ. 20세기의 『노자』 전유, '철학'과 '종교'

조선의 정통 유학자 홍석주가 '도가'로 불리는 『노자』를 '노가'로 축소하며 포용하고자 했던 것과 달리, 『노자』가 '동양'의 의식의 심저에 자리한다는 오강남의 평가 사이의 간극은 어떻게 넘어설 수 있는 것일까? 홍석주가 '경사자집'(經史子集)의 전통적 문헌 분류 체계 속에, 커다란 '도가' 전통을 '노가'라 축소시켜 유가 문명의 하위 안에 통섭적으로 전유하고자 했다면, 20세기의 『노자』는 '삼교'(三敎)로서 철학 혹은 종교라는 서구적 분류에 전이적으로 전유되면서 하나의 '문명'과 '전통'을 구성한다.

폴 리쾨르는 18세기 계몽주의가 고전학을 부흥시키면서, 고대 문화와 우리(당시 18세기의 근대) 사이에 놓여 있는 문화적 거리를 어떻게 현재적으로 만들 수 있는가 하는 문제에 봉착하여 새로운 인접성을 통해 문화적 거리를 극복하고 보존하는 과정으로 설명한다. 여기에 핵심이 되는 것이 '전유'이다. 폴 리쾨르는 '전통'과 관련하여 그 과정을 이렇게 설명한다.

> 전유란 텍스트를 저자로부터 분리시키는 의미론적 자율성과 짝을 이루는 것이다. 전유한다는 것은 '낯설었던' 것을 '자기 것'으로 만드는 것을 말한다. (...) 우리가 일차적인 확실성의 순진성(the naiveté of the first certainty)을 갖고서 전통 안에서 사는 한, 그 전통은 어떠한 철학적 문제도 제기하지 않는다. 전통은 오직 이 일차적인 순진성이 사라졌을 때에만 문젯거리가 된다. 그렇다면 우리는 낯설음을 통해서, 그리고 이를 넘어섬으로써 전통의 의미를 회복시켜야 한다.[26]

---
[26] 폴 리쾨르, 김윤성·조현범 옮김, 『해석이론』, 서광사, 2016, 83~84쪽.

이에 따르면 '전유'란 "낯선 것"을 "자기화 하기"로 요약할 수 있다. 유가적 '도통'에 대한 확고한 신념을 가졌던 조선의 유학자들에게 『노자』는 '이단'으로서 '정통'에 의해 배척되거나 포용되어야 하는 '타자'였다. 따라서 그들이 수행한 작업은 선별과 포용이라는 '통섭적 전유'를 통해 도가를 자기화하는 해석이 나타나게 된다. 이러한 '통섭적 전유'의 과정에서, 도가는 유가라는 하나의 중심 체계의 하위로 포섭되고, 도가의 특성은 유가의 배타적 선별에 의해 흐려지는 결과를 낳는다. 이이의 『순언』(醇言)이나 박세당의 『신주도덕경』(新註道德經)과 홍석주의 『정노』(訂老)는 이를 잘 보여준다.

이와 달리 '전이적 전유'는 서구라는 막강한 타자의 출현에 의한 새로운 전유의 방식이다. 이제 조선을 지배하던 유가 도통론의 정통과 이단 구분은 사라지고, 새롭게 등장한 타자로서 배우고 익혀야 하는 서구의 '신학'(新學)과 '구학'(舊學)의 구분법이 더욱 중요해지며, '구학'으로 몰린 과거의 학문과 실천은 자기 변신을 요청받게 된다. 이제 과거의 학문 전통은 서구 '문명'(civilization)의 핵심으로 이해되었던 '철학'이나 '종교'로 스스로를 전이(轉移)하는 과정이 진행되었던 것이다. 물론 그러한 과정을 주도한 것은 유학이고 유학자였다.

철학을 중심으로 말할 때, 오늘날 우리는 『노자』를 이른바 '동양철학'(East Asian Philosophy)에 속하는 고전으로서 유가(儒家)와 더불어 동아시아 철학을 대표하는 도가(道家) 사상의 기본 텍스트라는 상식 위에서 『노자』를 읽는다. 그런데 19세기에서 20세기 전반을 거치면서 서양의 '필로소피'(philosophy)가 '철학'(哲學)으로 번역, 이해되는 과정은 동시에 전통의 학문과 실천이 자기변신을 통해 스스로를 '철학화'(哲學化) 또는 '종교화'(宗敎化)되는 과정이기도 했다. 우리는 이를 '전이적 전유'로 설명할 수 있다.

하나의 전통 안에서 사유하고 실천했던 이들에게 전통의 '일차적인 확실성의 순진성'은 의심되지 않는다. 조선의 유학자들에게 춘추(春秋)시대의 공자는 역사적 거리와 상관없이 도통(道統)의 전수를 통해 연속될 수 있었다. 그러나 서구 문명의 등장과 이를 수용하려는 '문명화'(文明化)의 요청은, 다시금 전통의 확실성을 세워야 하는 것은 물론 이를 통해 자기 정체성을 확립해야 한다는 이중적인 과제를 떠안게 되었다. 더욱이 전통적 사유와 실천이 '동양철학'이 되는 과정을 주도한 것은 유학과 유학자였고, 그 결과 '도가'는 스스로의 정체성을 확립하지 못한 채 어정쩡한 해석학적 지위에 처하게 되었다. 우리가 처음 살폈던 홍석주와 오강남의 『노자』 이해의 차이는 이러한 역사적 과정의 결과이다.

서구의 'philosophy'가 처음 알려진 것은 명대(明代) 중국에서 활동한 전교사 삼비아시(Francesco Sambiasi)의 『영언여작』(靈言蠡勺)이란 한역(漢譯) 서학서를 통해서였다. 1624년 상하이에서 처음 발간된 이 책에서 철학은 '페이루수오페이아'(費祿蘇非亞)로 차음되고, 신과 영혼에 관힌 학으로서 격물궁리(格物窮理)의 학(學)이라 번역되었다. 오늘날의 '철학'이 일반화되기 전에 'philosophy'는 '격물', '궁리', '격치'(格致), '성리'(性理) '이학'(理學)' 등 매우 다양한 용어로 번역되었다.27) 그런데 이렇게 다양한 번역어들의 경쟁은 결국 '철학'의 승리로 끝나고 만다.

'철학'이란 번역어는 일본의 니시 아마네(西周, 1829~1897)가 1874년에 펴낸 『백 가지 학문의 궁극적 귀결점을 모색하는 새로운 논의』(百一新論)에

---

27) 이행훈, 앞의 책, 115~119쪽.

서 처음 사용된 말이다. 이 '철학'이란 말은 조선에 유입되던 초기에 이정직(李定稷, 1841~1910)은 베이컨(Francis Bacon)이나 칸트(Immanuel Kant)를, 이인재(李寅梓, 1870~1929)는 고대 그리스 철학을 가리켜 사용하였듯이 주로 서양 철학을 지칭했다.28)

그러다가 조선 혹은 동양의 전통과 연결되어 사용된 최초의 용례는 1914년 강매(姜邁)의 글이다. 강매는 "동아반도(東亞半島)에 철학종장(哲學宗匠)을 작(作)한" 사람으로 퇴계 이황을 거명하며, "철학의 원리를 논(論)하는 자는 희랍과 로마(希臘及羅馬)의 연원을 거(擧)하나 아동천지(亞東天地)에 정주와 육왕(程朱及陸王)이며 이토오 진사이(伊藤仁齋)와 퇴계선생(退溪先生)을 지(知)하는 자 기인(幾人)이 유(有)한고"29)라고 언급하고 있다.

여기서 중요한 것은 안확(安廓, 1886~1946)의 「조선철학사」를 제외하면 '조선철학'은 부재하였다. 또한 경성제국대학 철학과에는 '철학'과 '철학사', '지나철학' 강좌는 있었으나 '조선철학', '동양철학' 강좌는 없었다.30) 왜냐하면 "일본의 기준에서 조선철학은 동양철학에 포함된 학문 편제였다. 그리고 일본인에게 동양철학은 곧 지나철학이었다. 따라서 조선철학을 독립된 제도로 만들기는 더더욱 어려울 수밖에 없었다."31)

광복 후 1946년 서울대, 연희대, 고려대에 철학과가 설치되면서 개설된 관련 교과는 서울대 '중국철학사'와 '유교윤리학', 연희대 '동양철학사', 고려대 '중국철학사'와 '조선사상사'였고, 1958년 2학기에 고려대에

---

28) 이에 관한 자세한 논의는 이행훈, 위의 책, 147~151쪽.
29) 姜邁, 「東洋哲學과 退溪先生」, 『新世界』 2-1, 1, 1914, 19~20쪽(신주백, 「근대적 지식체계의 제도화와 식민지 공공성」, 신주백 편, 『한국 근현대 인문학의 제도화: 1910-1959』, 혜안, 2014, 36쪽에서 재인용).
30) 김재현, 「철학의 제도화: 해방 전후의 연속성과 좌절」, 김재현·김현주·나종석·박광현·박지영·서은주·신주백·최기숙, 『한국인문학의 형성』, 한길사, 2011.
31) 신주백, 앞의 글, 43쪽.

서 비로소 '한국철학사상사'가 개설되었는데, 이 강좌를 담당한 김동화(1902~1980)는 스님이자 일본 릿쇼(立正) 대학 종교학과 출신이었다. 그리고 1956년 연희대에서 『노자』 관련 교과가 개설되는데 강좌명은 '도교'였다.32)

여기서 광복 이후 『노자』와 관련되어 개설된 대학의 정규 강좌 명칭이 '도교'였다는 것은 의미심장하다. 왜냐하면 '도가'가 철학사의 재구성 과정에서 『노자』의 학파명으로 사용되고 그 원류가 내용상으로는 『노자』와 『장자』로 형성되는 '노장'으로 지칭되는 반면 '도교'는 일종의 종교적 전통으로 지칭되는 경우가 많았기 때문이다. '도가'와 '노장'이 철학사가들에 의해 정립된 전통이라면,33) 도교는 주로 신비주의 혹은 종교적 철학의 시각에서 정립된 개념에 가깝기 때문이다.

예컨대 1960년대에 저술된 서구 학계의 『노자』 및 '도교(Taoism)' 연구서로 국내에 번역 출간된 저서들은 『노자』와 관련하여 '도교'의 의미와 범위가 어떤 것인지를 잘 보여준다. 홈스 웰치(Holmes Welch)의 『노자와 도교—도의 분기』(1965)는 "『도덕경』과 신약성서의 유사성"을 강조하고, 『노자』와 성서의 심원한 역설의 유사성을 보여주면서 "이 심원한 역설은 많은 종교 지도자들의 유효한 도구였다. 그것은 숨겨진 형식으로

---

32) 박종린, 「철학과의 설치와 운영」, 신주백 편, 『한국 근현대 인문학의 제도화: 1910-1959』, 혜안, 2014, 309~319쪽.
33) '도가'가 유가와 병행하면서 나름의 정체성을 지니고 역사적으로 발전하였다는 철학사적 이해는 펑유란(馮宇蘭, 1894~1990)에 의한 것이다. 특히 펑유란은 영문으로 쓴 『중국철학사』에서 3단계 도가 발전설을 정립하였다. 이에 대해서는 Fung Youlan, *A Short History of Chinese Philosophy*, edited by Derk Bodde, Macmillan, 1948; 또한 이와 관련된 연구로는 다음을 참조할 수 있다. Moeller, Hans-Georg, "Daoism as Academic Philosophy: Feng Youlan's New Metaphysics (Xin lixue)", *Learning to Emulate the Wise—the Genesis of Chinese Philosophy as an Academic Discipline in Twentieth-Century China*, ed. by John Makeham, The Chinese University Press, 2012.

단순한 진리를 진술하는 말장난의 일종이다."34)라고 논한다.

또한 막스 칼텐마르크(Max Kaltenmark)는 『노자와 도교』(1965)에서 『노자』를 가장 앞서는 도가 혹은 도교의 시원으로 다루지만, 이러한 도교는 "국가가 인정하는 공식적인 윤리 도덕과 모든 사람들의 공적 생활이 유교 일색으로 채색되었다고 하더라도 도교의 영향력은 여전히 살아 있었으며 특히 개인의 내면적인 정신 생활에서 그 영향력은 절대적이었다"35)고 평가한다. 이렇게 보면 홈스 웰치나 막스 칼텐마르트가 다루는 『노자』는 일차적으로, 종교, 신비주의, 기독교 등과 관련하여 이해되는 특징을 보여주며, 주로 개인의 내면의 신앙이나 정신 생활과 연관되는 전통이 된다.

앞에서 우리는 『노자』를 말할 때 왜 '동양'이 호명되면서 '철학'으로 불리게 되었는가 하는 과정을 살펴보았다. 특히 한국의 경우 『노자』는 19세기 이전까지 내내 '이단'으로서 유교 '문명'의 적이었기에 선별적으로 포용해야 하는 '전유'의 대상이었고, 서학(西學)이 신학(新學)으로 학문적 주도권을 쥐게 될 때에는 실제로는 '중국철학'이면서 '동양철학'이라는 애매한 공간에 놓인다.36) 다른 한편 서구학계에 의해 주도된 동아시아 전통에 대한 연구에서 『노자』는 '도교'라는 세계종교37) 가운데 하나로 독특한 철학과 신비주의 전통을 지닌 것으로서 주로 개인의 내면과 정신생활에 관계된 무엇으로 『노자』는 이해된다.

---

34) 홈스 웰치, 윤찬원 옮김, 『老子와 道敎—道의 分岐』, 서광사, 1988, 17쪽과 20쪽.
35) 막스 칼텐마르크, 장원철 옮김, 『노자와 도교』, 까치, 1993, 11쪽.
36) 『노자』를 비롯한 '제자백가'가 모두 이러한 처지에 해당한다. 따라서 『노자』는 물론 제자백가에 대한 논의는 대체로 '중국철학'이면서 '동양철학'의 이름으로 논의된다.
37) '세계종교'의 의미와 맥락에 대해서는 다음을 참조할 수 있다. 장석만, 『한국 근대 종교란 무엇인가?』, 모시는사람들, 2017, 13~15쪽과 73~78쪽.

우리가 이 글의 처음에 다루었던 오강남의 『노자』 이해는, 지금까지 논의해 온 이해 방식의 전형이라 할 수 있다. 논의를 쉽게 이어가기 위해 먼저 오강남의 『노자』 1장의 번역을 살펴보자.

'도'라고 할 수 있는 '도'는 영원한 '도'가 아닙니다. 이름 지을 수 있는 이름은 영원한 이름이 아닙니다. 이름 붙일 수 없는 그 무엇이 하늘과 땅의 시원. 이름 붙일 수 있는 것은 온갖 것의 어머니. 그러나 언제나 욕심이 없으면 그 신비함을 볼 수 있고, 언제나 욕심이 있으면 그 나타남을 볼 수 있습니다. 둘 다 근원은 같은 것. 이름이 다를 뿐 둘 다 신비스러운 것입니다. 신비 중의 신비요, 모든 신비의 문입니다.[38]

오강남의 번역에서 무엇보다 강조되는 것은, 도(道)의 언어적 규정의 초월성이다. 그에 따르면 도는, "근본적으로 형이상학적이고 우주적인 의미의 무엇"으로서, "직관과 체험의 영역이지 사변과 분석과 정의의 대상이 될 수 없다는 뜻"[39]을 갖는다. 즉 도는 절대적 그 무엇으로서 체험되는 것이다. 언어와 논리를 초월하여 존재하는 도가 신비적 체험의 영역에 있다는 것은 전형적인 신비주의에 해당한다.

그리고 이어지는 문장을 해설하면서 오강남은 이렇게 말한다. "'도'에는 두 가지 측면이 있다는 것이다. 하나는 이름 붙일 수도 없는 드러나 보이지도 않는 신비의 측면이요, 다른 하나는 이름 붙일 수도 있고 드러나 보이기도 하는 현상의 측면이라는 것이다. 전자는 실상(實相)의 세계로서 무명(無名) 혹은 무(無)의 세계요, 후자는 현상(現象)의 세계로서 유명(有名) 혹은 유(有)의 세계다."[40]라고.

---

[38] 오강남, 앞의 책, 19쪽.
[39] 위의 책, 20쪽.

오강남의 『노자』 번역과 설명에는 두 가지 특징이 두드러진다. 하나는 도를 설명하면서 유(有)와 무(無)를 끌어들인다는 점이고, 이 유무(有無)는 다시 존재(being) – 비존재(non-being)와 실상(實相) – 현상(現象)의 관계로 해석된다.[40] 그리고 『노자』는 존재(有, being)와 비존재(無, non-being) 사이의 형이상학적 이원론이라는 간극을 제시한 것으로 설명한다. 따라서 이 두 세계는 논리적으로 소통할 수 있는 고리를 상실하게 되며, 바로 이 지점에서 신비주의적 체험이 등장한다.

책을 덮고 가만히 생각해 보라. 어찌하여 흑암의 공허만이 아니라 만물이, 그리고 내가 이렇게 존재한단 말인가? 조용히 생각해 보면 실로 전율이 느껴질 정도로 신비스러운 일이다. 그러기에 역사적으로 수많은 사상가가 공통적으로 "도대체 어찌하여 허공만이 아니라 존재라는 것이 있다는 것인가(Why are there beings at all, rather than nothing?)" 하는 질문을 계속했고, '존재의 신비(mystery of being)'이니 하는 말로 그 신비스러움을 표현했다. 비트겐슈타인(Witgenstein)은 "세상이 어떻게 존재하느냐 하는 것보다 그것이 존재한다는 사실 자체가 신비스럽다" 고 했다.

존재의 신비, 존재의 충격이 이러하거늘 존재(有, being)를 가능하게 하는 비존재(無, non-being)의 신비, 그 비존재의 충격이야 어떠하겠는가? 『도덕경』은 이렇게 존재계의 신비, 그리고 그 존재의 영역을 포함하고 통괄하면서 그 근본 바탕이 되는 비존재계의 신비, 이런 '신비의 문'으로 우리를

---

[40] 위의 책, 21쪽.
[41] '유'(有)와 '무'(無)를 서양철학의 '존재'와 '비존재'와 연관하여 논의한 것은 펑유란의 1937년작 『신리학』(新理學)에서부터 본격화되며, 이후 『신원도』(新原道), 영문판 『A Short History of Chinese Philosophy』 등을 통해 계속 논의된다. 이에 대한 개관적인 글은 다음의 두 글을 참조할 수 있다. 중국현대철학연구회, 『처음 읽는 중국현대철학』, 동녘, 2016, 제8장; 청중잉 · 니콜라스 버닌 편집, 정인재 · 이임찬 · 박경숙 · 허윤영 옮김, 『현대중국철학』, 서광사, 2005, 203~226쪽. 그러나 이러한 펑유란의 신리학적 형이상학은 이원론을 옹호하지 않는데 반해, 오강남에게서는 이원론을 통해 신비주의로 변화한다는 점이 다르다.

인도한다.[42]

현학적인 수사로 가득한 문장이지만, 간결하고 아름다우며 신비로운 이 문장에는 다양한 수사학적 장치가 동원되고 있다. 처음에 오강남은 누구나 일상적으로 생각할 수 있는 실존적 물음을 던진다. "나는 왜 태어났지?" "내가 살아있다는 것은 무슨 의미이지?" 당연히 살면서 누구나 한번쯤 생각할 듯한 문제이다. 그런데 그것은 신비의 세계에 속하는 것이지 말로 설명할 수 있는 것이 아니다. 그럼에도 그것은 체험에 대해 열려 있다.

바로 이 지점에서 영어의 사용과 비트겐슈타인의 동원과 같은 철학적 수사가 등장한다. 오강남은 20세기 '신학'의 상징적인 내용을 영어된 구문이나 문장으로 그대로 삽입하기도 한다. 영어의 사용은 우리에게 객관적이고, 의미 있으며, 보편적인 해석의 언어로 말하고 있다는 생각을 하게 만든다. 그리고 그와 더불어 철학자 비트겐슈타인(Ludwig J. J. Wittgenstein, 1889~1951)이 등장한다. 가장 완벽한 논리적 언어를 추구했던 언어 철학자였던 그를 통해 신비를 밀힌다. 존재가 곧 신비다, 라고

그의 설명에 따르면 우리가 경험할 수 있는 세계는 '유'에 제한되어 있으며 절대적 세계 자체가 아니다. 우리가 살고 있는 존재의 세계도 황홀한데 이 세계를 가능하게 한 그 세계는 어떠할까? 우리에게는 존재의 신비를 통해 그 세계를 동경하고 그 세계로 나아갈 수 있는 체험의 세계가 열려 있다. 결국 여기서 우리는 인간의 세계와 신의 세계가 신비의 체험을 통해 합일할 수 있는 계기를 발견하게 된다.

그리고 애초부터 이 두 가지 세계는 다른 것이 아니다. "둘 다 근원

---

[42] 오강남, 앞의 책, 22쪽.

이 같은 것"이라는 번역은 이러한 계기를 이야기하려는 장치이다. 그런데 그 신비의 문은 도대체 무엇일까? 아마도 하나님의 왕국, 창조주의 세계를 암시하는 것은 아닐까? 왜냐하면 동아시아 세계에서 이야기하는 신비 체험은, 언어를 넘어선 세계를 이야기하지만 결국 자연(自然) 혹은 천(天)이라는 세계로 회귀한다.[43] 그러나 오강남의 언어는 신비와 신앙의 세계로 향한다.

오강남의 해석이 종교적 신비주의라면 또 일상적 혹은 실존적 신비주의라 부를 수 있는 해석도 있다. 이러한 사례를 우리는 시인 장석주의 글에서 확인할 수 있다. 다소 길지만 인용문만으로도, 개인화 경향과 신비주의 경향이라는 성격이 잘 드러내기 위해 제시해 본다.

> 나는 은둔하는 수도사는 아니지만 시골로 내려온 뒤 침묵의 가치와 매력을 새삼스럽게 발견합니다. 한 주일 내내 한 마디의 말도 하지 않고 지낸 적도 있습니다. 처음엔 입안 모래벌판처럼 말랐다가 나중엔 달디 단 침이 고였지요. 침묵은 마음을 고요하게 하고, 자아를 성장하게 하는 자양분입니다. 침묵 속에서 눈을 감고 마음을 들여다봅니다. 아직 내 마음은 비릿합니다. 마음에는 빗나간 신념과 편견, 이기적인 욕망과 아무 쓸잘 데 없는 번민들이 소용돌이칩니다. 그래서 옛사람은 이렇게 말했나 봅니다. "혼자서 고요히 앉아 있는 사람은 세 가지 전쟁, 즉 듣고 말하고 보는 일에서는 피신했지만, 그래도 한 가지, 그 자신의 마음과는 계속 싸워야 한다." 마음이 무겁게 이고 있는 그것들을 내려놓게 될 때 나는 더 크고 넓은 내면의 평화와

---

[43] 이 지점에서 '도가'(Taoism)를 신비주의로 이해하는 해롤드 로스(Harold D. Roth)의 해석과 오강남의 해석은 대비된다. 로스는 도가 신비주의의 특징을 외향적(external)이라 보면서 기독교의 내향적(internal) 성격과 구분하는데, 오강남은 내향적 해석을 하는 것이라 할 수 있다. 로스의 논의에 대해서는 다음을 참조할 수 있다. Roth, Harold D., "Psychology and Self-Cultivation in Early Taoist Thought", *Harvard Journal of Asiatic Studies*, 51.2, 1991.

자유 속으로 들어가게 되겠지요. 나는 이걸 굳이 마음 수행(修行)이라고 거창하게 말하고 싶지는 않습니다. 삶의 어느 한 순간도 수행 아닌 순간은 없으니까요.[44]

아마도 평범한 현대인이라면 누구나 공감할 수 있는 해석의 방식일 것입니다. 수도사라는 용어의 등장이 암시하듯, 일상에서의 번민으로부터의 탈출, 묵언수행을 연상시키는 명상적 혹은 수행적 자세 등등 이러한 세속적 혹은 실존적 신비주의라 할 수 있는 『노자』이해는 오늘날 가장 유행하는 대중적 해석의 하나로 간주할 수 있다. 그리고 그 근저에는 종교적 혹은 신비주의적 해석이 자리하고 있다.

이처럼 20세기의 『노자』는 과거의 학문과 실천이 철학이나 종교로서 스스로의 정체성을 확립하는 전이의 과정을 거치면서 형성된 '전통'으로 포섭되었다. 근대를 맞이하며 스스로를 문명화하면서 동시에 정체성을 확립해야 하는 이중적 과제, 게다가 유학(儒學)에 비해 주도적이지 못했던 문명화의 과정에서 『노자』는 다양하게 전유되면서 복잡한 정체성을 갖게 되었다. 그러한 전이의 과정을 우리는 '이단'에서 '전통'으로의 변모라고 묘사할 수 있다.

마지막 절에서는 우리는 『노자』가 한편으로는 철학사를 구성하는 '도가(道家)'이면서, 철학적으로는 '노장(老莊)'으로 서구의 철학과 상응하며, 다른 한편으로는 '도교(道敎)'로서 서구의 기독교와 구분되는 문화이자 종교로 자리매김되는 복잡한 상황에서 읽히고, 이해되고 있다. 이러한 현실을 감안하면서 마지막 절에서는 21세기에 『노자』이해가 어떤 운명을 가져야 하는가에 대한 간단한 제언과 더불어 논의를 정리

---

[44] 장석주, 『느림과 비움—노자를 벗하여 시골에 살다』, 뿌리와이파리, 2005, 13쪽.

하고자 한다.

Ⅳ. '이단'에서 '전통'으로
: 문명화와 자기정체성의 사이에서

20세기 한국의 현실에서 『노자』는 분명 하나의 전통이자 상식이 되었다. 그 출발은 오히려 대학의 '철학'이 아닌 다른 공간에서 싹터 나왔다. 1958년 최초의 한글 노자 번역본인 『늙은이』를 등사본으로 펴낸 유영모는 『노자』의 '도'에 대해, "노자(老子)의 도(道)는 예수의 얼(프뉴마, πνεμα), 석가의 법(法, Dharma), 중용(中庸)의 성(性)과 같은 참나(眞我)를 뜻한다. 서양 사람들은 이를 잘 몰라 'Tao'라 음역하기도 하고 'way'로 의역하기도 한다. 노자가 얼나를 길의 뜻인 도(道)라 한 데는 까닭이 있다. 이 멸망의 상대세계를 벗어날 수 있는 오직 한 길은 얼생명을 붙잡는 길밖에 없다. 그러니 얼이 길이요 길이 얼이다."[45]라고 선포한다.

박영호가 기록한 유영모는 『노자』의 도를 말하면서 석가, 예수, 공자를 함께 거명한다는 점이 눈에 띈다. 그리고 이들은 모두 '참나'를 밝힌 위대한 종교 전통의 성인들이다. 기축시대에 문화적 돌파를 이룬 위대한 정신들인 이들은 사실 현대 '문명'들의 상징적 인물들이기도 하다. 그리고 이러한 인물들의 사상의 공통점을 유영모는 참나에서 찾는다. 세계 4대 문명의 정신이 나란히 열거되는 과정에서 유가와 도가의 차이는 자연스럽게 무화된다.

---

[45] 박영호, 『노자―빛으로 쓴 얼의 노래, 多夕 유영모를 통해 본 노자의 도덕경』, 두레, 1998, 21~22쪽.

유영모의 화해적 해석은 함석헌을 거쳐 도올 김용옥에 이르러 세련된 표현으로 정식화된다. 그에 따르면, 『노자』가 주는 교훈은 세 가지 화해라는 과제로 이해할 수 있다. "그 첫째가 인간과 자연환경의 화해(the Harmony between Man and his Environment)요, 그 둘째가 종교와 종교 간의 화해(the Harmony between Religions), 그 셋째가 지식과 삶의 화해(the Harmony between Knowledge and Life)다. 이것이야말로 곧 우리가 『노자』를 이해하는 데 핵심적인 문제의식을 형성하는 것이다.[46]

유영모와 함석헌처럼 재야(在野)의 길만을 걷지 않았지만, 공중파를 통한 대중 강연에서 김용옥은 20세기 내내 최고의 화두였던 '문명' 담론의 입장에서 '동양철학'이 전 인류에게 주는 메시지로 『노자』에게서 화해의 철학을 읽어내고자 했던 것이다. 19세기 이래의 제국주의로 인한 동서(東西) 문명의 갈등 대신 인간과 인간, 자연, 삶의 화해를 요청하는 '철학'으로 전유된 것이다. 또한 『노자』의 도는 21세기 인류 '문명'이 걸어가야 할 길(道)로 승화된다. 여기서 『노자』는 일차적으로 철학과 종교의 사이에서 해석된다.

이런 복합적인 해석의 경향들이 혼재하는 상황은 상석반의 실명을 통해 이해될 수 있다. 비록 종교를 중심으로 말하고 있지만, 그의 논의는 전통적인 '교(敎)', '학(學)', 도(道) 등에 전반적으로 적용할 수 있는 것으로 보인다. 그는 이렇게 말한다.

> 그 복잡성을 이해하기 위해 당시 시대적인 요청이라는 간주된 두 가지의 핵심적 노력을 기준으로 하여 살피는 것이 필요하다. 하나는 서구의 부국강병을 모방하기 위해 제시된 '문명화의 달성' 노력이고, 다른 하나는 위기에

---
[46] 김용옥, 『노자와 21세기(上)』, 통나무, 1999, 26쪽.

처해 동요하고 있는 '집단 정체성의 유지'를 위한 노력이었다. 당시 지향했던 것은 이 두 가지 기준을 양립시키는 것이었지만, 두 방향이 서로 상반되게 전개될 수도 있기 때문에 복합적인 경우가 나타난다.47)

여기서 문명화란, 과거의 학문과 실천의 입장에서는 '철학'이나 '종교'로 스스로를 변화시키는 과제와 관련된다. 그런데 이러한 기획은 20세기 내내 전통 학문의 정체성의 혼란을 낳기도 했다. 예컨대 "유교는 종교인가?"라고 묻거나 혹은 "불교는 철학이지 종교가 아니다"라는 대답에는, 종교나 철학으로의 전이 즉 자기정체성의 변화가 종결되지 않았다는 것을 의미한다. 그러나 1990년대에 이르러 이러한 정체성은 어느 정도 확립되면서 나름의 안정성을 확보하게 된 듯하다.

예컨대 최근 출간된 두 저서는 『노자』와 관련하여 어느 정도 상식적으로 정착된 경향을 보여준다.48) 『도가철학과 위진현학』은 90년대 이후 한국에서 오랫동안 논쟁되었던 논의의 결과를 반영한다. 이 책에서 『노자』는 제자백가로서 '도가'에 속하며 이를 재해석하며 철학적 논쟁을 벌였던 위진(魏晉)의 현학(玄學)을 철학사적인 관점에서 다룬다. 이를 통해 보면 선진의 철학 학파인 '도가'는 교단화된 '도교'와 갈라지면서 현학으로 발전한다.

다른 한편 '도가'의 철학을 중심으로 보면 그 주된 텍스트는 '노장(老莊)'으로서 이는 서양의 철학과 상응하여 토론할 철학 전통의 내용을 구성한다. 실상 이 흐름이 20세기 한국의 대학에서 자리 잡은 가장 중요한 해석의 전통에 해당한다. 물론 이러한 흐름은 21세기에 들어서면서

---

47) 장석만, 앞의 책, 73~74쪽.
48) 다음의 두 저서를 말한다. 정세근, 『노장철학과 현대사상』, 예문서원, 2018a; 정세근, 『도가철학과 위진현학』, 예문서원, 2018b.

도가와 도교의 단절을 넘어서려는 신진 학자들의 진출과 수행적 성격이 강한 여러 학문 단체들이 성장하면서 새로운 국면을 맞이하고 있다.

번역된 말 그대로에 의하면, '철학'이란 '필로소피아(philosophia)'로서 진리와 지혜에 대한 사랑을 뜻하며 매우 이성적이고 논리적인 탐구 활동을 의미한다. 그런데 『노자』라는 책은 본래부터 그런 의도와 학문적 바탕 위에서 성립했던 것은 아니었다. 전통 사회에서도 초창기에는 정치적 지침을 얻으려는 현실주의적 해석이 있었는가 하면, 종교화된 가르침으로 이해하려는 경향도 있었고, 철학적인 접근도 있었다.

마찬가지로 20세기에 대학의 아카데미즘에서는 철학적인 접근이 주류가 되었음에도 『노자』는 독특한 목적을 갖거나 내용상 다양한 학문 분야로 연결되는 해석을 취한다는 특징을 드러내 왔다. 한편으로는 종교이면서 철학이기도 하고, 한편으로는 신비주의이면서 과학적이고 자연주의적인 경향으로 주목받기도 한다. 이러한 『노자』 이해의 복잡성은 실상 『노자』라는 텍스트 자체의 모호성과 주석 전통의 다양성에서 기인하기도 했지만, 근대라는 역사적 부침의 흔적으로 고스란히 받고 있는 것이다.

그럼에도 20세기를 거치며 『노자』가 '이단'이 아닌 '전통'으로 동아시아의 문화와 종교, 철학으로 자리매김 된다는 것은 분명하다. 그것은 이제 배척해야 할 이단이나 미신이 아니며, 철학사의 구성 요소로서 확고한 전통으로서 서양의 철학과 토론할 만한 관점과 시각을 가진 '전통'으로 받아들여진다. 그럼에도 앞에서 살펴보았던 것처럼 과거의 전통 사회의 학문에서나 근대 이후 문명화의 과정에서 주도적이었던 유가(儒家)의 비판자로 평가되는 것은 이른바 『노자』가 유가 주도의 '전유'의 과정을 통해 이어져온 결과라는 점에 주목해야 할 듯하다.

『노자』가 향후 21세기의 새로운 현실에서 어떤 의미와 가치를 지닌 사상으로 재해석되느냐 하는 것은, 이러한 '전유'의 과정을 극복하고 스스로 현실과 상대하며 문제를 개발하고, 텍스트를 해석하는 자기정체성 확립의 노력이 뒤따를 때 가능할 것이라 생각된다. 그런 의미에서 21세기 『노자』의 길은 열려 있다고 볼 수 있지 않을까?

참고문헌

건덕(建德)에서 덕 윤리로 – 덕 윤리의 한국기독교적 재론을 위한 조건과 과제

고유식, 「기독교 폭력으로부터의 해방을 위한 목회신학적 돌봄 연구: 한국 교회 내 권위주의 문화와 권력중심문화에 대한 성찰을 중심으로」, 『목회와 상담』 30, 2018.

권상우, 「안동지역의 선비 – 기독교인 연구(2): 기독교적 유교와 유교적 기독교」, 『민족문화논총』 68, 2018.

김권정, 「한국기독교 초기 유교지식인의 기독교사회윤리 연구: 월남 이상재를 중심으로」, 『기독교사회윤리』 20, 2010.

김도일, 「유교 가족주의의 이중성: 파벌과 권위주의의 유가적 기원」, 『철학』 135, 2018.

김봉근, 「기독교와 유교 사상의 창조적 융합으로서의 윤동주 시 읽기」, 『상허학보』 54, 2018.

김성은, 「이수정의 성경번역과 계몽문제」, 『한국기독교와 역사』 43, 2015.

김연진, 「성경번역 사역에서 번역자의 신학적 의도가 미치는 영향」, 『안양대논문집』 1, 1996.

류장현, 「번영신학에 대한 신학적 비판」, 『신학논단』 61, 2010.

문시영, 「"덕을 세우다"의 윤리적 성찰」, 『김철영 교수 회갑기념논문집』, 기념논문집 간행위원회, 2008.

문시영, 『교회됨의 윤리: 하우어워스의 교회윤리 연구』, 성남: 북코리아, 2013.
문시영, 「복음에 합당한 은혜윤리를 재건하라」, 『목회와 신학』 303, 2014.9월호.
문시영, 「한국교회와 덕의 재론을 위한 조건」, 『남서울대학교 교수논문집』 20, 2014.
문시영, 「탐욕의 길 vs. 제자의 길: 본회퍼 윤리의 한 응용-『나를 따르라』를 중심으로」, 『한국기독교신학논총』 98, 2015.
문시영, 『교회의 윤리개혁을 향하여: 공공신학과 교회윤리』, 서울: 대한기독교서회, 2016.
민영진, 전무용, 「한국어 번역 성경에 나타난 중국어 성경과 일본어 성경의 영향」, 『성경원문연구』 19, 2006.
박충구, 「한국교회의 기독교윤리학적 성향과 그 문제점」, 『사회이론』 35, 2009.
배요한, 「이퇴계와 이수정의 종교성에 대한 비교 연구: 한국 유교와 한국 개신교의 내적 연계성에 대한 고찰」, 『장신논단』 45-1, 2013.
서정민, 『한국교회의 역사』, 서울: 살림출판사, 2003.
선우 현, 「공동체주의의 그림자: 신보수주의의 정당화 논리」, 『사회와 철학』 29, 2015.
설충수, 「기독교윤리의 관점에서 바라본 유교 인성론(人性論) 연구: 에른스트 파베르를 중심으로」, 『기독교사회윤리』 36, 2016.
소요한, 「초기 한국 기독교 사상의 유교적 이해」, 『신학논단』 92, 2018.
이상규, 『한국교회 역사와 신학』, 서울: 생명의 양식, 2007.
이은선, 「유교와 기독교, 그 만남의 필요성과 의미에 대하여」, 『신학사상』 82, 1993.
이정배, 「유교와 기독교의 대화, 그 한국적 전개: 평가와 전망을 중심으로」, 『신학과 세계』 2004-3, 2004.
이정석, 「한국교회의 성화론」, 『개신논집』 Vol.2, 1995.
장동익, 「덕 윤리적 관점과 유교윤리」, 『도덕윤리과교육』 36, 2012.
조남욱, 「유교정치에서의 덕의 문제」, 『윤리연구』 29, 1990.
최승락, 「바울의 덕 사상과 덕 철학의 접점 찾기」, 『성경과 신학』 59, 2011.
황경식, 「왜 다시 덕 윤리가 문제되는가?」, 『철학』 95, 2008.
Bonhoeffer, Dietrich, *Nachfolge*, trans. by R. H. Fuller, *The Cost of Discipleship*, New York: SCM Press, 1995.
Fergusson, David, *Community, Liberalism, and Christian Ethics*, Cambridge: Cambridge University Press, 1998.

Furnish, V. P., 김용옥 역, 『바울의 신학과 윤리』, 서울: 대한기독교출판사, 1994.

Gasque, W. W., 「번영신학과 신약성경」, 『성경과 신학』 17, 1995.

Hanegraaff, Hank, *Christianity in Crisis*, 김성웅 역, 『바벨탑에 갇힌 교회』, 서울: 새물결플러스, 2015.

Hauerwas, Stanley, *The Peaceable Kingdom: A Primer in Christian Ethics*, Notre Dame: University of Notre Dame Press, 1983.

Hauerwas, Stanley, *A Community of Character*, 문시영 옮김, 『교회됨』, 서울: 북코리아, 2010.

Jones, L. Gregory, *Transformed Judgment: Toward a Trinitarian Account of the Moral Life*, Notre Dame: University of Notre Dame Press, 1990.

Kotva, Joseph J. Jr., *The Christian Case for Virtue Ethics*, 문시영 역, 『덕 윤리의 신학적 기초』, 성남: 긍휼, 2012.

MacIntyre, Alasdair, *After Virtue*. 2nd ed., Notre Dame: University of Notre Dame Press, 1984.

Ethics의 근대 번역어 '윤리학·윤리'를 만나는 자리 - 강상에서 윤리로

김미재, 「근대계몽기 중등용 수신교과서의 도덕교육적 시사점 연구」, 『윤리교육연구』 제31집, 2013.

김소영, 「한말 번역과 국민형성」, 『한국근현대사연구』 59집, 2011.12.

김순전·김희경, 「일본 명치·대정기의 「수신」 교과서 연구-「수신」 교과서와 근대적 시간」, 『일본어문학』 제20집, 2004.

김재홍, 「해제: 아리스토텔레스의 정치철학: 윤리학과 정치학의 만남」, 아리스토텔레스 지음, 김재홍 옮김, 『정치학』, 길, 2017.

김철운, 「'修身'의 근대적 변용-국가에 의해 유폐된 개인」, 『철학논총』 48, 2007.4.

김현수, 「근대시기에 성립한 윤리학 개념과 한국유학 이해의 방향성」, 『동서인문학』 53집, 2016.12.

노대환, 「정조시대 서기 수용 논의와 서학 정책」, 정옥자 외, 『정조시대의 사상과 학문』,

돌베개, 1999.

루이스 포이만·제임스 피저 지음, 박찬구·류지한·조현아·김상돈 옮김,『윤리학-옳고 그름의 발견』, 울력, 2011.

배정상,「이해조 문학 연구-근대 출판 인쇄 매체와의 관련 양상을 중심으로」, 연세대 박사학위논문, 2012.

배주연,「알폰소 바뇨니(P.A. Vagnoni)의『동유교육(童幼敎育)』연구」,『한국고전연구』32집, 2015.

송민호,「이해조의 근대적인 교육관과 초기 소설의 윤리학적 사상화의 배경」,『한국현대문학연구』33집, 한국현대문학회, 2011.

심현주,『그리스도교 사회윤리 기초』, 분도출판사, 2009.

알폰소 바뇨니, 김귀성 옮김,『바뇨니의 아동교육론(童幼敎育)』, 북코리아, 2015.

양세욱,「동아시아의 번역된 근대-'개인'과 '사회'의 번역과 수용」,『인간·환경·미래』9, 2012.10.

양일모,「42 윤리신설」, 한림과학원편,『동아시아 개념연구 기초문헌해제2』, 선인, 2013.

양일모,「유교적 윤리 개념의 근대적 의미 전환-20세기 전후 한국의 언론잡지 기사를 중심으로」,『철학사상』64, 2017.

양일모·홍영두,「근대 계몽기의 윤리관과 전통적 지식인」,『哲學硏究』제106집, 대한철학회, 2008.05.

왕충 씀, 이주행 옮김,『論衡』, 소나무, 1996.

윌리엄 K. 프랑케나, 황경식 옮김,『倫理學』, 종로서적, 1985.

유길준,『서유견문』, 東京: 交旬社, 1895.

유봉희,「「倫理學」을 통해 본 동아시아 전통사상과 이해조의 사회진화론수용」,『현대소설연구』52, 한국현대소설학회, 2013.

이원호,「일제하 수신과 교육 연구」, 부산대학교 교육학 박사학위논문, 1997.2

이해조,「윤리학」,『기호흥학회월보』제5호, 1908년 12월 5일.

이행훈,『학문의 고고학』, 소명출판사, 2016.

이혜경,「근대 중국 '倫理'개념의 번역과 변용-유학과의 관계를 중심으로」,『철학사상』No.37, 2010.

장대년, 박영진 옮김,『중국윤리사상연구』, 소명출판, 2012.

전양수, 「개화기 신교육과 교과용도서정책의 연구: 1894~1910년의 수신, 윤리교과서를 중심으로」, 고려대 교육대학원 석사학위논문, 1986

폴 테일러, 김영진 옮김, 『윤리학의 기본원리』, 서광사, 1985.

허재영, 「근대 계몽기 교과서를 대상으로 한 연구의 경향」, 『국어사연구』 제13호, 2011.

G. Aleni, 김귀성 옮김, 『17세기 조선에 소개된 서구교육』, 원미사, 2001.

Ridel, Félix Clair 편저, 황호덕·이상헌 편자, 『한국어의 근대와 이중어사전 영인 Ⅰ권-리델, 『한불ᄌ뎐 韓佛字典(Dictionnaire Coréen-Français)』, 도서출판 박문사, 2012.

Scott, James 편저, 황호덕·이상헌 편자, 『한국어의 근대와 이중어사전 영인 Ⅲ권-스콧, 『English-Corean Dictionanry』(1891)』, 도서출판 박문사, 2012.

Underwood, Horace Grant 편저, 황호덕·이상헌 편자, 『한국어의 근대와 이중어사전 영인 Ⅱ권-언더우드 『韓英字典한영ᄌ뎐(A Concise Dictionary of the Korean Language)』, 도서출판 박문사, 2012.

W.S.샤하키안, 황경식·송휘칠 공역, 『윤리학의 이론과 역사』, 박영사, 1986.

姜邁, 「西洋 倫理學 要義」, 『대한학회월보』 제8호, 1908년 10월 25일.

江島尚俊, 「近代日本の大學制度と倫理學-東京大學における教育課程に着眼して」, 『田園調布學園大學紀要』 제10호, 2015.

井上哲次郞, 有賀長雄 増補, 『哲学字彙』, 東洋館, 1884.

井上圓了, 『윤리통론』, 普及舍, 1888.

『西學凡』, 『天學初函』 1권, 臺灣學生書局, 1965.

子安宣邦, 「近代'倫理'概念の成立と行方-漢子論·不可避他者」, 『思想』 912, 東京: 岩波書店, 2000.06.

W. Lobscheid, *An English and Chinese dictionary, as revised and enlarged by Tetsujiro Inouye* (増訂英華字典), Tokyo, 1883.

『독립신문』, 1897년 1월 28일자.

『서북학회월보』 제11호, 1909년 4월 1일.

『한성순보』, 1884년 6월 13일.

『황성신문』, 1900년 12월 14일.

국립중앙도서관 「대한민국 신문 아카이브」, http://www.nl.go.kr/newspaper/

우정에서 천애지기(天涯知己)로 - 홍대용과 마테오리치의 우정론

홍대용, 『담헌서』.
홍대용, 『항전척독』, 지식을 만드는 지식, 2018.
숭실대학교박물관, 『중사기홍대용수찰첩(中士寄洪大容手札帖)』.

강명관, 「京華世族과 實學」, 『한국실학연구』 32권, 한국실학학회, 2016.
강민구(姜玟求), 「우리나라 중세 友道論에 대한 고찰Ⅰ- 友道論의 史的 전개」, 『동방학지』 71집, 2017.
계승범, 「조선의 18세기와 탈중화 문제」, 『역사학보』 213, 역사학회, 2012a.
계승범, 「조선후기 조선중화주의와 그 해석 문제」, 『한국사연구』 159, 한국사연구회, 2012b.
김명호, 「淸朝 문인과의 왕복 서신을 통해 본 홍대용의 사상 - 『乾淨後編』과 『乾淨附編』을 중심으로 -」, 『숭실대학교박물관 14회 매산기념강좌 자료집』, 2017.
김문용, 「북학파 교우론의 사상사적 함의」, 『한국실학연구』 10호, 한국실학회, 2005.
김민정 외, 『문명 안으로』, 한길사, 2011.
김선희, 『서학, 조선 유학이 만난 낯선 거울』, 모시는사람들, 2018.
김수진, 「18세기 老論系 知識人의 友情論」, 『한국한문학연구』 52권, 한국한문학회, 2013.
김원명 · 서세영, 「홍대용(洪大容)의 세계관 변화와 그것의 현대적 의의」, 『동서철학연구』 제72호, 동서철학회, 2014.
김 호, 「조선후기 華夷論 再考 - 域外春秋論을 중심으로」, 『한국사연구』 162, 한국사연구회, 2013.
데이비드 E. 먼젤로, 이향만 옮김, 『진기한 나라 중국: 예수회 적응주의와 중국학의 기원』, 나남, 2009.
도날드 베이커, 『朝鮮後期 儒敎와 天主敎의 대립』, 일조각, 1997.
마테오리치, 송영배 옮김, 『교우론』, 서울대학교출판문화원, 2013.
미야지마 히로시, 배항섭 엮음, 『동아시아는 몇 시인가?』, 너머북스, 2015.
미야지마 히로시, 배항섭 엮음, 『동아시아에서 세계를 보면』, 너머북스, 2017a.
미야지마 히로시, 배항섭 엮음, 『19세기 동아시아를 읽는 눈』, 너머북스, 2017b.
박성순, 「우정의 구조와 윤리 - 한중 교유론에 대한 문학적 사유」, 『한국문학연구』 28, 동국대학교 한국문화연구소, 2005.
박수밀, 「18세기 우도론의 문학 사회적 의미」, 『한국고전연구』, 한국고전연구학회, 2002.
박수밀, 「소통의 맥락에서 본 조선후기 우정론(友情論)의 양상」, 『동방한문학』 65집, 동방한문학회, 2015.
박은정, 「조정지식인의 만남과 '知己'의 표상: 乾淨衕筆談을 중심으로」, 『동방학』 18, 2010.
박희병, 『범애와 평등』, 돌베개, 2013.
송원찬, 「淸代 한중 지식인 교류와 文字獄-『乾淨衕會友錄』을 중심으로-」, 『동아시아 문화연구』 47집, 2010.
알렉산더 우드사이드, 민병희 옮김, 『잃어버린 근대성들』, 너머북스, 2012.
여명모, 「마테오 리치『교우론』에 관한 연구: 동서 우정론의 만남이라는 관점에서」, 서강대학교 신학대학원 석사학위논문, 2010.
이옥순, 『우리안의 오리엔탈리즘』, 푸른역사, 2002.
이원창, 「우정에 관한 그리스도교 인간학적 이해-마테오리치의『교우론』을 중심으로-」, 서강대학교 신학과 석사학위논문, 2014.
이철희, 「18세기 한중 지식인 교유와 천애지기(天涯知己)의 조건-홍대용(洪大容)의『건정동필담(乾淨洞筆談)』과 엄성(嚴誠)의『일하제금집(日下題襟集)』의 대비적 고찰을 중심으로-」, 『대동문화연구』 85권, 성균관대학교 대동문화연구원, 2014.
이홍식, 「조선후기 우정론과 마테오리치의『交友論』」, 『한국실학연구』 20, 한국실학학회, 2010.
인하대 한국학연구소, 『중국 없는 중화』, 인하대학출판부, 2009.
인현정, 「홍대용의 정치철학과 물학(物學)의 관계 연구」, 이화여자대학교 대학원 박사학위논문, 2017.
장경남, 「숭실대학교 한국기독교박물관 소장 홍대용 연행기록 연구」, 『숭실대학교박물관 14회 매산기념강좌 자료집』, 2017.
정 민, 「18, 19세기 조선 지식인의 병세의식(幷世意識)」, 『한국문화』 54, 서울대학교 규장각 한국학연구원, 2011.
정 민, 『18세기 한중 지식인의 문예공화국』, 문학동네, 2014.
정옥자, 『조선후기 조선중화사상 연구』, 일지사, 2010.
조기영, 「홍대용의 학문론과 교우론」, 『율곡사상연구』 22집, 율곡학회, 2011.

조성산, 「洪大容의 理氣心性論과 域外春秋 논의」, 『역사와 담론』 78, 호서사학회, 2016.
조성환, 「실천학으로서의 실학 개념」, 『철학논집』 33, 한국철학사연구회, 2013.
조성환, 『한국 근대의 탄생』, 모시는사람들, 2018.
조창록, 「홍대용 연행록 중 西學 관련 내용의 改削 양상」, 『대동문화연구』 84, 2013.
채송화, 「홍대용의 『간정필담(乾淨筆譚)』 이본고(異本)」, 『국문학연구』 37, 국문학회, 2018.
후마 스스무(夫馬進), 「홍대용의 『乾浄衕會友錄』과 그 改變 – 숭실학교 기독교박물 소장본 소개를 겸해서」, 『한문학보』 26, 우리한문학회, 2012.
후마 스스무, 정태섭 옮김, 『연행사와 통신사』, 신서원, 2008.
히라카와 스케히로, 노영희 옮김, 『마테오리치』, 동아시아, 2002.

▌천하(天下)에서 국가(nation-state)로 – 량치차오와 박은식의 보편원리의 행방 ▌

康有爲, 錢定安 校訂, 『大同書』, 中華書局, 1935.
朴殷植·백암박은식선생전집편찬위원회, 『白巖朴殷植全集』, 동방미디어, 2002.
梁啓超, 林志鈞 編集, 『飮冰室合集』, 上海中華書局, 1932.
李恒老, 『華西先生文集』 下, 同文社 影印, 1974.
張之洞, 李忠興 評注, 『勸學篇』, 中州古籍出版社, 1998.
『서우』 / 『대한장강회월보』 『서북학회월보』 『漢城旬報』
『湘報』 『淸議報』 『新民叢報』

강상규, 「중국의 만국공법 수용에 관한 연구」, 『東洋哲學』 25, 2006.
김용구, 『세계관의 충돌과 한말 외교사 1866-1882』, 문학과지성사, 2001.
박준형, 「백암 박은식의 고조선 인식: 신채호와 비교를 중심으로」, 『한국사학보』 54, 2014.
양계초, 이혜경 주해, 『신민설』, 서울대학교출판문화원, 2014.
이원석, 「만국공법의 두 가지 지평과 구한말 유학」, 『한국학연구』 51, 2018.
이혜경, 『천하관과 근대화론: 양계초를 중심으로』, 문학과지성사, 2002.
이혜경, 「淸人이 만난 두 '보편'문명: 中華와 civilization」, 『철학사상』 32, 2009.
찰스 테일러 지음, 권기돈·하주영 옮김, 『자아의 원천들』, 새물결출판사, 2015.

Immanuel Wallerstein, *European Universalism: The Rhetoric of Power*, 2006, trans. by 김재오, 『유럽적 보편주의: 권력의 레토릭』, 창비, 2008.

浜下武志, 『朝貢システムと・近代アジア』, 岩派書店, 1977.

坂野正高, 「總理衙門の設立過程」, 『近代中國硏究』 1, 1958.

▍사대부(士大夫)에서 지식인(intelligentsia)으로 – 유교와 신분제도의 관계를 바라보는 다양한 입장을 중심으로 ▍

김도형, 『근대 한국의 문명전환과 개혁론』, 지식산업사, 2014.

김명호, 『환재 박규수 연구』, 창비, 2008.

김봉진, 「서구 '권리' 관념의 수용과 변용 – 유길준과 후쿠자와 유키치의 비교 고찰」, 『동방학지』 vol.0, 연세대학교 국학연구원, 2009.

김옥균, 박영효, 서재필, 『갑신정변 회고록』, 건국대학교출판부, 2006.

김정호, 「일본 메이지유신기 계몽사상의 정치사상적 특성 – 후쿠자와 유키치의 문명개화론을 중심으로 –」, 『한국동북아논총』 vol.37, 한국동북아학회, 2005.

미야지마 히로시, 「조선시대의 신분, 신분제 개념에 대하여」, 『大東文化硏究』 vol.42, 성균관대 대동문화연구원, 2003.

미야지마 히로시, 「후쿠자와 유키치의 유교인식」, 『한국실학연구』 vol.23, 한국실학학회, 2012.

박노자, 『우승열패의 신화』, 한겨레신문사, 2005.

박은숙, 「문벌폐지를 통한 인민평등권 제정과 인재등용」, 『역사와 현실』 vol.30, 한국역사연구회, 1998.

박정심, 『한국 근대사상사』, 천년의상상, 2016.

배항섭, 「동도서기론의 구조와 전개양상」, 『史林』 vol.0, 수선사학회, 2012.

송찬섭 외(外), 『근대로의 전환』, 한국방송통신대학교출판문화원, 2018.

신용하, 「1894년의 社會身分制의 廢止」, 『규장각』 vol.9, 서울대학교 규장각 한국학연구원, 1986.

신용하, 『한국 개화사상과 개화운동의 지성사』, 지식산업사, 2010.

안용환, 「유길준의 개화사상과 대외인식의 관한 연구」, 명지대학교 박사학위논문, 2009.
야스마와 주노스케, 이향철 역, 『후쿠자와 유키치의 아시아 침략사상을 묻는다』, 역사비평사, 2011.
유길준, 『서유견문』, 서해문집, 2004.
유길준전서편찬위원회, 『유길준전서』 vol.2, 一潮閣, 1971.
이기용, 「일본근대사상 속의 '중국' - 후쿠자와 유키치의 중국론을 중심으로 - 」, 『일본사상』 vol.21, 한국일본사상사학회, 2011.
이덕무, 「사대부란 무엇인가」, 『선비문화』 vol.13, 남명학연구원, 2008.
이완재, 「性理學의 脈絡에서 본 初期開化思想 : 洛學派와 朴珪壽의 學緣을 중심으로」, 『한국학논집』 vol.29, 한양대학교 한국학연구소, 1996.
이희재, 「후쿠자와 유키치의 유교 비판과 한계」, 『인문사회21』 vol.7, 아시아문화학술원, 2016.
전정희, 「朴趾源과 朴珪壽의 士論의 比較」, 『한국정치학회보』 vol.28, 한국정치학회, 1994.
정용화, 「근대 한국의 동아시아 지역 인식과 지역질서 구상」, 『국제정치학논총』 vol.46, 한국국제정치학회, 2006.
정용화, 「사대·중화질서 관념의 해체과정」, 『國際政治論叢』 vol.44, 한국국제정치학회, 2004a.
정용화, 「문명화의 덫」, 『문명의 정치사상: 유길준과 근대 한국』, 문학과지성사, 2004b.
정일성, 『후쿠자와 유키치』, 지식산업사, 2012.
조지형, 「〈闢衛新編 評語〉를 통해 본 瓛齋 朴珪壽의 천주교 인식과 대응론」, 『누리와 말씀』, 인천가톨릭대학교 복음화연구소, 2011.
최규진, 「청일전쟁기 지식인의 국제정세 인식과 세계관」, 『아시아문화연구』 vol.26, 경원대학교 아시아문화연구소, 2012.
한국근현대사학회, 『(개정판) 한국근대사강의』, 한울, 2014.
현광호, 『한국 근대사상가의 동아시아 인식』, 선인, 2009.
홍원식, 「동중서 철학의 중국 유학사적 위치」, 『동아인문학』 vol.39, 동아인문학회, 2017.
황태연, 『백성의 나라 대한제국』, 청계, 2017.
황호덕, 『근대 네이션과 그 표상들』, 소명출판, 2005.
황호철, 「후쿠자와 유키치의 유교비판 일고찰」, 『문명연지』 vol.5, 한국문명학회, 2004.

후쿠자와 유키치, 남상영 역, 『학문의 권장』, 소화, 2003.
후쿠자와 유키치, 정명환 역, 『후쿠자와 유키치의 문명론(문명론의 개략)』, 기파랑, 2012.
후쿠자와 유키치, 허호 옮김, 『후쿠자와 유키치 자서전』, 이산, 2006.

▮ 예교(禮敎)에서 종교(宗敎)로 – 대한제국기 종교정책과 배경 담론들을 중심으로 ▮

「爲政」, 『論語』.
『고종실록』
『순종실록부록』
〈會亦有弊〉, 「雜報」, 『大韓每日申報』, 1906년 2월 17일.
〈告自强會發記諸君子〉, 「論說」, 『大韓每日申報』, 1906년 4월 1일.
노기숭, 〈大乎韓國宗敎界偉人〉, 「寄書」, 『大韓每日申報』, 1909년 6월 8일.
김성희, 「敎育宗旨續說」, 『大韓自强月報』 12호, 1907년 6월.
유길준, 「泰西宗敎의 來歷」, 『西遊見聞』.

김용태, 「근대 한·일 불교의 정교분리 문제와 종교성 인식」, 『불교학연구』 29호, 불교학연구회, 2011.
김종준, 「대한제국기 언론의 '종교사히' 인식」, 『역사교육』 114호, 역사교육연구회, 2010.
김지영, 「조선시대 국가 향례위주(鄕禮儀註)의 예교론(禮敎論) 검토」, 『조선시대사학보』 87호, 조선시대사학회, 2018.
류성민, 「한·중·일 삼국의 종교정책 비교」, 『종교연구』 46집, 한국종교학회, 2007.
박광수·조성환, 「근대 일본의 '종교'개념과 종교의 도구화」, 『신종교연구』 34, 한국신종교학회, 2016.
박은식, 「종교설」, 『백암 박은식전집』 III, 서울: 동방미디어, 2002.
박종천, 「조선 후기 예교적 시선의 변주와 변화」, 『태동고전연구』 35집, 한림대학교 태동고전연구소, 2015.
이 욱, 「근대 국가의 모색과 국가의례의 변화 – 1894년부터 1908년까지 국가 제사의 변화를 중심으로」, 『근대성의 형성과 종교지형의 변동』 I, 한국학중앙연구원 종교문화연구소, 2005.

이원순, 「朝鮮末期社會의 對西敎問題 硏究-敎案을 중심으로」, 『역사교육』 15호, 역사교육학회, 1973.

이종우, 「한국 근현대 종교정책연구-대한제국기의 불교정책과 그 대응을 중심으로」, 『숭실사학』 32집, 숭실사학회, 2014.

이진구, 「근대 한국사회의 종교자유 담론-양심의 자유와 종교집단의 자유」, 『종교문화비평』 1집, 한국종교문화연구소, 2002.

임부연, 「근대 유교지식인의 '종교' 담론」, 『근대 한국 종교문화의 재구성』, 한국학중앙연구원 종교문화연구소, 2006.

임현수, 「한국 근대 초기 음양 이중력의 형성과 의미-대한제국기 명시력(明時曆)을 중심으로」, 『근대성의 형성과 종교지형의 변동』Ⅰ, 한국학중앙연구원 종교문화연구소, 2005.

장기근, 「예(禮)와 예교(禮敎)의 본질(本質)」, 『동아문화』, 서울대학교 동아문화연구소, 1970.

장석만, 「개항기 한국사회의 "종교" 개념 형성에 관한 연구」, 서울대학교 대학원 종교학과 박사학위논문, 1992.

장석만, 『한국 근대종교란 무엇인가?』, 서울: 모시는 사람들, 2017.

장정호, 「유가 예교의 기원-제사와 예속」, 『교육사학연구』 14호, 교육사학회, 2004.

조현범, 「'종교와 근대성' 연구의 성과와 과제」, 『근대 한국 종교문화의 재구성』, 한국학중앙연구원 종교문화연구소, 2006.

최경숙, 「한국 개화기의 종교관」, 『한중인문학연구』 37집, 한중인문학회, 2012.

한국학중앙연구원 종교문화연구소, 『근대성의 형성과 종교지형 변동』Ⅰ, 경기: 한국학중앙연구원, 2005.

한국학중앙연원 종교문화연구소, 『근대 한국 종교문화의 재구성』, 경기: 한국학중앙연구원 종교문화연구소, 2006.

한영우, 「대한제국을 어떻게 볼 것인가」, 『대한제국은 근대국가인가』, 강원: 한림대학교 한국학연구소, 2006.

경전(經傳)에서 텍스트로 – 20세기 초 『詩經』에 대한 근대 시인들의 인식 변화

『동아일보』, 『삼천리』, 『소년』, 『신인문학』, 『조선문단』, 『청춘』
『論語』, 『禮記, 樂記』, 『全唐詩』, 中國基本古籍庫.
『杜詩詳註』 4, 中華書局, 1999.
김소월, 『소월 시초』, 박문출판사, 1939.

권두연, 『신문관의 출판 기획과 문화운동』, 고려대학교 민족문화연구원, 2016.
권영민, 『한국현대문학사 1』, 민음사, 2002.
금지아, 「김소월의 唐詩 번역과 창작시의 관계」, *Comparative Korean Studies* 21권 2호, 국제비교한국학회, 2013.
김미연, 「정지용의 전통 지향과 모더니티 지향 연구」, 『한국문학과 사상』 87, 한국사상문화학회, 2017.
김수경, 「한국 시경학 연구 개황과 과제 약술」, 『한자한문연구』 8, 고려대 한자한문연구소, 2012.
김수경, 「조선 시대 학자들의 "사무사" 인식」, 『중국어문논집』 58, 중국어문연구회, 2013.
김 억, 『오뇌의 무도』, 광익서관, 1921.
김 억, 『아핑주』, 조선출판사, 1944.
김윤식, 「김소월론」, 『한국 현대시론비판』, 일지사, 1975.
김흥규, 『조선 후기의 시경론과 시 의식』, 고려대학교 민족문화연구원, 1988.
노재찬, 「소월의 시와 전통의식」, 『한국 근대문학논고』, 삼영사, 1981.
노춘기, 「안서와 소월의 한시 번역과 창작시의 율격」, 『한국시학연구』 13, 한국시학회, 2005.
롤랑 바르트, 김희영 옮김, 『텍스트의 즐거움』, 동문선, 1997.
박명옥, 「정지용의 「장수산 1」과 한시의 비교연구 – 『詩經』의 「伐木」과 두보의 「題張氏隱居」를 중심으로」, 『한국문학이론과 비평』 27, 한국문학이론과 비평학회, 2005.
박은옥, 「공자의 음악사상에 대한 고찰 – "正樂"의 提唱과 "惡鄭聲"을 중심으로」, 『한국음악연구』 30, 2001.

서철원, 「시조사의 편성 과정과 최남선의 시가 인식」, 『민족문학사연구』 49, 민족문학사학회·민족문학사연구소, 2012.
성백효 역주, 『시경집전』, 전통문화연구회, 2010.
손종호, 「소월의 번역한시와 시의식」, 『한국시학연구』 8, 한국시학회, 2003.
송재소, 『다산시 연구』(개정증보판), 창비, 2014.
신두환, 「김억의 『詩經』 번역에 대한 일고찰」, 『한국언어문화』 24, 한국언어문화학회, 2003.
신범순, 「김소월 시의 여성주의적 이상향과 민요시적 성과 1」, 『관악어문연구』 32, 서울대 국어국문학과, 2007.
신범순, 「「산유화」의 신성한 기원과 그 계승」, 『노래의 상상계』, 서울대학교출판문화원, 2012.
신용철, 「춘원 이광수의 유교관 시론」, 『춘원연구학보』 4, 춘원연구학회, 2011.
심경호, 「석정 이정직과 『시경』」, 『국제어문』 43, 국제어문학회, 2008.
안영길, 「조선 위항 문학론 연구」, 『양명학』 10, 한국양명학회, 2003.
윤설희, 「최남선의 고시조 수용작업과 근대전환기의 문학인식」, 성균관대학교 박사학위논문, 2014.
윤영실, 「최남선의 근대 '문학' 관념 형성과 고전 '문학'의 수립」, 『국어국문학』 150호, 국어국문학회, 2008.
이규호, 「소월의 한시 번역과정」, 이규호 외, 『한국시가의 재조명』, 형설출판사, 1984.
이광수, 『이광수전집』 1, 삼중당, 1976.
이상진, 「조선후기 여항문학의 전개과정과 문예의식: 천기론을 중심으로」, 성균관대학교 박사학위논문, 1991.
이석우, 「정지용 시의 연구」, 청주대학교 박사학위논문, 2000.
이영화, 『최남선의 역사학』, 경인문화사, 2003.
임유경, 「18세기 위항시집에 나타난 중인층의 문학세계」, 『태동고전연구』 1, 한림대학교 태동고전연구소, 1984.
장병극, 「조선광문회 연구」, 성균관대학교 석사학위논문, 2012.
정기인, 「김억의 한시 번역과 "조선적 근대시"의 구상」, 『민족문학사연구』 59, 민족문학사학회, 2015.

정기인, 「한국 근대 시 형성과 한문맥」, 서울대학교 박사학위논문, 2017.
정기인·채송화, 「『청춘』 소재 한시 연구」, 『한국한시연구』 25, 2017.
정길수, 「'천기론'의 문제」, 『한국문화』 37, 서울대 규장각 한국학연구원, 2006.
정소연, 「1910~20년대 시인의 전통 한시 국역 양상과 의미 연구-최남선, 김소월, 김억, 이광수를 중심으로」, 『고전문학과 교육』 34, 한국고전문학교육학회, 2017.
정요일, 「文以載道論의 理解」, 『한문학비평론』, 인하대학교 출판부, 1990.
정한모, 「소월 시의 정착과정 연구」, 『현대시연구』, 정음문화사, 1984.
조재룡, 「김억 '번역론'의 현대성과 현재성」, 『동악어문학』 71, 동악어문학회, 2017.
차승기, 「근대문학에서의 전통 형식 재생의 문제-1920년대 시조부흥론을 중심으로」, 『상허학보』 17, 상허학회, 2006.
천정환, 「초기『삼천리』의 지향과 1930년대 문화민족주의」, 『민족문학사연구』 36, 민족문학사학회, 2008.
퀜틴 스키너, 황정아·김용수 옮김, 『역사를 읽는 방법-텍스트를 어떻게 읽고 해석할 것인가』, 돌베개, 2012.
한의학대사전 편찬위원회, 『한의학대사전』, 정담, 2001.
J. L. 오스틴, 김영진 옮김, 『말과 행위-오스틴의 언어 철학, 의미론, 화용론』, 서광사, 2005.

해석(解釋)인가, 전유(專有)인가? - 20세기 한국의 『노자』 이해와 '동양철학'(東洋哲學)

김용옥, 『노자와 21세기(上)』, 통나무, 1999.
김순석, 『근대 유교개혁론과 유교의 정체성』, 모시는사람들, 2017.
김시천, 「『노자』의 양생론적 해석과 의리론적 해석」, 숭실대학교 대학원 박사학위논문, 2003.
김시천, 『철학에서 이야기로—우리 시대의 노장 읽기』, 책세상, 2004.
김시천, 『노자의 칼 장자의 방패』, 책세상, 2014.
김재현, 「철학의 제도화: 해방 전후의 연속성과 좌절」, 김재현·김현주·나종석·박광현·

박지영·서은주·신주백·최기숙, 『한국인문학의 형성』, 한길사, 2011.
김현주, 「중국 근대제자학의 출현과 그 성격」, 『한국동양정치사상연구』 제14권 1호, 2015.
老子, 오강남 풀이, 『도덕경』, 현암사, 1995.
노자, 이강수 옮김, 『노자』, 길, 2007.
류건휴, 권진호·이상호·김명균·정의우·김우동·남재주 옮김, 『이학집변: 영남 유학자의 이단 비판 1』, 한국국학진흥원, 2013.
막스 칼텐마르크, 장원철 옮김, 『노자와 도교』, 까치, 1993.
신동준, 『묵자―겸애와 비공을 통해 이상사회를 추구한 사상가』(수정증보판), 인간사랑, 2018.
박세당, 김학목 옮김, 『박세당의 노자―어느 유학자의 노자 읽기』, 예문서원, 1999.
박영호, 『노자―빛으로 쓴 얼의 노래, 多夕 유영모를 통해 본 노자의 도덕경』, 두레, 1998.
박이문, 『노장사상』, 문학과지성사, 1980.
박종린, 「철학과의 설치와 운영」, 신주백 편, 『한국 근현대 인문학의 제도화: 1910-1959』, 혜안, 2014.
신주백, 「근대적 지식체계의 제도화와 식민지 공공성」, 신주백 편, 『한국 근현대 인문학의 제도화: 1910-1959』, 혜안, 2014.
안병주·전호근, 『譯註 莊子 2』, 전통문화연구회, 2004.
이석명 옮김, 『노자도덕경하상공장구』, 소명출판, 2005.
이석명, 『老子와 黃老學』, 소와당, 2010.
이종성, 『율곡과 노자―『순언』에 관한 철학적 모색』, 충남대학교출판문화원, 2016.
이행훈, 『학문의 고고학―한국 전통지식의 굴절과 근대 학문의 기원』, 소명출판, 2016.
장석만, 『한국 근대종교란 무엇인가?』, 모시는사람들, 2017.
장석주, 『느림과 비움―노자를 벗하여 시골에 살다』, 뿌리와이파리, 2005.
정세근, 『노장철학과 현대사상』, 예문서원, 2018a.
정세근, 『도가철학과 위진현학』, 예문서원, 2018b.
중국현대철학연구회, 『처음 읽는 중국현대철학』, 동녘, 2016.
청중잉·니콜라스 버닌 편집, 정인재·이임찬·박경숙·허윤영 옮김, 『현대중국철학』, 서광사, 2005.
焦竑 輯, 이현주 역, 『노자익老子翼』 두레, 2000.

폴 리쾨르, 김윤성·조현범 옮김, 『해석이론』, 서광사, 1994.
함석헌, 『씨울의 옛글풀이』(함석헌전집 20), 한길사, 1988.
홈스 웰치, 윤찬원 옮김, 『老子와 道敎─道의 分岐』, 서광사, 1988.
홍석주, 리상용 역주, 『역주 홍씨독서록』, 아세아문화사, 2006.
홍석주, 김학목 옮김, 『홍석주의 노자─『訂老』, 기호 주자학자의 노자 읽기』, 예문서원, 2001.
李零, 「說'黃老'」, 『道敎文化硏究』 第5輯, 上海古籍出版社, 1994.

Chan, Alan K. L., *Two Visions of the Way—A Study of the Wang Pi and the Ho-shang Kung Commentaries on the Lao-Tzu*, State University of New York Press, 1991.

Creel, H. G., *What is Taoism? and Other Studies in Chinese Cultural History*, The University of Chicago Press, 1970.

Fung, Youlan, *A Short History of Chinese Philosophy*, edited by Derk Bodde, Macmillan, 1948.

Lin, Xiaoqing Diana, *Peking University—Chinese Scholarship and Intellectuals 1898-1937*, State University of New York Press, 2005.

Makeham, John, "The Roles of Masters Studies in the Early Formation of Chinese Philosophy as an Academic Discipline", *Learning to Emulate the Wise—the Genesis of Chinese Philosophy as an Academic Discipline in Twentieth-Century China*, ed. by John Makeham, The Chinese University Press, 2012.

Moeller, Hans-Georg, "Daoism as Academic Philosophy: Feng Youlan's New Metaphysics (Xin lixue)", *Learning to Emulate the Wise—the Genesis of Chinese Philosophy as an Academic Discipline in Twentieth-Century China*, ed. by John Makeham, The Chinese University Press, 2012.

Roth, Harold D., "Psychology and Self-Cultivation in Early Taoist Thought", *Harvard Journal of Asiatic Studies*, 51.2, 1991.

논문출처

- 건덕(建德)에서 덕 윤리로 – 덕 윤리의 한국기독교적 재론을 위한 조건과 과제

  문시영, 『기독교사회윤리』 제44집, 2019.

- Ethics의 근대 번역어 '윤리학·윤리'를 만나는 자리 – 강상에서 윤리로

  오지석, 숭실대학교 인문한국플러스(HK+)사업단 학술대회 발표논문, 2019.6.14.

- 우정에서 천애지기(天涯知己)로 – 홍대용과 마테오리치의 우정론

  심의용, 『인문사회21』 Vol. 10 No. 1, 2019.2.

- 천하(天下)에서 국가(nation-state)로 – 량치차오와 박은식의 보편원리의 행방

  이혜경, 『태동고전연구』 제43집, 2019.12.

- 사대부(士大夫)에서 지식인(intelligentsia)으로 – 유교와 신분제도의 관계를 바라보는 다양한 입장을 중심으로

  이주강, 숭실대학교 인문한국플러스(HK+)사업단 학술대회 발표논문, 2019.6.14.

- 예교(禮敎)에서 종교(宗敎)로 – 대한제국기 종교정책과 배경 담론들을 중심으로

  이종우, 『원불교사상과 종교문화』, 2019.09.

- 경전(經傳)에서 텍스트로 – 20세기 초 『詩經』에 대한 근대 시인들의 인식 변화

  정기인, 『민족문학사연구』 69호, 2019.04.

- 해석(解釋)인가, 전유(專有)인가? – 20세기 한국의 『노자』 이해와 '동양철학(東洋哲學)'

  김시천, 『유학연구』 제47집, 2019.05.

찾아보기

ㅣㄱㅣ

『가곡선』 242, 243, 244, 245
강매(姜邁) 68, 69, 296
강상윤리(綱常倫理) 45, 50, 51, 53, 67
강위(姜瑋) 158, 189
개국기원(開國紀元) 214, 215
거스타프슨(James Gustafson) 33
건덕(建德) 23, 24, 28, 37
건립덕행(建立德行) 21
게이오의숙(慶應義塾) 67, 174, 186, 189
게일 63
격조시형 262, 274
경학원(經學院) 209
계몽주의적 기획 16, 17
고야스 노부쿠니 66

공공신학 36
공리(公理) 124, 136, 143
『교우론』 79, 80, 81, 82, 83, 84, 86, 87, 92, 93, 108
교육칙어 65
교회공동체 22, 23, 26, 28, 37
교회윤리 17
구본신참(舊本新參) 199, 202, 210, 216, 217, 227
국가주의 144, 145, 146, 147, 221, 222
국제관계 118, 123
국풍(國風) 241, 242, 243, 244
권상하(權尙夏) 179
권한(權限) 124, 138
근대성 77, 78, 79, 88, 112, 113, 219, 236
근대화의 명암 156

찾아보기 • 329

김광섭(金珖燮)　254, 255
김능인(金陵人)　256
김동화　297
김동환(金東煥)　238, 246, 253, 257,
　　258, 262, 263, 274, 275
김두헌　72
김소월(金素月)　238, 253, 263, 266,
　　267, 268, 269, 270, 275
김억　235, 236, 238, 246, 248, 249,
　　250, 251, 252, 253, 254, 256, 257,
　　258, 260, 261, 262, 266, 274, 275
김옥균(金玉均)　159, 160, 163, 174,
　　175, 176, 185, 186, 194
김용옥　305
김윤식(金允植)　176, 185
김창협　256
김홍집(金弘集)　176, 185

| ㄴ |

나카무라 마사나오(中村正直)　58
내재적 근대화론　77
『노자권재구의(老子鬳齋句義)』　286
『논어(論語)』　82, 85, 238, 237, 239,
　　240, 273
『논형』　43
니시 아마네(西周)　58, 295
『니코마스윤리학』　46

| ㄷ |

대동민족　137, 141
대동세　131, 143, 144
대동주의　143
『대한유학생회학보』　241
덕의 재론　15, 16, 19, 20, 26, 31, 36,
　　37
데라우치 마사타케(寺內正毅)　226
도구화　26, 27, 28, 30, 31, 32, 37
도날드 베이커　107
『도덕경(道德經)』　280, 281, 282, 284,
　　297
도연명　239
도의학(道義學)　56, 60
도학(道學)　286
도학파(道學派)　286
동도동기(東道東氣)　158
동도서기론　158, 175
『동유교육(童幼敎育)』　48, 49

| ㄹ |

량치차오(梁啓超)　52, 61, 120, 123,
　　124, 125, 126, 130, 131, 142, 143,
　　144, 145, 146, 147, 150
렐리지온(religion)　201
류건휴(柳健休)　282
리링(李零)　286

ㅁ

마테오 리치(P. Matteo Ricci) 75, 79, 80, 81, 82, 83, 84, 86, 87, 92, 93, 108
막스 칼텐마르크(Max Kaltenmark) 298
『만국공법(萬國公法)』 129, 132, 216
맥킨타이어(Alasdair Macintyre) 15, 16, 17, 20, 31, 34, 36
메타모포시스 157
「명림답부전(明臨答夫傳)」 139, 141
『명육잡지』 58
「몽배금태조(夢拜金太祖)」 139
문명개화론 159, 161, 162, 163, 164, 173, 175, 187, 188, 190
문무귀(門無鬼) 289
문이재도론 249, 273
문화적 중화주의 106, 108
미야지마 히로시(宮嶋博史) 164, 169, 184
미쯔쿠리 린쇼(箕作麟祥) 58
민권설 121, 122, 124
민덕 146, 147
민병휘(閔丙徽) 255
민족제국주의 143, 145
민중계몽 19

ㅂ

박규수(朴珪壽) 157, 158, 160, 174, 175, 176, 177, 178, 179, 180, 181, 182, 183, 184, 185, 188, 189, 191, 194, 195
박세당(朴世堂) 250, 286, 294
박영효(朴泳孝) 163, 174, 175, 176, 185, 186
박은식(朴殷植) 120, 124, 125, 127, 131, 134, 135, 136, 137, 138, 140, 141, 142, 150, 196, 204, 206, 207
박제 오리엔탈리즘 110
박종채(朴宗采) 176
박종화(朴鍾和) 254
박지원(朴趾源) 87, 91, 93, 176, 180, 182, 256
반정균(潘庭筠) 94, 95, 96
『백교회통』 225
백낙천(白居易) 254
백정해방운동 35
버나드 쇼(George Bernard Shaw) 255
번역신학 28, 29, 30, 37
『벽위신편(闢衛新編)』 177
『벽위신편평어(闢衛新編評語)』 177
『변법통의』(變法通議) 124, 125
보유론(補儒論) 51, 80
복제 오리엔탈리즘 110, 111
비트겐슈타인(Ludwig J. J. Wittgenstein) 300, 301

ㅅ

『사기(史記)』 283

사대당(事大黨) 185, 186
사마담(司馬談) 283, 286
사무사(思無邪) 241, 242, 243, 249, 250, 251, 252, 263, 264, 266, 274
사민평등(四民平等) 182, 183, 191
사상마련(事上磨鍊) 136
사우론(師友論) 87
사회주의 148
삼비아시(Francesco Sambiasi) 295
삼세설(三世說) 123, 124, 143, 148
『삼천리』 253, 254, 256, 257, 258, 263, 274
삼현학(三玄學) 287
『상고도회문의례(尙古圖會文儀例)』 177
상우천고(尙友千古) 86, 91, 94, 109
서구중심주의 76, 77, 106, 110, 111, 164, 173, 187
서도서기(西道西器) 187, 196
『서양사정(西洋事情)』 67, 160, 190
『서유견문(西遊見聞)』 51, 67, 160, 176, 186, 189, 190, 193, 205, 225
서재필(徐載弼) 185, 196
『서학범』 48, 49
성범동론(聖凡同論) 176
성품 31, 32, 33, 34
성품의 공동체 31
성화(sanctification) 30, 33, 35, 36
세계주의 143, 144, 147, 148

『소년』 238, 240, 241, 248, 252
『소월 시초』 263
소중화(小中華) 130, 211, 212, 216
송영 254, 256
수구당(守舊黨) 185
수신(修身) 43, 48, 50, 61, 71, 226
수제치평지학(修齊治平之學) 48, 49, 50
수행적 실천 237
『순언』(醇言) 292, 294
스택하우스(Max L. Stackhouse) 36
『시경』 234, 235, 237, 238, 239, 240, 241, 242, 243, 244, 245, 246, 247, 248, 251, 252, 253, 254, 256, 257, 258, 260, 262, 266, 273, 274
식민지 근대화론 77
신도(愼倒) 289
신문학운동 255
신불출 256
신용하 159
『신주도덕경(新註道德經)』 294
신토[神道] 208
신헌(申櫶) 158
실존적 신비주의 302, 303

|ㅇ|

아리스토텔레스 17, 32, 45, 46, 48, 50, 52, 67, 68
안재홍(安在鴻) 256

안창호 190, 254
안확(安廓) 296
알레니(Giulio Alleni) 48, 49, 50, 51, 54
알렉산더 우드사이드 78
알퐁소 바뇨니(P. A. Vagnoni) 47
액제가(厄第加) 48, 49, 50, 51, 54, 55
양근환(梁槿煥) 256
언더우드 62
엄성(嚴誠) 94, 95, 96
에드워드 모스(Edward Morse) 189, 191
에드워드 사이드 76
에토스 46, 196
역외춘추론(域外春秋論) 104, 106
『영언여작』(靈言蠡勺) 295
예교문화 101, 200, 211
『예기』 43, 52, 54, 56
예수 내러티브 17, 32, 33
옌푸(嚴福) 52
오강남 280, 281, 284, 293, 295, 299, 300, 301, 302
오경석(吳慶錫) 160, 184, 189
오리엔탈리즘 76, 110
왕충 43
왕필 283, 285, 286, 287, 290, 291
『우주문답(宇宙問答)』 212
원구단 213, 214, 227
위정척사파 158, 159, 175, 178, 203
유광열(柳光烈) 256

유길준(俞吉濬) 51, 67, 157, 158, 160, 163, 174, 176, 185, 186, 188, 189, 205, 225
유아론(唯我論) 173
유영모 304, 305
유인석(柳麟錫) 101, 212
유홍기(劉鴻基) 160, 184, 189
윤극영 256
『윤리신설(倫理新說)』 57
윤익선(尹益善) 256
윤종의(尹宗儀) 177
윤치호(尹致昊) 157, 163, 176, 187, 196
은혜만능주의 27, 28
이간(李柬) 179
이광수(李光洙) 157, 236, 238, 246, 247, 248, 252, 254, 255, 257, 262, 273, 274, 275
이기영 256
이노우에 엔료(井上圓了) 59
이노우에 테쓰지로(井上哲次郎) 55, 57
이능화 225, 226
이동인(李東仁) 174
이마나가 세이지(今永淸二) 166
이매뉴얼 월러스틴(Immanuel Wallerstein) 149
이병기(李秉岐) 254
이병헌 205

찾아보기 • 333

이승희　205
이이(李珥)　292, 294
이인재(李寅梓)　296
이인직　256
이정직(李定稷)　296
이중의 구속　110
이해조(李海朝)　68, 69, 70
인물성동론(人物性同論)　176, 179
『일리아드』　247, 274
임화(林和)　254, 255
임희일(林希逸)　286

|ㅈ|

자국정신　134
장석주　302
『장자권재구의(莊子鬳齋句義)』　286
『장자(莊子)』　282, 286, 287, 289, 290, 297
장지동(張之洞)　121, 123, 125, 126, 127
장지연(張志淵)　196
적응주의(adattamento)　80, 82, 83, 87
적장만계(赤張滿稽)　289
전유(appropriation)　252, 263, 266, 284, 292, 293, 294, 298, 307, 308
전이적 전유　294
정교분리　217, 218, 219, 221, 222, 226, 228
정교합일(政敎合一)　217

『정노(訂老)』　292, 294
정성위음(鄭聲衛音)　263, 265, 266, 267, 270, 271, 273, 275
정약용　256
정지용　235
『정치학』　46
제자도(discipleship)　30, 33, 34, 36, 37
조선광문회　239
조선유일중화(朝鮮唯一中華)　210
조선정통론(朝鮮正統論)　210
조선중화주의　101, 102
「조선철학사」　296
조소앙(趙素昻)　157
『존성윤음(尊聖綸音)』　208, 209, 210
존주론(尊周論)　101
종교 다원주의　225
종교자유　223
종교적 신비주의　302
종교학　225, 228
종법(宗法)　224
중국 중심주의　106
중국식 관료제　78
중체서용(中體西用)　118, 121
중화주의　75, 79, 80, 93, 94, 99, 101, 102, 106, 109, 110, 111, 113, 117, 118, 130, 137, 148, 149, 150, 188
진정성(authenticity)의 윤리　87

ㅊ

차이위안페이(蔡元培) 52, 61
찰스 테일러(Charles Taylor) 118, 119
참된 보편주의 149
척사위정(斥邪偉正) 20
「천개소문전」(泉蓋蘇文傳) 139
천기론 251
천애지기(天涯知己) 78, 89, 93, 94, 97, 109, 112
『哲學字彙』 56
최남선 236, 238, 239, 240, 241, 242, 243, 244, 245, 246, 248, 251, 252, 262, 273, 274, 275

ㅋ

캉유웨이(康有爲) 123, 124, 142, 143, 144, 148
코스모폴리타니즘 108
코트바(Joseph J. Kotva, Jr.) 17, 33
키빌리타스(civilitas) 113
키케로(Cicero) 46, 82

ㅌ

타오이즘(Taoism) 283
탁월함 22
탈아론(脫亞論) 173, 174
토마스 H. 헉슬리(Thomas Henry Huxley) 52
톨스토이(Lev Nikolayevich Tolstoy) 157, 255

ㅍ

평민주의 148
평양 대 부흥 23
평양숭실대학 71
폴 리쾨르(Paul Ricoeur) 292, 293

ㅎ

하상공 283, 285, 286, 288
하우어워스(Stanley Hauerwas) 15, 17, 20, 31, 32, 33, 36, 37
한문맥 236, 244, 263, 266, 267
『한비자(韓非子)』 288
『한서(漢書)』「예문지(藝文志)」 286
한용운 256, 257
한원진(韓元震) 179
한치진 72
함석헌 305
해석(annotation) 282, 284, 291, 292
현상윤(玄相允) 255
현학(玄學) 285, 286, 287, 306
호메로스 247
홈스 웰치(Holmes Welch) 297
홍대용(洪大容) 78, 79, 85, 86, 89, 91, 93, 94, 95, 96, 97, 98, 99, 100, 102, 104, 110, 180
홍석주(洪奭周) 281, 282, 284, 286, 292, 293, 294, 295

『홍씨독서록』 286
화이론(華夷論) 79, 93, 96, 98, 100,
    101, 102, 103, 104, 106, 113, 180
황로(黃老) 286, 287
황로학 288
후마니타스(humanitas) 112
후쿠자와 유키치(福澤諭吉) 67, 159,
    160, 161, 162, 173, 186, 189, 191
흥사단(興士團) 193
히라카와 스케히로 82

않는 우물을 파라』,『주역과 운명』,『귀곡자 교양강의』,『세상과 소통하는 힘』, 『주역』,『인역(人易)』,『중국 지식인들과 정체성』,『케임브리지 중국철학 입문』, 『장자 교양강의』,『주역절중』(공역),『성리대전』(공역)

▌이혜경

서울대학교 독어독문학과 졸업
서울대학교 동양철학전공 석박사 과정 수료
교토(京都)대학 철학박사
현재 서울대학교 인문학연구원 부교수
『천하관과 근대화론 : 양계초를 중심으로』,『량치차오 : 문명과 유학에 얽힌 애증의 서사』,『맹자, 진정한 보수주의자의 길』,『덕의 귀환 : 동서양 덕의 역사 동양편』(공저),『황종희가 꿈꾸는 도덕정치 : 연대와 성장의 민주주의』,『역사속에 살아 있는 중국 사상』,『송명유학사상사』(공역),『맹자사설』,『신민설』.

▌이주강

서울대학교 경영학과 졸업
SK텔레콤 및 한국산업은행 근무
성균관대학교 유학과 박사(퇴계 연구)
국민대, 성균관대 등 다수 대학 출강

▌이종우

한국학중앙연구원 한국학대학원 철학박사
한신대학교 학술원 연구원
서울대학교 철학사상연구소 연구원
현재 상시대학교 교양대학 소교수

┃정기인

서울대학교 문학박사

지훈 신진학술상 수상

「김억의 한시 번역과 '조선적 근대시'의 구상」, 『최인훈, 오디세우스의 항해』(공저), 『쿠데타의 기술』, 『착한 일본인의 탄생』

┃김시천

숭실대학교 철학박사

현재 상지대학교 교양대학 교수

전문 팟캐스트 〈학자들의 수다〉 제작, 진행

방송대학TV, 아트앤스터디, 오마이스쿨, 한국PD교육원 등 다양한 동영상 강의

도서관, 공공 기관 및 기업 연수 프로그램 강의

『철학에서 이야기로』, 『노자의 칼 장자의 방패』, 『무하유지향에서 들려오는 메아리』, 『논어 학자들의 수다, 사람을 읽다』, 『펑유란 자서전』(공역), 『마이클 샌델, 중국을 만나다』(공역)